ALAN MOOREHEAD

Darwins große Reise

Aus dem Englischen
von Hans-Horst Henschen

EDITION MASCHKE
《HOHENHEIM》

ISBN 3-8147-0016-3

Copyright © Alan Moorehead 1969
Titel der englischsprachigen Originalausgaben:
Darwin and the Beagle
Deutsche Lizenzausgabe
Copyright © „Hohenheim" Verlag GmbH, Köln-Lövenich 1982
Gestaltung und Produktion: George Rainbird Ltd,
36 Park Street, London W1 Y4DE
Umschlaggestaltung: Rambow/Lienemeyer/van de Sand, Frankfurt
Satzherstellung: Deutscher Ärzte-Verlag GmbH, Köln-Lövenich
Druck und Bindung: Franz Spiegel Buch GmbH, Ulm

Inhalt

Danksagung

Das vorliegende Buch, das teilweise in Zusammenarbeit mit meiner Frau entstand, erwuchs ursprünglich aus einem Filmdrehbuch, das ich für Mr. Robert Radnitz geschrieben habe.

Ich möchte Mr. James Fisher für seine freundliche Hilfe bei der Lektüre und Korrektur des Manuskriptes und der *Royal Geographical Society* für ihre großzügige Unterstützung bei der Beschaffung der Abbildungen danken. Zu Dank verpflichtet bin ich auch dem *Royal College of Surgeons of England* und Professor Sir Hedley Atkins, K.B.E., für die Erlaubnis, Gemälde, Zeichnungen und Manuskripte in *Down House* photographieren zu dürfen.

Alan Moorehead

Fotonachweis

Derrick Witty: 67, 68, 73, 74, 78-79, 80, 132, 133, 135, 138, 139, 193, 198, 202-203, 205, 206, 207, 208; 11 (rechts), 16, 17, 18, 20, 27, 28, 31, 32, 34, 35, 36, 37, 40, 42—43, 44, 47 (unten rechts), 50, 52-53, 56, 61, 83, 89, 90, 93, 95, 96, 98, 102, 103, 105 (links), 106 (unten), 110, 118, 121, 124, 126, 127, 147, 152, 154, 159, 162, 167, 168-169, 171, 176, 178, 181, 182, 185, 189 (unten), 190-191, 212, 214, 216 (oben), 223, 230-231, 242, 243, 251, 254, 255, 256.

John Freeman: 69, 71, 72, 74, 75, 76, 77, 129, 130-131, 133, 134, 136-137, 139, 140, 141, 144, 194, 195, 200, 201, 204; 49 (oben, unten links), 48, 49, 55, 58, 105 (rechts), 106 (oben), 108, 109, 114, 116, 117, 148, 149, 150, 151, 158, 160, 170, 173, 174, 187, 189 (oben), 209, 213, 216 (unten), 217, 221, 225, 227, 229, 232, 233.

Max Dupain: 199; 123.

Zu den Bildlegenden

Die durch Anführungszeichen gekennzeichneten Teile der Bildlegenden geben wörtliche Zitate aus Charles Darwins Reisetagebuch, seinen Briefen an Familienangehörige von der Reise, seiner Autobiographie oder dem von Robert FitzRoy verfaßten zweiten Band des offiziellen Reiseberichts wieder.

Abbildungsnachweis

Die Seitenzahlen der Farbbilder sind fett gedruckt und stehen vor den Seitenangaben für die Schwarzweiß-Abbildungen.

Down House: **67, 78—79**; 16 (rechts), 17, 20 (rechts), 22, 27, 110, 236, 240, 242, 243, 254, 255, 256

Mansell Collection: 11 (rechts), 190—191, 238—239, 250 (links), 253

Mit freundlicher Genehmigung der Mitchell Library, Sydney: **199** (unten); 11 (links), 123

National Maritime Museum, Greenwich: **66 142—143, 196—197, 202—203**; 24, 28, 84

Sammlung Mrs T. H. Odillo Maher, Sydney: **199** (oben)

Radio Times Hulton Picture Library: 8, 15, 18 (links), 20, 184, 250 (rechts)

Royal Naval College, Greenwich: **68**

The Amazon and Madeira rivers von F. Keller, 1874: 44

Christ's College. „*Während der drei Jahre, welche ich in Cambridge zubrachte, war meine Zeit, was die akademischen Studien anlangt, ebenso vollständig verschwendet wie in Edinburgh und auf der Schule.*"

8

KAPITEL I

Die Begegnung

Einer der faszinierendsten Aspekte an Charles Darwin ist der, daß er tatsächlich einer jener Männer gewesen zu sein scheint, deren beruflicher Lebensweg, ganz unerwartet und zufällig, durch eine einzige glückliche Fügung vorentschieden wird. Einundzwanzig Jahre lang geschieht wenig, und außergewöhnliche Fähigkeiten treten nicht zutage. Doch dann bietet sich ganz plötzlich eine große Chance. Die Dinge können so oder so ausgehen, aber das Glück winkt — oder eher eine Kette von glücklichen Ereignissen —, und er entschwindet ins Blau der Nimmerwiederkehr. Alles mutet ganz unausweichlich, vorherbestimmt an, und es ist nahezu unmöglich, in der gebeugten, leidenden Gestalt der späteren Jahre den aufgeweckten jungen Extravertierten an der Schwelle seines größten Abenteuers wiederzuerkennen — der Seereise auf der *Beagle*.

Die Ereignisse überstürzten sich derart, daß er kaum recht begreifen konnte, was da geschah. Am 5. September 1831 wurde er nach London beordert, um dort mit Robert FitzRoy zusammenzutreffen, dem Kapitän von HMS *Beagle* (Spürhund), einem Schiff, das die britische Admiralität auf eine lange Reise um die Welt schickte, und der Vorschlag lautete, Darwin für die Reise die Stellung eines Naturforschers anzutragen — eine erstaunliche Idee. Er war erst zweiundzwanzig Jahre alt und nie zuvor mit Kapitän FitzRoy zusammengetroffen, und vor einer Woche hatte er von der *Beagle* noch nicht einmal den Namen gehört. Seine Jugend, seine Unerfahrenheit und sogar sein familiärer Hintergrund schienen sämtlich gegen ihn zu sprechen; und doch kamen FitzRoy und er trotz aller dieser Umstände ausgezeichnet miteinander aus, und das Angebot wurde definitiv unterbreitet.

Die *Beagle*, erklärte FitzRoy, war ein kleines, aber gutes Schiff. Er kannte es genau; er hatte auf seiner vorherigen Reise nach Südamerika das Kommando innegehabt und es unversehrt nach England zurückgebracht. Jetzt wurde es in Plymouth vollständig überholt, und es verfügte über eine Mannschaft, deren Angehörige zum großen Teil schon die vorige Reise mitgemacht und sich für die bevorstehende freiwillig gemeldet hatten. Zwei Aufgaben waren ihnen gestellt: erstens sollten sie die kartographische Vermessung der südamerikanischen Küste fortsetzen und zweitens eine genauere Fixierung der Längengrade in Angriff nehmen, und zwar durch eine Kette von chronometrischen Maßbestimmungen rund um die Erde. Das Schiff würde in wenigen Wochen auslaufen; sie würden mehr als zwei, vielleicht sogar drei oder vier Jahre unterwegs sein, aber Darwin hätte die Freiheit, das Schiff zu verlassen und heimzukehren, wann immer er wollte. Er würde zahllose Gelegenheiten haben, an Land zu gehen, und im Laufe der Reise stünden ihnen sicher zahlreiche aufregende Dinge bevor — die Erkundung unbekannter Flüsse und Gebirge, der Besuch von Korallenriffen in den Tropen und die Seereise bis tief hinunter in den kältestarren Süden. Es war wirklich wunderbar. „Auch in den Angelegenheiten der Menschen gibt es Ebbe und Flut", schrieb Darwin damals an seine Schwester Susan, „und ich habe sie an mir selbst erfahren."

Er hatte in der Tat bemerkenswertes Glück. Zunächst einmal war es sehr unwahrscheinlich, daß er und FitzRoy so gut miteinander auskommen würden, wie sie es dann wirklich taten; es ließen sich nämlich schwerlich zwei Charaktere in England vorstellen, die von Natur und Ausbildung einander unähnlicher waren. In nahezu jeder Hinsicht waren sie Gegensätze. Während die Darwins Whigs und Oberschicht-Liberale waren, gehörten die FitzRoys entschieden der Aristokratie an und stimmten für die Tories. Charles Darwin war der Sohn eines Landarztes — eines sehr erfolgreichen, wie man hinzufügen muß — und der Enkel eines weiteren Landarztes, Dr. Erasmus Darwin, der sich einen bedeutenden Namen sowohl als praktischer Arzt, als der er ein kleines Vermögen verdiente, als auch als Versdichter mit wissenschaftlichen und evolutionären Themen gemacht hatte. Die FitzRoys entstammten einer sittenwidrigen Liaison von Charles II. mit Barbara Villiers, der Herzogin von Cleveland, und Robert FitzRoy selbst, der Sohn von Lord Charles FitzRoy, war ein Enkel des Herzogs von Grafton und ein Neffe von Castlereagh.

Und das sah man ihm an. Das Antlitz war stolz und autoritär, der Gesichtsausdruck herablassend, und obwohl er von schlanker Gestalt war, trug sein ganzes Gebaren den Stempel eines an Privilegien gewöhnten Mannes. Im Gegensatz zu Darwin hatte er das genaue Gegenteil einer glücklichen, verhätschelten Jugend gehabt; seit seinem vierzehnten Lebensjahr, als er ins *Royal Naval College* eingetreten war, hatte man ihn für einen Schiffsoffizier mit außergewöhnlichen Fähigkeiten gehalten. Sogar zu einer Zeit, da hervorragende Männer sehr früh befördert wurden, besonders dann, wenn sie einflußreiche Beziehungen hatten, war es bemerkenswert, daß er bereits das Kommando der *Beagle* in Südamerika übernehmen sollte, als er erst einundzwanzig Jahre alt war.

Aber FitzRoy genoß Autorität. Sein Wertsystem war gefestigt. Er wußte genau, was richtig und was falsch war, und ohne in irgendeiner Weise beschränkt oder ungebildet zu sein, war er doch aller Spekulation und allen Halbheiten abhold. Er war ein tief religiöser Mensch, er glaubte jedes Wort der Bibel buchstäblich, und diese spirituellen Gewißheiten übertrugen sich auch auf sein praktisches Leben; auf seinem Achterdeck war er ein gefürchteter Vorgesetzter. Die anderen von ihm erwarteten Eigenschaften sollten sich bald zeigen; er war tapfer, er war findig, er war tüchtig, und er war gerecht. Aber es gab noch eine andere Seite seines Charakters. Hinter dieser harten Außenhaut verbarg sich eine verdrängte Unruhe, die Sehnsucht nach etwas, das ihm fehlte — vielleicht Wärme und Zuneigung —, und das brach gelegentlich in Gesten großen Edelmutes und großer Zerknirschung durch. In seinem Wesen war kein Platz für Kompromisse, keine Lockerheit, die sich den Umständen angepaßt hätte, keine wirkliche Geduld, und so schwankte er zwischen Phasen depressiver Verstimmung und Hochgemutheit hin und her; zu der Zeit, da diese Unterredung mit Darwin stattfand, gab er bereits jenen manisch-depressiven Tendenzen nach, die vierunddreißig Jahre später zu seinem Selbstmord führen sollten.

Links: Robert FitzRoy im Alter von Ende Zwanzig. „FitzRoys Charakter war ein eigentümlicher, mit sehr vielen noblen Zügen ... mit sehr feinen und höflichen Manieren."
Rechts: Charles Darwin als junger Mann. Nach ihrer ersten Unterredung schrieb FitzRoy an den Hydrographen der Admiralität: „Was ich von ihm zu sehen bekomme, gefällt mir sehr, und ich ersuche Sie nunmehr darum, sich dafür zu verwenden, daß er mich als Naturforscher begleitet."

FitzRoy war etwas kühl, als die beiden einander zum ersten Mal begegneten. Er war ein arroganter junger Mann. Er hatte gehört, daß Darwin sich dem Whig-Flügel zu-zählte, und als Darwin den Raum betrat, faßte er eine starke Antipathie gegen ihn, besonders gegen seine Nase; das war nicht die Nase eines Mannes, der die Strapazen einer Reise um die Welt würde ertragen können. Aber Darwins natürliche Begeiste-rung fegte alle Steifheit hinweg; noch bevor die Unterredung beendet war, bat Fitz-Roy ihn, nur ja nicht allzu rasch mit Ja oder Nein zu antworten, und beruhigte ihn hinsichtlich der Gefahren der Reise. FitzRoy scheint bemerkt zu haben, daß er es mit einem außergewöhnlichen jungen Mann zu tun hatte. Er war vielleicht ein wenig naiv, etwas zu gut umsorgt, aber entschieden intelligent. Er fragte sich nur: War er auch zäh genug? Würde er zusammenklappen, wenn sie auf See waren?
Darwin seinerseits war über alle Maßen entzückt. Nie zuvor war er einem solchen Mann begegnet, solchen perfekten Manieren, solcher ruhigen Kraft und Autorität, solchem Verständnis — das wirkliche Idealbild dessen, was ein Kapitän zu sein hatte. Man errät auch, daß Darwin sehr deutlich die Zweifel spürte, die FitzRoy bewegten, die dunkle Ahnung, daß die Aufgabe sich für ihn als zu schwer erweisen könnte. Er

sah sich mit einer Herausforderung konfrontiert. Kurz und gut, er beschloß, sie zu akzeptieren. Er würde diesem hervorragenden Mann schon zeigen, was er konnte. Er würde ihn nicht im Stich lassen.

Werfen wir einen kurzen Rückblick auf das Leben Darwins bis zu diesem Augenblick ihrer Begegnung, einer Begegnung, die über eine Reise entscheiden sollte, die sozusagen zur Entstehung der Entstehung der Arten und zur Grundlage jener Ideen wurde, die seither unser aller Leben verändert haben. Vergessen wir den kranken schalumschlungenen alten Mann, der das Bild jenes Charles Darwin verkörpert, das wir so gut kennen, und wenden wir uns ihm zu, als er im Jahre 1831 gerade sein Examen als *Bachelor of Arts* in Cambridge abgelegt hatte. Ein Beobachter im prächtigen Hof von *Christ's College* mag ihn damals bei der Heimkehr von der Jagd haben sehen können, eine schlanke, große Gestalt in einem roten Umhang, nicht eigentlich ein gefälliger junger Mann, sondern eher ein fröhlicher Draufgänger; ein gutgeformter Kopf mit breiter Stirn, offene und freundliche braune Augen, noch kein Bart (wenn auch Koteletten) und die frische Gesichtsfarbe eines Zweiundzwanzigjährigen, der ein Großteil seiner Zeit im Freien zubringt. Ein Groom hätte sein Pferd in den Hof geführt, und er wäre eine kurze Steintreppe hinauf in den ersten Stock gestürmt, wo er in einem großen, quadratischen, holzgetäfelten Raum lebte, der im Winter durch einen offenen Kamin beheizt wurde.

Christ's College genoß in jenen Tagen den Ruf von Stallgeruch und Pferdenarrheit, etwas, das dem jungen Darwin sehr entgegenkam, denn er liebte die Reiterei und die Jagd, und in seinem Zimmer pflegte er seine Schießtüchtigkeit zu üben, indem er sein Gewehr vor dem Spiegel in Anschlag brachte oder, wenn er Freunde bewirtete, einen davon veranlaßte, einen Kandelaber mit brennenden Kerzen zu schwenken, während er die Flammen mit Platzpatronen auslöschte. (Einem Freund schrieb er einmal: „Bei meiner Seele, es sind nur noch zwei Wochen bis zum ‚Ersten' [Schuß, d. h. zur Eröffnung der Jagdsaison] und dann — wenn es eine Wonne auf Erden gibt, das ist sie!") Bei diesen Zusammenkünften wurde gehörig getrunken — er war Mitglied des *Glutton Club* —, und sie endeten gewöhnlich abends mit Musik und einem Spiel *Vingt-et-un*.

Es war also durchaus nicht das Zimmer eines sehr eifrigen Studenten. „Ich bin durch, durch, durch", rief er mit Erleichterung und Überraschung, als er seine Prüfungen gerade eben noch mit einem Testat absolviert hatte, und es galt durchaus nicht als ungewöhnlich, daß er, ohne sonderlich religiös zu sein, jetzt als Landpfarrer in den Dienst der Kirche zu treten bewogen wurde; viele wohlhabende junge Leute taten das. Für die Reichen war es eine durchaus weltmännische Tätigkeit. Man hätte auch bemerken können, daß er bei seinen Gefährten beliebt war. „Bei Frühstücken, Wein- oder Abendgesellschaften", schrieb später einer seiner Zeitgenossen, „war er immer einer der aufgeräumtesten, beliebtesten und willkommensten." Und bei diesen Gesellschaften fanden sich manchmal bis zu sechzig Gäste ein. Seine Gesundheit war gut, sein Benehmen bescheiden, aber er war sehr begeisterungsfähig und stellte die Welt, in der er lebte, nicht im geringsten in Frage; er genoß sie und beabsichtigte nicht, sie zu ändern.

12

Nur in einer Hinsicht war er ungewöhnlich, und zwar in seinem ganz spontanen und außergewöhnlichen Interesse für Naturgeschichte. In der freien Natur weckte alles und jedes sein Interesse. Blumen, Steine, Schmetterlinge, Vögel und Spinnen — von Kindheit an hatte er sie sämtlich mit jener Art von Versunkenheit gesammelt, wie man sie nur vom besessenen Liebhaber oder vom wirklichen Wissenschaftler kennt. Im Augenblick galt sein Interesse gerade den Käfern, und er hatte seine Exemplare der verschiedenen Arten in seinem Zimmer ausgebreitet. Eines Tages sah er zwei seltene Käfer auf einem Stück Baumrinde und griff sie beide, einen in jede Hand nehmend; plötzlich sah er dann noch eine dritte und neue Art, die er sich auf gar keinen Fall entgehen lassen wollte; also steckte er sich, um eine Hand frei zu haben, einen der Käfer in den Mund. Der sonderte unverzüglich eine ätzende und brennende Flüssigkeit ab, die ihn zwang, ihn auszuspucken; aber alles, worum er sich sorgte, war, daß ihm zwei wertvolle Exemplare verlorengehen könnten. Er beschäftigte sogar einen Helfer, der für ihn zu sammeln hatte, und als er entdeckte, daß der Mann insgeheim die besten Exemplare einem Coleopterologen, der sein Rivale war, überließ, drohte er, ihn die Treppe hinabzuwerfen.

Diese leidenschaftliche Vorliebe für das Sammeln hielt er jedoch, wie das Schießen und die Jagd, für etwas Nebensächliches, für ein Hobby und bloßen Zeitvertreib; die wirklichen ernsten Dinge des Lebens waren die Lektüre der Klassiker, die ihn anödete, die Beschäftigung mit Mathematik, die er nicht verstand („Ich vermute, daß Du zwei Faden tief in der Mathematik steckst", schreibt er einem Freund, der seine Briefe allerdings nicht beantwortet hat, „und wenn Du es tust, dann gnade Dir Gott, denn mir geht es ebenso, nur mit dem Unterschied, daß ich im Schlamm auf dem Grunde feststecke und da auch sitzenbleibe"), und die Kirche, obwohl er insgeheim zweifelte, ob er eine wirkliche Berufung dafür hätte. Und doch war auch Professor Henslow, dessen Vorlesungen er in Cambridge besuchte, gleichzeitig Geistlicher und Botanikprofessor, und Henslow hatte ihn in seinem Interesse für Naturgeschichte entschieden bestärkt; er hatte ihn zu seinen freitäglichen Diskussionsabenden eingeladen, er hatte ihn auf Botanisierausflüge und Bootsexkursionen auf dem Fluß Cam mitgenommen und ihn sogar dazu überredet, Geologie zu studieren, ein Fach, vor dem er anfangs zurückgeschreckt war. In seinem ersten Jahr in Cambridge galt Darwin als der Mensch, „der mit Henslow spazierengeht". Es gab keinen Grund, warum er nicht weiterhin seiner Sammelleidenschaft und seinen sportlichen Neigungen hätte nachgehen sollen, als er seine Vikariatszeit auf dem Lande begann.

Sogar hinsichtlich seines familiären Hintergrundes war Darwin vom Glück begünstigt. Sein Großvater, Dr. Erasmus Darwin, war eine hochangesehene, wenn auch leicht umstrittene Figur gewesen; er hatte sich mit Gedanken zur Evolution abgegeben, sie aber nie zum Abschluß gebracht. Coleridge prägte zur Beschreibung seines ziemlich wilden Theoretisierens den Ausdruck *darwinising*. Erasmus seinerseits beschrieb einen Narren als jemanden, der „nie in seinem Leben ein Experiment gemacht hat". Er gehörte in Birmingham einer wissenschaftlichen Vereinigung mit dem Namen *Lunar Club* an, deren Mitglieder natürlich den Spitznamen *„The Lunatics"* (Die Irren) erhielten und sich für die Erforschung alles Neuen interessierten.

Charles Vater Robert hatte ebenfalls die medizinische Laufbahn eingeschlagen und mit großem Erfolg in Shrewsbury praktiziert, wo er sich hoch über dem Fluß Severn ein schönes Haus, *The Mount,* gebaut hatte. Charles war seinem Vater gegenüber ein wenig furchtsam. Robert war ein gewaltiger Mann, fast 1,90 Meter groß und beinahe drei Zentner schwer, und in seinem Verhalten ziemlich autokratisch; seine Familie pflegte zu sagen, daß es, wenn er abends heimkehrte, so war, als ob die Flut käme. Und doch liebte sein Sohn ihn auch. Viele Jahre später, als Charles Darwin ein alter Mann war, erzählte er seiner Tochter, daß sein Vater ihm gegenüber, als er klein war, etwas ungerecht gewesen sei, das aber später durch seine Freundlichkeit wieder wettgemacht habe. Die jüngst geäußerten Vermutungen, daß seine Minderwertigkeitsgefühle seinem Vater gegenüber seine Entwicklung beeinträchtigt haben könnten und daß die Krankheitsanfälligkeit seines späteren Lebens möglicherweise auf Angst und Gefühle der Wertlosigkeit als Kind zurückzuführen sei, klingen wenig überzeugend. Es stimmt, daß Charles' Mutter gestorben war, als er acht Jahre alt war, aber seine drei älteren Schwestern hatten sich um ihn gekümmert und ihn großgezogen, und er war offensichtlich ein kleiner zäher Junge, denn er erinnerte sich später immer wieder, daß er irgendeinen Tadel von seiner Schwester Caroline zu gewärtigen hatte und sich „verstockt" zeigte, um sich nicht um das kümmern zu müssen, was sie ihm hätte vorwerfen können. Im Alter von acht Jahren zeigte er bereits ein leidenschaftliches Interesse für die Gärtnerei und die verschiedenen Tierarten, wie er sie in seiner Umgebung auf dem Lande sah, und viele Jahre später erinnerte er sich des Vergnügens im Alter von zehneinhalb Jahren, „als ich an einem stürmischen Tag allein am Strand entlangwanderte und die Möven und Kormorane sich in wildem und unregelmäßigem Flug ihren Heimweg bahnen sah".

Dann waren da seine Verwandten, die Wedgwoods, die berühmte Töpferfamilie, die in *Maer Hall,* ihrem großen Haus, nur zwanzig Meilen entfernt wohnten. Charles ritt immer wieder hin, und er entwickelte eine große Zuneigung zu seinem Onkel Jos, seiner Tante Bessie und ihren vier Töchtern, besonders Emma. Es war eine Welt der komfortablen Landhäuser, der Kutschen und Grooms, der Rebhuhnpirsch im Herbst und der Jagd im Winter, der Festessen und eleganten Garderoben und der angenehmen Aussicht, später einmal in den Besitz eines recht beträchtlichen Vermögens zu kommen.

Freilich, in der Schule war es nicht gerade glänzend um ihn bestellt gewesen; er war immer unterdurchschnittlich gewesen, und Julian Huxley hat wahrscheinlich recht, wenn er sagt, daß er nach heutigen Maßstäben wohl keinen Studienplatz an einer modernen Universität bekommen hätte. In der örtlichen Schule in Shrewsbury hatte man ohne Erfolg versucht, ihm die Klassiker einzupauken, und er war dann nach Edinburgh gegangen, um Medizin zu studieren, was sich als Fehlschlag erwies; unter anderem konnte er den Anblick von Blut nicht vertragen. Später sollte er bitter bereuen, daß er aus diesem Grunde nie ernsthaft die Sektions- und Präparierungstechniken erlernt hatte. Dagegen besuchte er die Geologievorlesungen von Jameson, und obwohl er sie langweilig fand, so war es doch gerade Jameson, der ihm die Bekanntschaft mit dem Kurator des Museums vermittelte, der sich sehr für Naturgeschichte begeisterte.

Oben links: Christ's College, *vom Hof aus gesehen.*
Rechts: John Stevens Henslow. „Er war frei von jeder Spur von Eitelkeit und anderen kleinlichen Gefühlen; und ich habe niemand sonst gesehen, welcher so wenig an sich selbst und an das, was ihn betraf, dachte. Seine Stimmung war unzerstörbar gut; dabei hatte er die einnehmendsten und höflichsten Manieren."
Unten: Die Englische Brücke in Shrewsbury.

Links: Dr. Erasmus Darwin, Charles Darwins Großvater. Frontispiz von The Botanic Garden.
Rechts: Dr. Robert Darwin. „Er war ein Mann von raschem, lebhaftem Temperament, mit einem lebendigen Interesse auch für die geringfügigsten Einzelheiten des Lebens derer, mit denen er in Berührung kam."

Darwin hielt vor der *Plinian Society* einen Vortrag über mikroskopisch kleine Meerlebewesen und lernte von einem Neger, der zusammen mit Waterton auf Reisen gewesen war, Vögel und Tiere ausstopfen.

Aber das alles lag jetzt weit hinter ihm; sein Vater hatte ihn geheißen, die Medizin aufzugeben, und ihn nach Cambridge geschickt, und wenn er in Cambridge auch seine Zeit vertrödelt und sehr wenig gelernt hatte, so hatte er dort doch zumindest viel Spaß gehabt; wenigstens hatte er jetzt, 1831, sein Abschlußzeugnis in der Tasche und die angenehme Aussicht auf die Sommerferien vor sich. „Im Hochsommer ein wenig in Shropshire geologisiert", schrieb er in sein Tagebuch.

Dann machte er sich mit einem anderen neugewonnenen wissenschaftlichen Freund, Adam Sedgwick, Professor für Geologie in Cambridge, auf eine Reise durch Wales. Sie scheinen einige angenehme Wochen mit dem Studium von Felsformationen ver-

Susannah Wedgwood, später Charles Darwins Mutter, mit ihrem Bruder Josiah (Mitte) und ihrer Familie. Ihr Vater war der Begründer der Wedgwood-Töpfereien.

bracht und an einer geologischen Karte der Gegend gearbeitet zu haben, und erst am 29. August kehrte Darwin nach Shrewsbury heim. Dort erfuhr er dann von seinem Vater und seinen Schwestern, daß ein Brief (den sie also gelesen zu haben scheinen) von Professor Henslow angekommen sei. Beigefügt war ein weiterer Brief von George Peacock, einem Mathematiker und Astronomen in Cambridge, der mit der Nominierung von Naturforschern für die mit Vermessungsarbeiten beauftragten Schiffe betraut war; darin machte er dem jungen Darwin das völlig unerwartete Angebot einer Anstellung als unbezahlter Naturforscher an Bord von HMS *Beagle*. Das kam wie ein Blitz aus heiterem Himmel. Er hatte sich selbst nie als ernsthaften, schon gar nicht als berufsmäßigen Naturforscher gesehen oder für eine wissenschaftliche Tätigkeit qualifiziert gehalten; er sollte Geistlicher werden. Dieser bizarre Vorschlag durchkreuzte also erneut und drastisch alle seine Pläne; nach der Rebhuhnjagd hatte

17

er gehofft, eine Reise zu den Kanarischen Inseln unternehmen zu können, bevor er in den geistlichen Stand eintrat. Und jetzt — warum nicht? Er war geneigt anzunehmen. Henslow, der ihn Peacock empfohlen hatte, drängte ihn ebenfalls sehr, zuzustimmen. Henslow hätte die Aufgabe beinahe selbst übernommen, wie Darwin von seiner Schwester Susan erzählt wurde, aber „Mrs. Henslow ging es so erbärmlich, daß Henslow die Idee sofort fallenließ".

Dr. Darwin war da anderer Meinung. Er hielt das ganze für ein wildes Abenteuer; Charles hatte bereits die Medizin aufgegeben und war jetzt im Begriff, auch die Kirche fahrenzulassen; er war nicht an die See gewöhnt und würde zwei Jahre oder länger unterwegs sein; er würde sich nicht wohl fühlen; er würde sich nach der Heimkehr nie wieder in seiner alten Umgebung zurechtfinden; das Unternehmen würde sein Ansehen als würdiger Geistlicher beeinträchtigen; die Stellung mußte schon anderen vor ihm angeboten worden sein, und weil sie offenbar abgelehnt hatten, mußte da irgend etwas Verdächtiges im Spiel sein; kurzum: ein sinnloses Unterfangen.

Adam Sedgwick, Professor für Geologie in Cambridge. Darwin beschrieb ihn einst als „sprechenden Riesen".
Brief von Charles Darwin an seinen Vater vom 31. August 1831 mit der Bitte, seinen Entschluß, ihm die Teilnahme an der **Beagle-***Expedition abzuschlagen, noch einmal zu überdenken.*

Dr. Darwin verbot Charles zwar nicht unwiderruflich, das Angebot anzunehmen, gab sich jedoch sehr entschieden. „Wenn du", sagte er, „einen Mann von gesundem Menschenverstand findest, der dir zurät, werde ich meine Zustimmung geben."

Charles war nicht in der Lage aufzubegehren. Seine Rente (die er in Cambridge bereits überzogen hatte) war seine einzige Einkommensquelle, und obwohl er sich unbewußt gewünscht haben mag, von seinem Vater loszukommen, hätte er doch nicht im Traum daran gedacht, seiner Autorität zu trotzen.

Ein Gutes war wenigstens, daß die Rebhuhnjagdsaison bald eröffnet würde; am folgenden Tag ritt er zu den Wedgwoods hinüber, um für die Eröffnung der Jagd und den ersten Schuß bereit zu sein. Im Gegensatz zu seinem Schwager Dr. Darwin war Josiah Wedgwood ein entgegenkommender und humoriger Mann. Sein Haus, *Maer*, war ein unbeschwerter, immer mit Gästen überfüllter Ort, wo sich stets etwas Unterhaltsames ereignete — ganz anders als *The Mount*, wo Dr. Darwins erdrückende Präsenz der Familie eine gewisse Gemessenheit auferlegte. Onkel Jos war für den jungen Darwin das Mittel der Flucht vor dem Vater; er hatte Reisen nach Schottland, Irland und Frankreich mit ihm unternommen und sich ihm anvertraut, und jetzt erzählte er ihm auch vom Angebot für die *Beagle* und von seiner Ablehnung.

Wedgwood stimmte ganz und gar nicht mit Dr. Darwin überein. Er hielt das Ganze für eine hervorragende Gelegenheit, die man sich auf keinen Fall entgehen lassen sollte. Er ließ Charles die ganze Reihe der Einwände von Dr. Darwin vortragen und fand auf jeden eine Antwort. Davon begeistert, beschloß Charles, seinen Vater erneut zu bestürmen. In einem zögernden Brief schrieb er ihm: „Mein teurer Vater — ich fürchte, ich mache Dich noch einmal recht unbehaglich ... Die Gefahr scheint mir und allen Wedgwoods nicht groß zu sein. Die Kosten können nicht bedenklich groß sein, und ich denke immerhin, daß die Zeit in nicht höherem Grade verloren sein würde, als wenn ich zu Hause bliebe. Ich bitte Dich aber, betrachte es nicht so, als wäre ich in dem Maße erpicht mitzugehen, daß ich auch nur *einen einzigen Augenblick* zögern würde, wenn Du glauben solltest, daß Du Dich nach kurzer Zeit fortdauernd unbehaglich fühlen solltest ... "

Gesagt und getan: der Brief wurde abgeschickt, und er wandte sich den angenehmen Aussichten des morgigen Tages zu. Da war er schon bald nach dem Frühstück und dem Familiengebet mit Hund und Gewehr auf der Pirsch, und es war noch kaum zehn Uhr, als ein Diener mit einer Botschaft seines Onkels ihm nacheilte, die besagte, daß das *Beagle*-Angebot zu wichtig sei, als daß man es unentschieden lassen könnte; sie müßten unbedingt zusammen nach *The Mount* hinüberreiten und seinen Vater umzustimmen versuchen. Hinter Wedgwoods Hartnäckigkeit mag noch ein weiteres, und zwar das ausschlaggebende Motiv gestanden haben. Wir wissen nicht genau, wie stark sich Charles in dieser Phase von seiner Tochter Emma angezogen gefühlt hat. Sicherlich bestand eine Zuneigung, und sicherlich muß in diesem Jungmädchenhaushalt die Erwartung gehegt worden sein, daß Charles eines Tages eine von ihnen würde heiraten wollen. Es scheint deshalb durchaus möglich, daß Josiah sich gesagt haben mag, daß dieser junger Bursche eigentlich noch ein bißchen mehr Lebens- und

19

Die Krönung von William IV. und Adelaide am 8. September 1831. Darwin gab eine Guinee für einen Sitzplatz aus und schrieb an seine Schwestern, es sei nur dem ähnlich gewesen, „was man in Bilderbüchern von orientalischen Prozessionen sieht".

Welterfahrung haben und sich selbst beweisen müsse, bevor man ihn als Freier in Betracht ziehen konnte.

Von diesem Punkt an — dem Wendepunkt im Leben Darwins* — überstürzen sich jedenfalls die Ereignisse. Nach der Ankunft in *The Mount* griff Onkel Jos die Einwände des Doktors auf und zerpflückte sie einen nach dem andern. Charles, der sich seiner Verschwendung in Cambridge schämte, ließ eine Bemerkung über Geld fallen: „Ich müßte schon verteufelt klug sein, wenn ich es fertigbrächte, an Bord sehr viel Geld auszugeben", woraufhin sein Vater antwortete: „Man sagt, du seist *wirklich* sehr klug." Letzten Endes aber ließ sich der Doktor doch umstimmen, und Charles warf im Zustand großer Erregung einen Brief hin, der seine frühere Ablehnung widerrief; er wäre „sehr glücklich, die Ehre zu haben anzunehmen". Er war jetzt geradezu in fieberhafter Aufregung, daß er zu spät kam und die Stellung bereits jemand anderem angeboten worden war, und um 3 Uhr morgens des folgenden Tages, am 2. September, finden wir ihn in der Schnellpost, *The Wonder*, auf dem Wege nach Cambridge. Spät nachts traf er sehr erschöpft im *Red Lion Hotel* ein und schickte Henslow eine Notiz mit der Frage, ob er ihn als erstes gleich morgen früh sehen könne.

Henslow hatte schlechte Nachrichten für ihn; ein Mr. Chester, Naturforscher von einigem Ansehen, war ebenfalls für den Posten in Betracht gezogen worden. Alles würde davon abhängen, welchen Eindruck Darwin auf FitzRoy, den Kapitän der *Beagle*, machte, weil FitzRoy keinen Zweifel daran gelassen hatte, daß er nur einem Mann zustimmen würde, der ihm persönlich zusagte — eine durchaus einleuchtende Bedingung, weil er seine Kabine während der ganzen Reise mit dem betreffenden Naturforscher zu teilen haben würde. Am 5. September brach Darwin nach London auf. Es gelang ihm, noch am selben Tage eine Verabredung mit FitzRoy zu treffen, und wie wir gesehen haben, verlief das Gespräch großartig.

Die beiden Männer kamen am folgenden Tage erneut zusammen, und wiederum ging alles gut. FitzRoy war, wie Darwin seiner Familie schrieb, ganz außergewöhnlich offen und herzlich gewesen. Er hatte gesagt: „Nun werden Ihre Freunde Ihnen sagen, daß ein See-Kapitän der gröbste Kerl unter der Sonne ist. Ich weiß nicht, wie ich Ihnen in diesem Falle helfen kann, ausgenommen wir hoffen, daß Sie mir Gelegenheit geben, es zu probieren." Ihre Quartiere an Bord würden sehr beengt sein und ineinander übergehen, und der Kapitän war in dieser Hinsicht vollkommen offen gewesen: „Werden Sie es ruhig ertragen, wenn ich Ihnen sage, daß ich die Kajüte für mich brauche, wenn ich allein sein will? Wenn wir uns in dieser Weise begegnen, dann stimmen wir, wie ich hoffe, zusammen, wenn nicht, dann dürften wir einander wahrscheinlich zum Teufel wünschen."

Die Kosten würden nicht allzu hoch sein; sein Anteil für die Verpflegung in der Messe belief sich lediglich auf £ 30 jährlich, und die runde Summe von £ 500 würde wohl für die gesamte Reise ausreichen. Ob Susan wohl in der Lage wäre, die Dienstboten

---

* Charles war sich der Bedeutung des entscheidenden Eingreifens seines Onkels durchaus bewußt. Drei Jahre später schrieb er seiner Schwester Catherine: „Die innere Ruhe, die mir an jenem Tage in Maer zuteil wurde, als mein Kopf wie ein hin und her schwingendes Pendel war, habe ich nicht vergessen."

in *The Mount* dazu anzuhalten, sein Gepäck herzurichten? „Sage Nancy, sie solle mir etwa zwölf, anstatt acht Hemden machen. Sage Edward, er solle mir in meinem Reisesack (er kann den Schlüssel an einen Faden binden und in den Sack schlüpfen lassen) meine Pantoffeln, ein Paar leichte Ausgeh-Schuhe, meine spanischen Bücher und mein neues Mikroskop schicken (ungefähr sechs Zoll lang und drei oder vier tief), das innen mit Watte ausgestopft werden muß; ferner meinen geologischen Kompaß; mein Vater kennt ihn; ein kleines Buch, wenn ich es in meinem Schlafzimmer gehabt habe — *Taxidermy.*“ Weiter benötigte er Feuerwaffen — FitzRoy sagte, manchenorts würde er nicht sicher sein, wenn er ohne Pistolengürtel an Land ginge —, aber die konnte er in London bekommen.

Die Stadt war mit Fahnen und Festbeleuchtung, mit Kronen, Ankern und „WR“s für die Krönung Williams IV. geschmückt, und da die Geschäfte am 6. September geschlossen waren, kaufte sich Darwin einen Tribünenplatz, um den Krönungszug beobachten zu können, mischte sich unter die Menge und bestaunte das nächtliche Feuerwerk. Am folgenden Tage machte er sich mit FitzRoy in einem Einspänner auf den Weg durch die Stadt, seine Einkaufsliste in der Hand. Die Stadt war so mit Besuchern überfüllt, daß die Wagen nur im Schneckentempo die *Regent Street* entlangkriechen konnten. FitzRoy war, wie sich herausstellte, ungewöhnlich großzügig im Geldausgeben und fand nichts dabei, für seine persönlichen Feuerwaffen £ 400 aufzuwenden, und Darwin ließ sich von dieser Extravaganz immerhin dazu hinreißen, für „einen Satz guter scharfer Pistolen und ein ausgezeichnetes Gewehr“ £ 50 zu zahlen. Es blieb nur noch so wenig Zeit; im Oktober würden sie auslaufen. „Ich fühle mein Blut zu Eis erstarren beim Gedanken an die Unmenge von Dingen, die noch zu erledigen sind.“ Und erneut äußerte er sich über FitzRoy: „... er ist alles, was Freude macht. Wenn ich ihn auch nur halb so viel lobte, wie ich dazu Neigung verspüre, würdet Ihr sagen, das sei absurd ...“

Am 11. September brachen die beiden auf, um die *Beagle* in der Werft von Plymouth in Augenschein zu nehmen.

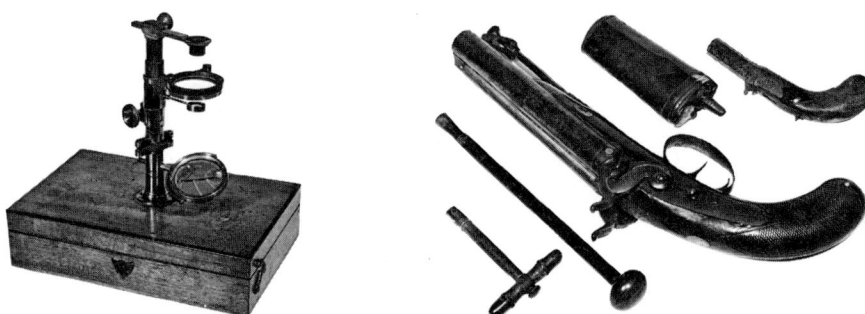

Links: Von Darwin während der Reise benutztes Mikroskop. Rechts: Darwins Pistolen. „Er [FitzRoy] empfiehlt mir dringend, mir einen Satz Pistolen wie diese zu kaufen, der £ 60 kostet! und nirgendwo an Land zu gehen, ohne sie geladen zu haben.“

KAPITEL II

Die Abreise

Die Segelfahrt von London aus dauerte drei Tage, drei Tage des Gesprächs und der Erkundung der Persönlichkeit des anderen, und Darwins Bewunderung für FitzRoy nahm weiterhin ständig zu. „Vielleicht dachtest Du", schrieb er seiner Schwester Susan, „ich hätte in meinen früheren Briefen mein Männlichkeitsideal eines Kapitäns bewundert: das alles ist nur ein Scherz im Vergleich zu dem, was ich jetzt fühle. Jedermann lobt ihn (gleichgültig, ob man meine Beziehung zu ihm kennt oder nicht), und dem wenigen nach zu urteilen, was ich von ihm gesehen habe, verdient er es wirklich. Nicht daß ich denke, es sei unwahrscheinlich, daß eine solch heftige Bewunderung, wie ich sie ihm entgegenbringe, irgend dauern kann; kein Mensch ist ein Held vor seinem Kammerdiener, wie man so zu sagen pflegt, und sicherlich werde auch ich in genau derselben Lage sein."

FitzRoy seinerseits war ähnlich, wenn auch weniger überschwenglich beeindruckt; in Briefen, die er später schrieb, gab er sich große Mühe, den jungen Darwin zu loben; er war genau der Mann, den er sich wünschte. Es war nichts Ungewöhnliches, bei einer Reise wie dieser einen Naturforscher an Bord zu nehmen, aber FitzRoy hatte wohl auch ein spezielles Ziel vor Augen, ein religiöses Ziel, und es ist mehr als wahrscheinlich, daß er diese Gelegenheit — die Reise nach Plymouth — nutzte, um sich über diese Angelegenheit zu erklären.

Die Reise würde, wie er glaubte, eine günstige Gelegenheit eröffnen, die Bibel zu bestätigen, insbesondere das Erste Buch Mosis. Als Naturforscher würde Darwin leicht viele Beweise für die Sintflut und das erste Auftauchen aller geschaffenen Dinge auf Erden finden können. Er könnte einen wertvollen Dienst leisten, indem er seine wissenschaftlichen Entdeckungen im Lichte der Bibel interpretierte. Darwin, der junge angehende Geistliche, war nur allzu bereit zuzustimmen. Auch er bezweifelte damals nicht im geringsten die buchstäbliche Wahrheit jedes Wortes der Bibel — sie war Teil der Welt, die er akzeptierte und so sehr liebte —, und wenn er in dieser Hinsicht nützlich sein konnte, um so besser: das machte die Aussichten der Reise um so erregender. Natürlich waren bereits andere Einflüsse auf ihn am Werk gewesen. Vernünftigerweise läßt sich voraussetzen, daß er als Enkel von Erasmus Darwin einen Teil seines Werkes gelesen hatte, insbesondere das berühmte Versepos *Zoonomia*, wenn er auch später leugnete, davon in irgendeiner Weise beeinflußt gewesen zu sein. In Cambridge hatte er Flemings *Philosophy of Zoology*, Burchells *Travels*, Scropes Buch über Vulkane, Caldcleughs *Travels in South America* u.ä. gelesen und kannte wahrscheinlich einiges von Lamarcks und Buffons frühen Theorien des evolutionären Wandels. Wir wissen, daß er den deutschen Naturforscher Alexander von Humboldt mit solcher Begeisterung gelesen hatte, daß er Monate vor dem Auftauchen des *Beagle*-Pro-

Der Hafen von Plymouth um 1815. Ausschnitt aus einem Gemälde von Nicholas Pocock.

jektes eine Reise nach Madeira geplant hatte, und daß Humboldts *Ansichten der Natur* eines der wenigen Bücher war, die er mitnahm.

Es scheint jedoch ganz sicher, daß Darwin zu diesem Zeitpunkt von dem Werk, das er dereinst leisten sollte, noch nicht einmal zu träumen begonnen hatte. Er war kaum mehr als ein Schuljunge voller jugendlichem Enthusiasmus. In einem Schreiben an FitzRoy über das Abreisedatum sagte er: „Dann wird mein zweites Leben beginnen, und es wird für den Rest des Lebens wie ein Geburtstag sein."

Darwin setzte im Laufe dieser Tage alles in Entzücken. Die *Beagle*, die zu der Zeit abgetakelt im Trockendock lag, war eine sehr kleine, mit zehn Kanonen bestückte Brigg von 242 Tonnen, nur etwa 30 Meter lang, in der sich vierundsiebzig Menschen verstauen mußten. Aber „kein Schiff", schrieb er, „ist so aufwendig und mit so viel Sorgfalt ausgestattet worden. Soweit überhaupt möglich, ist alles Erdenkliche aus Mahagoniholz gemacht." (Das Schiff war nach seiner letzten Reise tatsächlich so verfault gewesen, daß es jetzt praktisch neu gebaut wurde.) Die Offiziere waren im Vergleich zum Kapitän eher Fußvolk, aber offensichtlich eine „sehr intelligente, aktive und entschlossene Schar junger Leute", wenn auch ziemlich grob. Da waren John Wickham, der Erste Offizier, James Sulivan, der Zweite, John Lort Stokes, der FitzRoy bei der Vermessung assistieren sollte, Robert MacCormick, der Schiffsarzt, und sein Assistent Benjamin Bynoe, George Rowlett, der Zahlmeister, Fähnrich zur See King und ein Maler, Augustus Earle — zu diesem Zeitpunkt allesamt anonyme Gesichter für Darwin, die aber auf diesem kleinen Schiff bald zu sehr scharfumrissenen Individuen werden sollten. Der Rest der Mannschaft bestand aus dem Obersteuermann und seinen Maaten, dem Bootsmann, dem Zimmermann, Schreibern, acht Marineinfanteristen, vierunddreißig Matrosen und sechs Schiffsjungen. Schließlich waren da noch drei Passagiere, York Minster, Jemmy Button und ein junges Mädchen, Fuegia Basket. Diese drei waren Eingeborene von Tierra del Fuego (Feuerland), dem eiskalten Territorium im Umkreis von Kap Horn. FitzRoy hatte sie auf der vorigen Reise aufgelesen, ihnen die schrulligen Namen aufgedrängt (Jemmy war für ein paar *buttons* [Knöpfe] gekauft worden) und sie ein Jahr lang auf eigene Kosten in England erziehen zu lassen. Er hatte sie sogar König Wilhelm und Königin Adelaide vorgestellt; die Königin hatte Fuegia einen ihrer Hüte auf den Kopf gesetzt, einen Ring an den Finger gesteckt und ihr einen Geldbeutel gegeben, damit sie sich Kleider kaufen konnte. Jetzt sollten sie mit ihren oberflächlichen Englisch-Kenntnissen, ihren europäischen Kleidern und ihrem kleinen Vorrat von europäischem Hab und Gut in ihre Heimat auf der anderen Seite der Welt zurückkehren, um unter ihren Landsleuten das Christentum und die Zivilisation zu verbreiten. Ein junger Missionar, Richard Matthews, hatte sich ihnen freiwillig angeschlossen.

Es gab einen ganzen Reigen von Abschiedsgesellschaften für Charles, der nach London und Cambridge und wieder zurück nach Shrewsbury kutschierte, um seine letzten Vorbereitungen zu treffen. Bücher — er brauchte Humboldt, Milton und die Bibel, dazu den noch druckfrischen ersten Band von Lyells *Principles of Geology* (ein Abschiedsgeschenk von Henslow); und die letzten Ergänzungen seiner Ausrüstung — einen Feldstecher, ein Vergrößerungsglas für geologische Zwecke und Spiritusgläser zur Aufbewahrung seiner Präparate. Am 24. Oktober kehrte er wieder nach Plymouth zurück, aber nur, um zu erfahren, daß die *Beagle* noch nicht fertig war; eine Abschiedsgesellschaft mit den Feuerländern war mit dem Dampfschiff den Fluß heruntergekommen, und es waren „nicht wenige Boote" nötig, um ihr Gepäck an Bord zu bringen — Weingläser, Butterdosen, Teetabletts, Suppenschüsseln, ein Verbandskasten aus Mahagoni, Biber-Pelzmützen und so fort. Aber die Reparaturen an der *Beagle* nahmen mehr Zeit in Anspruch, als zu erwarten gewesen war.

Die beiden nächsten Monate waren für Darwin vollkommen schauderhaft. Er hatte nichts Bestimmtes zu tun. „Meine Hauptbeschäftigung", schrieb er an seine Familie, „besteht darin, an Bord der *Beagle* zu gehen und zu versuchen, soweit ich nur kann, wie ein Seemann auszusehen. Ich habe keinen Beweis dafür, ob ich da überhaupt einen Mann, eine Frau oder ein Kind wahrgenommen habe." Die Kombination von Winterwetter, Heimweh und Gegenreaktion auf seine erste Erregung über die Reise erfüllte ihn mit bösen Vorahnungen und machte ihn krank. An seinen Händen bildete sich ein Ausschlag, und ein schmerzliches Stechen in der Brust weckte in ihm die Vermutung, er sei vielleicht herzkrank. Er wagte es jedoch nicht, einen Arzt aufzusuchen, aus Angst, der könne ihm die Seereise untersagen. Er nahm an Land Wohnung und verbrachte einen Teil des Tages damit, seine Ausrüstung in seiner winzigen Kabine zu verstauen und wieder umzuräumen — und Raum war tatsächlich spärlich genug vorhanden; FitzRoy mit seinem leidenschaftlichen Hang zur Genauigkeit hatte nicht weniger als zweiundzwanzig Chronometer auf Regalen, in Sägemehl gebettet, aufgestellt, und Darwins Schlafplatz war so beengt, daß er eine Schublade aus einem Schrank ziehen mußte, um seine Füße unterbringen zu können.

FitzRoy selbst war auch weiterhin sehr freundlich. Nur ein einziger unangenehmer Zwischenfall ereignete sich. Eines Tages gingen sie in Plymouth in ein Geschäft, um irgendein Stück Geschirr umzutauschen, das sie für das Schiff gekauft hatten. Als der Händler sich weigerte, den Umtausch vorzunehmen, geriet FitzRoy in Wut. Um den Mann zu bestrafen, fragte er nach dem Preis eines sehr teuren Porzellanservices und sagte dann: „Ich hätte es gekauft, wenn Sie nicht so ungefällig gewesen wären." Dann stolzierte er aus dem Geschäft. Darwin wußte genau, daß FitzRoy nie die Absicht gehabt hatte, einen solchen Kauf zu tätigen — sie hatten alles Geschirr, das sie brauchten —, aber er sagte nichts, und so gingen sie schweigend nebeneinander. Dann verflüchtigte sich die Wut des Kapitäns plötzlich: „Sie haben nicht geglaubt, was ich gesagt habe?" „Nein", erwiderte Darwin, „das habe ich nicht." Einige Minuten lang sagte FitzRoy gar nichts und stieß dann hervor: „Sie haben recht. In meiner Wut auf den Schurken habe ich falsch gehandelt."

Im Dezember war die *Beagle* fertig, aber ihre ersten Versuche, die offene See zu gewinnen, waren eine unheilverkündende Warnung vor dem, was ihnen bevorstand. Am 10. Dezember und erneut am 21. Dezember lief das Schiff aus, aber nur, um sich in den Hafen von Plymouth zurückgetrieben zu finden, und bei jeder dieser beiden Gelegenheiten wurde Darwin heftig seekrank. Am Weihnachtstag betrank sich die Mannschaft im Hafen, und Fähnrich King, der Offizier vom Dienst, war gezwungen, einen der Matrosen wegen Unbotmäßigkeit in Ketten legen zu lassen. Es muß ein

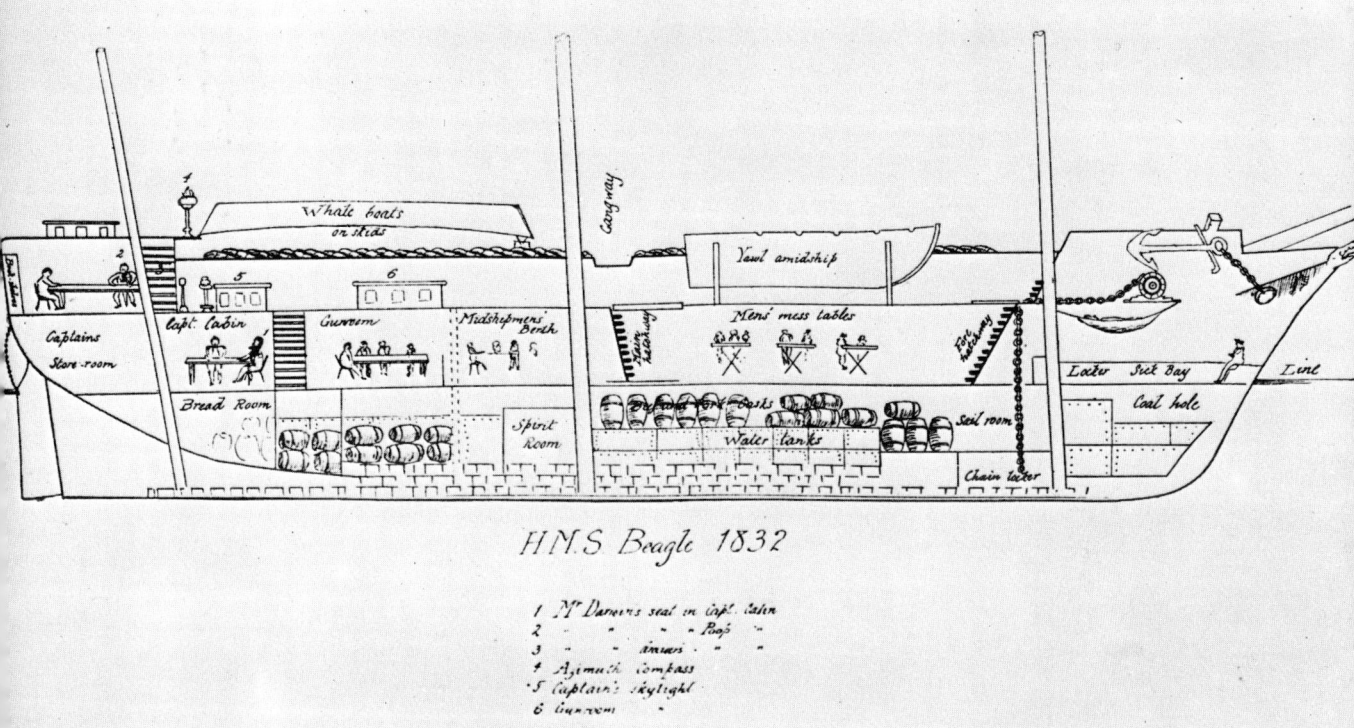

Längsschnitt durch die Beagle. *Nach der ersten Besichtigung des Schiffes schrieb Darwin an Henslow: „Der absolute Mangel an Platz ist ein Übel, das nichts überwinden kann."*

mörderisches Zechgelage gewesen sein, denn die Männer hatten sich noch am folgenden Tage nicht hinreichend erholt, um die Segel hissen zu können. Der 27. Dezember brach wolkenverhangen und ruhig an, aber im Laufe des Morgens frischte der Wind aus der richtigen Richtung auf, nämlich von Osten; man konnte die Rauchfahnen aus den Schornsteinschloten von Plymouth aufsteigen sehen. FitzRoy und Darwin speisten an Land Hammelkoteletts mit Champagner und gingen um zwei Uhr mittags an Bord. Jetzt endlich waren sie unterwegs, als die Männer im Takt nach des Bootsmannes Pfeife die Leinen einholten, und in der Abenddämmerung dieses Tages sah Darwin gedankenverloren den Leuchtturm von Eddystone am Horizont versinken — sein letzter Blick auf England. Sie bahnten sich in schwerer See den Weg durch die Biskaya und weiter hinaus in den grauen Atlantik. FitzRoy ließ die schlimmsten der Aufrührer vom Weihnachtstage an Deck bringen und auspeitschen.

Diese ersten Wochen waren düster und hinterließen bei Darwin eine dumpfe Leere. „Das Elend, das ich mit der Seekrankheit durchmache", schrieb er traurig nach Hause, „geht weit über alles hinaus, was ich je für möglich gehalten habe ... Das

Catwater, Plymouth, von der Zitadelle aus gesehen. „Diese zwei Monate in Plymouth waren die elendsten, welche ich je verlebt habe."

wirkliche Elend beginnt erst, wenn man so erschöpft ist, daß eine kleine Anstrengung bereits das Gefühl einer Ohnmacht aufkommen läßt. Ich habe nichts gefunden, was dagegen geholfen hätte, als in meiner Hängematte zu liegen." Er konnte nichts anderes als Rosinen essen. Gelegentlich schleppte er sich an Deck, um einen Zug frischer Luft einzuatmen, aber die hochgehenden Wellen und das auf- und niederwogende Deck waren zu viel für ihn; die meiste Zeit lag er einfach in seiner Hängematte oder kauerte sich auf FitzRoys Sofa zusammen und versuchte zu lesen. Nachts teilte er sich die Achterdeckkabine mit Fähnrich King, und da sie genau achtern lag, muß sie bei schlechtem Wetter vom Stampfen des Schiffsrumpfes sehr in Mitleidenschaft gezogen worden sein. Er war sogar zu krank, um aufzustehen und sich die Küste der Insel Madeira anzusehen, als sie vorbeisegelten, und das schneebedeckte Teneriffa war eine herbe Enttäuschung, weil niemand wegen der Quarantänebestimmungen an Land gehen konnte; man fürchtete die Aussicht auf eine aus England eingeschleppte Cholera.

Neben all dem gab es für Darwin noch eine weitere Qual — den Gedanken, daß Fitz-Roy ihn als zu weich für die Reise ansah. Augenblicklich ließ sich da nichts weiter tun; er konnte nur so wenig wie möglich klagen, die Zähne zusammenbeißen und durchhalten in der Hoffnung auf bessere Tage. Was immer auch geschah, er würde nicht die Flinte ins Korn werfen und sich davonmachen, sobald sie an Land gingen; in diesem Punkt war er absolut hartnäckig. Und schließlich wurde er denn auch belohnt. Auf den Kapverdischen Inseln gab es eine Atempause, als sie dreiundzwanzig Tage lang vor Anker lagen, während FitzRoy die genaue geographische Position der Inseln fixierte, und hier erhielt Darwin zum ersten Mal eine Vorahnung von dem, was diese Reise für ihn bedeuten konnte; er hatte sich tief in Lyells Buch versenkt, und jetzt schoß ihm der Gedanke durch den Kopf, daß auch *er* eines Tages ein Buch über Geologie schreiben könnte. Fünfzig Jahre später konnte er sich noch immer der genauen Stelle erinnern, wo ihm diese Idee kam. „Das war eine denkwürdige Stunde für mich, und wie deutlich kann ich mir die niedrige Lavaklippe ins Gedächtnis rufen, unter der ich rastete, bei heiß herabbrennender Sonne, mit einigen in der Nähe wachsenden fremdartigen Wüstenpflanzen und mit lebenden Korallen in den von der Flut hinterlassenen Tümpeln zu meinen Füßen."

Bereits hier schon war Darwin an der Arbeit, notierte, sammelte, hielt fest, beobachtete. Nicht die kleinste Einzelheit durfte seiner exakten Aufmerksamkeit entgehen: Vögel, die Landschaft, die Eingeborenen, der Staub, die Pflanzen. Er beobachtete in aller Ausführlichkeit eine Seeschnecke, die *Aplysia*, sezierte sie und fand in ihrem Magentrakt mehrere kleine Steinchen. In seinen Notizen findet sich die Zeichnung eines Affenbrotbaumes, die wahrscheinlich aber von FitzRoy angefertigt wurde; Darwin konnte nicht zeichnen. An Henslow schrieb er, daß ihn nur eines ernsthaft bekümmerte — ob er auch die richtigen, die bedeutsamen Fakten festhielt; „in dieser einen Sache, dem Sammeln, kann ich nicht irregehen."

Nach den Kapverdischen Inseln legten sie eine kurze Unterbrechung bei den St. Paul's Felsen ein, einem kleinen Archipel etwa 600 Meilen vor der Küste von Brasilien. Sie waren angesichts der großen Zahl von Vögeln erstaunt, die die Felsen bedeckten und, den Himmel beinahe verfinsternd, in großen kreisenden Schwärmen aufstoben. Eine Bootsbesatzung Matrosen machte sich freudig an Land auf und fiel wie Schulbuben unter die Vögel ein, sie mit den Läufen ihrer Gewehre oder mit den bloßen Händen angreifend. Die bedauerlichen Vögel waren Vertreter zweier Spezies, Tölpel und Weißkopf, und Darwin beobachtete, daß sie „zahm und von einfältiger Disposition (sind); sie sind so gar nicht daran gewöhnt, Besucher zu sehen, daß ich eine beliebige Zahl mit meinem Geologenhammer hätte töten können." Die Matrosen kehrten mit einem großen Vorrat von frischem Fleisch zur *Beagle* zurück und sahen, daß eine andere Abteilung der Mannschaft zu fischen begonnen hatte und, kaum daß sie ihre Netze heruntergelassen hatten, enorme Barsche herauszogen. Ein Schwarm Haie tauchte auf und schnappte nach den Barschen, als die Netze eingezogen wurden; die Haie waren gänzlich furchtlos und bissen sogar noch nach den Fischen, als die Männer das Meer mit den Riemen peitschten.

Dann überquerten sie erneut den Äquator und gerieten, als sie sich Brasilien näherten, in glücklicherweise ruhigeres Wasser. Delphine umschwärmten das Schiff, und Seevögel folgten ihnen stetig im Kielwasser. Darwin begann wieder zum Leben zu erwachen. Er war eine auffallende Figur an Bord; während die Mannschaft in Marineuniformen gekleidet war, trug er auch weiterhin die Zivilkleidung eines Gentleman des frühen neunzehnten Jahrhunderts — den Überzieher mit seinen Röckschößen, die zweireihige Weste mit ihren Aufschlägen und zahlreichen Knöpfen, die langen Hosen und das hochkragige Hemd mit Krawatte. Überdies muteten seine Aktivitäten die Mannschaft sehr seltsam an; er machte sich ein vier Fuß großes Schleppnetz aus Segeltuch, und indem er es achtern auswarf, war er in der Lage, Myriaden schwachfarbiger Meeresgeschöpfe aufzufischen, die an Deck glitzerten und funkelten.

Die Alltagsroutine war einfach und spartanisch. Das Frühstück fand um acht Uhr statt; FitzRoy und Darwin aßen allein in der Kapitänskabine. Unmittelbar nach Beendigung der Mahlzeit — und keiner der beiden wartete, bis der andere fertig war — machten sie sich an die Arbeit: FitzRoy auf seine Morgenrunde über die Decks und Darwin, wenn das Wetter ruhig war, an die Beschäftigung mit seinen Meerestieren, sezierend, klassifizierend und Notizen machend. Wenn die Witterung rauh war, ging er wieder zu Bett und versuchte zu lesen. Das Mittagessen um ein Uhr war eine vegetarische Mahlzeit: Reis, Erbsen, Brot und Wasser. Es wurde nie Wein oder ein alkoholisches Getränk serviert. Um fünf Uhr kam das Abendessen, das gewöhnlich Fleisch und skorbutverhütende Dinge wie eingemachte Gemüse, Trockenäpfel und Zitronensaft bot. Der Abend verging zumeist bei geruhsamem Geplauder mit den unter tropischem Himmel über die Reling gelehnten Offizieren. „Ich halte ein Schiff für eine sehr behagliche Behausung", schrieb er seinem Vater, „mit allem, was man sich wünschen kann, und wenn nicht die Seekrankheit wäre, möchte alle Welt wohl Matrose sein." Und erneut an seine Schwester Caroline: „Ein Teil meines Lebens als Seemann... ist unerwartet angenehm; es ist der Spaß am bloßen Leben auf blauem Wasser."

In dem Maße, wie die Tage verstrichen, sah sich Darwin in seiner Beziehung zu FitzRoy in eine seltsame Ambivalenz geraten. Er war sehr gerührt gewesen, als ihm Fitz-

30

Santa Cruz, Teneriffa. Eine bittere Enttäuschung für Darwin, als er erfuhr, daß er nicht an Land gehen konnte.

Roy selbst beim ersten Betreten des Schiffes gezeigt hatte, wie man seine Hängematte befestigte oder seine Sachen verstaute, und der Kapitän erwies ihm auch weiterhin jede Freundlichkeit. (In eben dieser Zeit schrieb FitzRoy nach England: „Darwin ist ein sehr sensibler, fleißiger Mann und ein sehr angenehmer Tischgenosse. Ich habe nie eine ‚Landratte‘ gesehen, die sich schneller und gründlicher mit der Lebensweise auf einem Schiff vertraut gemacht hätte als Darwin.“)

Aber FitzRoy war ein überaus widersprüchlicher Mensch, nervös und reizbar. Darwin fühlte sich zwar nicht enttäuscht von ihm — er war noch immer ein großer Mann —, aber es zeigte sich eine Seite seines Wesens, die seinem Idealbild etwas weniger ent-

31

sprach. Da war der Zwischenfall im Geschirrladen in Plymouth gewesen, dann die Auspeitschung der Aufrührer vom Weihnachtstag; Darwin hatte es nicht für fair gehalten, daß die Männer die Erlaubnis zum Trinken erhalten hatten und hinterher doch dafür bestraft wurden. Es hatte nicht lange gedauert, bis er merkte, daß der Kapitän eines Schiffes auf See das Gesetz an sich verkörperte. Es ließ sich mit ihm nicht wie mit einem gewöhnlichen Menschen umgehen oder argumentieren, und zugleich rackerte sich FitzRoy unnötig hart ab. „Wenn er sich nicht umbringt, wird er im Verlauf der Reise eine geradezu wunderbare Menge Arbeit leisten", schrieb Darwin nach Hause. „... nie zuvor bin ich mit einem Mann zusammengetroffen, den ich mir als einen Napoleon oder Nelson vorstellen konnte. *Ich möchte ihn nicht klug nennen;* und doch fühle ich, daß nichts für ihn zu groß oder zu hoch ist. *Seine Überlegenheit über alle anderen ist ganz seltsam ... Alles in allem ist er der ausgeprägteste Charakter, dem ich je begegnet bin.*"

Am schlechtesten war FitzRoys schwankende charakterliche Launenhaftigkeit am Morgen vorherzusehen, wenn er seine Runde auf dem Schiff machte. Bei der gering-

Porto Praya auf den Kapverdischen Inseln. „Die Umgebung von Porto Praya bietet, von der See aus gesehen, einen desolaten Anblick dar; das vulkanische Feuer vergangener Zeiten und die sengende Hitze einer tropischen Sonne haben an den meisten Stellen den Boden untauglich dafür gemacht, eine Vegetation zu tragen."

fügigsten Sache, die er in Unordnung fand, fiel er über den Schuldigen mit geradezu alttestamentarischem Zorn her, beinahe so, als hätte er eine persönliche Beleidigung zu erdulden gehabt. Sein Erscheinen an Deck wirkte elektrisierend; eine Gruppe von Matrosen, die ein Tau zerrten, stürzte sich auf ihre Arbeit, als ob ihr Leben davon abhinge. Die untergebenen Offiziere hatten sich, wenn sie zum Dienst antraten, eine bestimmte Art der Erkundigung zurechtgelegt: „Ist heute morgen schon viel Kaffee verschüttet worden?" Das bedeutete: „Wie ist die Stimmung des Kapitäns?" Aber es waren FitzRoys schwere und schweigende Verstimmungen, die Darwin am schwersten zu ertragen fand; moros, düster und bedrohlich, überließ er sich manchmal stundenlang und ohne Unterbrechung seinen schwarzen Anwandlungen. Aber alles das machte FitzRoy nicht verhaßt; jedermann bewunderte sein hervorragendes seemännisches Können, er hatte auch seine unbeschwerten Tage, und seine Umgangsformen waren im allgemeinen höflich und einnehmend. Aber jeder beobachtete jeden auf der *Beagle*, und Darwin mußte lernen, seinen Grimm herunterzuschlucken.

Mit seinen übrigen Schiffsgefährten kam Darwin sehr gut aus. Jeder mochte ihn. Er war zurückhaltend und überaus lernwillig. Von der Mannschaft wurde er zutraulich „unser Fliegenfänger" genannt. Der Zweite Offizier Sulivan, der später als Admiral Sir James Sulivan bekannt wurde, schrieb nachmals: „Ich kann zuversichtlich meine Überzeugung aussprechen, daß wir während der fünf Jahre auf der *Beagle* ihn niemals schlechter Laune gesehen noch gehört haben, daß er ein unfreundliches Wort *über* oder *gegen* jemand geäußert hätte ... [so kam es], daß wir, in Verbindung mit unserer Bewunderung für seine Energie und seine Fähigkeiten, darauf kamen, ihm den Namen des ‚lieben alten Philosophen' zu geben." Wickham, der Erste Offizier, schimpfte über das Durcheinander, das Darwins Präparatsammlungen auf den Decks anrichtete, aber er war munter und freundlich, „das bei weitem umgänglichste Wesen an Bord", und Bynoe, der Assistent des Schiffsarztes, war ihm zum besonderen Freund geworden. Der junge Fähnrich Philip King war ein lebhafter Bursche: „Ich habe den ganzen Byron gelesen", erklärte er, „und ich kümmere mich einen Dreck um irgend jemanden sonst."

Augustus Earle, der Maler, war ein außergewöhnlicher Mensch. Er war der Sohn eines amerikanischen Malers, der sich in England niedergelassen hatte, und hatte selbst an der *Royal Academy* in London studiert, wo er sich mit Erfolg auf nahezu jedem Gebiet der Malerei betätigt hatte; sei es Porträt, Landschaft oder historische Themen. Seine zweite Leidenschaft waren Weltreisen in Gegenden, wo zuvor kein anderer Künstler gewesen war. Als er sich im Alter von siebenunddreißig Jahren dem *Beagle*-Unternehmen anschloß (er war beinahe einer der ältesten Reiseteilnehmer auf dem Schiff), war er bereits dreizehn Jahre lang auf Reisen gewesen und hatte sowohl in Südamerika als auch in Australien gelebt, zwei der Hauptziele, die für die *Beagle* ausersehen waren. Wie Darwin war er ein begeisterter Leser Humboldts, besonders seiner Beschreibungen des tropischen Urwaldes. Sie verstanden sich so gut miteinander, daß sie beschlossen, an Land zusammenzuwohnen, wenn sie nach Brasilien kämen.

Dann waren da noch die Eingeborenen aus Feuerland. York Minster war ein wortkarger und düsterer Charakter, aber es war offenkundig, daß er eine große Zuneigung

Äquatorüberquerung an Bord der Beagle. „Diese äußerst unangenehme Operation besteht darin, daß einem das Gesicht mit Farbe und Teer eingerieben wird, was den Schaum bildet, der mit einer das Rasiermesser repräsentierenden Säge entfernt wird, und dann wird man in einem mit Seewasser gefüllten Segel halb ertränkt." Zeichnung von Augustus Earle.

Die Feuerländer, gezeichnet von FitzRoy. Oben links: Jemmy Button. „Er pflegte stets Handschuhe zu tragen, sein Haar war nett geschnitten, und er war unglücklich, wenn seine blank geputzten Schuhe beschmutzt wurden." Oben rechts: Fuegia Basket, „ein nettes, bescheidenes, zurückhaltendes junges Mädchen mit einem im ganzen angenehmen, aber zuweilen trotzigen Ausdruck". Unten: York Minster. „Seine Disposition war zurückhaltend, schweigsam, moros und, wenn er gereizt wurde, leidenschaftlich heftig."

zu Fuegia Basket faßte — wie sie für ihn. Jemmy Button, ein sechzehnjähriger Junge, war jedermanns Liebling. Darwin scheint sie alle drei gemocht zu haben, und als der einzige Akademiker an Bord trug er wahrscheinlich ein wenig zur Erziehung der kleinen Fuegia Basket bei. Besonders aber hing er an Jemmy. Der Junge war beinahe ein kleiner Dandy mit seinen weißen Kinderhandschuhen und seinen blank polierten Stiefeln. Sein Leben lang ans Meer gewöhnt, konnte er Darwins Seekrankheit einfach nicht verstehen. Er blickte auf ihn in seinem Elend hinab und murmelte „armer, armer Bursche". Und wenn er sich abwandte, versuchte er, nicht zu lächeln. Die Feuerländer hatten bemerkenswert gute Augen, viel schärfere als die Matrosen, und wenn Jemmy sich mit dem Offizier auf Wache stritt, sagte er gewöhnlich: „Ich sehen Schiff, ich nicht sagen."

Als Landratte und Neuling auf See mußte sich Darwin natürlich von Zeit zu Zeit zum besten haben lassen. „Ein Schwertwalbär hart backbord", rief Sulivan ihm eines Tages in seine Kajüte hinunter. Darwin eilte an Deck, um mit schallendem Gelächter emp-

San Salvador, Bahia, die Allerheiligenbucht überragend. Zeichnung von Augustus Earle.

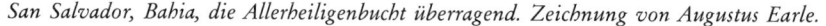

fangen zu werden. Es war der 1. April. Er gewann jedoch einen Pluspunkt, als es ihm gelang, an einer am Heck ausgelegten Angelschnur einen Hai zu fangen.

Das Schiff machte gute Fahrt, mit einem Durchschnitt von 160 Seemeilen in vierundzwanzig Stunden. Dreiundsechzig Tage nach der Abreise aus England erreichten sie Bahia und landeten in der schönen alten Stadt Salvador, die in eine wilde, üppige grüne Pracht von Orangen, Bananen und Kokosnüssen gebettet lag. Darwins erste Begegnung mit einem tropischen Urwald war ekstatisch: „Entzücken", schrieb er in seinem Tagebuch, „ist nur ein schwacher Ausdruck zur Wiedergabe der Gefühle eines Naturforschers, der zum ersten Male allein in einem brasilianischen Walde gewandert ist ... für jemand, der Naturgeschichte liebt, bringt ein Tag wie dieser tieferes Vergnügen mit sich, als er jemals wieder zu erleben hoffen kann." Er war, fühlte er, wie ein Blinder, der gerade das Augenlicht wiedergefunden hat und auf eine Szene „wie eine Ansicht in Tausendundeiner Nacht" starrt. Und noch einmal: „Ein höchst paradoxes Gemisch von Geräusch und Stille herrscht in den schattigen Teilen des Waldes.

Mole, Palast und Kathedrale von Rio de Janeiro. Zeichnung von Augustus Earle.

Das Geräusch der Insekten ist so laut, daß man es in einem Schiff, welches selbst mehrere hundert Yards von der Küste entfernt vor Anker gegangen ist, hören kann; und doch scheint in der Abgeschiedenheit des Waldes ein allgemeines Stillschweigen zu herrschen."

Am 18. März setzten sie die Reise die brasilianische Küste hinab südwärts fort. In der Nacht zum 3. April wurden sie durch Windstille vor Rio de Janeiro festgehalten, aber am folgenden Morgen konnten sie bei prächtigem Sonnenschein in den Hafen einlaufen. Die Stadt war noch sehr viel kleiner, als sie heute ist — Vorstädte wie Botofogo waren noch offenes Land —, aber im Hafen herrschte geschäftige Aktivität. Ein Geschwader englischer Kriegsschiffe lag dort vor Anker, und auf der Mole schafften lange Reihen halbnackter Neger Fracht zu den Handelsschiffen. Im Hintergrund ragten der Palast und die Kathedrale aus dem Gewirr der engen Gassen empor, die Priester mit kegelförmigen Kopfbedeckungen und spanische Damen in Kutschen durchquerten, und die Spitze des Corcovado wies in den klaren blauen Himmel hinauf. Von der Aussicht auf das Verlassen des Schiffes und den Beginn seiner botanischen Reise- und Sammelarbeit beflügelt, eilte Darwin an Land und nahm in der Stadt Wohnung. Jetzt konnte er endlich anfangen, seine Nützlichkeit als Naturforscher und Wissenschaftler zu beweisen — vielleicht war er sogar in der glücklichen Lage, das Wohlwollen FitzRoys zu gewinnen, indem er seine Funde mit den großen religiösen Wahrheiten der Bibel in Einklang brachte.

KAPITEL III

Der tropische Urwald

Im Laufe von drei Tagen war es Darwin gelungen, einen Iren namens Patrick Lennon kennenzulernen, der im Begriff stand, seine hundert Meilen nördlich gelegene Kaffeeplantage zu besuchen. Sie waren eine siebenköpfige Reisegesellschaft und sämtlich beritten. Bei schwül-heißer Witterung folgten sie in den ersten Tagen der Küstenlinie und schwenkten dann landeinwärts in den tropischen Regenwald ein. Zu sagen, daß Darwin glücklich war, ist nicht genug: er war hingerissen, entzückt. Ringsum ragten gewaltige Ceiba-Bäume und Kohl-Palmen wie schlanke und hohe Schiffsmasten auf, deren Blattwerk die Sonnenstrahlen wegfilterten. Von den obersten Zweigen hingen Floridamoose und lange tauähnliche Lianen im grünen Dämmerlicht herab, und im Schweigen und der Stille der Mittagshitze flatterten große blaue Morphofalter vorbei. Die Luft war erfüllt vom Duft aromatischer Pflanzen — Kampfer und Pfeffer, Zimt und Nelken. Dann waren da die monströsen, bis zu vier Meter hohen Ameisenhügel, die parasitischen Orchideen, die aus Baumästen hervorsprossen, und die unglaublich farbenprächtigen Vögel: die Tukane und die grünen Papageien, und die winzigen Kolibris mit ihrem unsichtbaren Flügelschlag schwirrten über einer Blume. Darwin machte sich im Vorbeireiten rasche Notizen: „Schlingpflanzen, die Schlingpflanzen umschlingen — Flechten wie Haarsträhnen — schöne *lepidoptera* — Stille-Hosiannah."

Durch die Stille drang das Gekreisch der Brüllaffen, das einem das Blut erstarren ließ, und darauf folgte ein entferntes Geräusch wie das einer auf den Strand klatschenden Brandung — das Nahen eines Sturmes. Große warme Regentropfen brachen durch das Laubwerk über ihren Köpfen, und in einem Augenblick waren sie durchnäßt. Frischer Erdgeruch strömte vom Boden aus in die gereinigte Luft, und die Täler im Umkreis füllten sich mit wogenden weißen Nebelmeeren. Als der Sturm sich dann legte und es dunkel wurde, begann ein gewaltiger Aufruhr: das nächtliche Konzert der Frösche, Zikaden und Grillen und das zuckende Aufblitzen der Leuchtkäfer in der Finsternis. „Jeden Abend nach Dunkelwerden begann dies große Konzert; und oft habe ich dagesessen und ihm zugehört, bis meine Aufmerksamkeit durch irgendein merkwürdiges vorüberfliegendes Insekt abgezogen wurde."

Und doch lag in diesem Überfluß auch eine schreckliche Wildheit. Eines Tages stieg er vom Pferd, um einen tödlichen Kampf zwischen einer *Pepsis*-Wespe und einer großen Spinne von der Gattung *Lycosa* zu beobachten. Die Wespe startete einen plötzlichen Überfall aus der Luft, stach mit ihrem Stachel zu und flog fort. Obwohl schwer verletzt, war die Spinne noch in der Lage, sich in ein Grasbüschel zu verkriechen und zu verstecken, und einige Zeit schwirrte die Wespe hierhin und dorthin, ohne sie wiederfinden zu können. Als sich die Spinne aber schließlich durch eine unwillkürliche Bewegung verriet, setzte die Wespe mit wunderbarer Genauigkeit zum Todesstoß

Oben: „Die gegen die gewöhnlichen, sich verzweigenden Arten von Bäumen kontrastierenden Palmbäume geben der Szenerie einen tropischen Charakter." Unten links: Ein Nest von Riesenameisen. Rechts: Die Anakonda oder Wasser-Boa, ein anderes Riesengeschöpf des tropischen Urwaldes, kann eine Länge von bis zu zehn Metern errei-chen.

an — zwei rasche Einstiche an der Unterseite des Thorax. Dann ging der Sieger nieder und begann den Körper fortzuschleppen. Und Darwin schritt mit eben der irrationalen Handlungsweise ein, zu der auch die meisten von uns gegriffen hätten: er trennte die Wespe von ihrem Opfer.

Dann kamen sie an eine der ödesten Stellen des ganzen Waldes — den Marschweg der dunklen Waldameise. Wenn sich die mattschimmernde, schwarze, myriadenköpfige Schar näherte — eine „Schlange" von fast hundert Metern Länge —, geriet jedes Lebewesen auf ihrem Weg in Panik. Es war überwältigend zu sehen, wie die Eidechsen, die Schaben und Spinnen, vor Angst beinahe verrückt, durch eine schnelle Einkreisungsbewegung abgeschnitten wurden, und in einem einzigen Augenblick fiel dann die räuberische Masse über ihre Beute her.

Inmitten all dieser Schönheit war also eine unaufhörliche Drohung präsent. Fressen und gefressen werden — das war die Existenzbedingung, und die Schwachen mußten sich tarnen, um überleben zu können. In Darwins Sammelgläser gerieten so die Gespenstschrecke oder der „Wandelnde Ast", ein Insekt, das einem Zweig trockenen Holzes ähnelte, der harmlose Nachtfalter, der in seiner Verkleidung einem Skorpion glich, und ein Käfer, der die Färbung einer giftigen Frucht annahm, um sich vor den Vögeln in Sicherheit zu bringen. Er bemerkte, daß die Fühler mancher Gattungen bloßer Schmuck waren, der um der sexuellen Anziehung willen getragen wurde; einige Falter hatten gelochte Flügel, um tote Larven mit Löchern nachzuahmen; andere wie die Mondraupeneule *(Cosmia trapezina)* sahen aus wie verwelkte Blumen; wieder andere hatten auffallend leuchtende falsche Augen. Einige Insekten schützten sich durch Imitation; die widerwärtigen Heliconiiden sind für ihre Jäger ungenießbar, also machten sich andere, ihrerseits genießbare Arten ihre Warnfarben zu eigen.

Wie sehr doch Henslow das alles genossen hätte! „Ich habe nie ein solches intensives Entzücken erlebt", schrieb Darwin ihm ekstatisch. „Früher bewunderte ich Humboldt, jetzt bete ich ihn nahezu an; er allein vermittelt einen Begriff von den Gefühlen, die beim Eintritt in die Tropen im Gemüt geweckt werden ... im Augenblick bin ich ganz eifrig mit Spinnen beschäftigt ... und wenn ich mich nicht irre, habe ich bereits einige neue Gattungen beisammen ... ich werde bald eine sehr große Kiste nach Cambridge zu schicken haben."

Zu diesem Zeitpunkt erlitt er seinen ersten Fieberanfall und fühlte sich so krank, daß er glaubte, vom Pferd fallen zu müssen, aber „Zimt und Portwein heilten mich auf wunderbare Weise."

Und ganz abrupt wurde Darwin jetzt bewußt gemacht, daß die Grausamkeit in der Natur, das Prinzip der Verfolgung der Schwachen durch die Starken, sich auch auf menschliche Wesen anwenden ließ. Sie waren in einen Teil des Waldes eingedrungen, in dem der Pfad bereits wieder verwachsen war, und es war ein Negersklave mit einem Buschmesser vorausgeschickt worden, um einen Weg freizuschlagen. Darwin

Abb. der Seiten 42 und 43: „Wälder, Blumen und Vögel sah ich in großer Vollkommenheit, und das Vergnügen, sie zu betrachten, ist unermeßlich."

„Die Bäume waren sehr hoch und, mit europäischen verglichen, wegen ihrer weißen Stämme merkwürdig."

versuchte, mit diesem Mann in gebrochenem Spanisch zu sprechen, und gestikulierte, um seiner Absicht Nachdruck zu verleihen, als er mit einer Art Schockgefühl bemerkte, daß der Mann offenbar des Glaubens war, er sollte geschlagen werden. Er duckte sich, rang die Hände und hielt die Augen halbgeschlossen, unterwürfig auf den bevorstehenden Hieb wartend. Darwin war entsetzt. Waren alle Sklaven so geängstigt wie dieser, so psychisch gebrochen? Lennon, der beträchtlich viele Sklaven hielt, beruhigte ihn höchstwahrscheinlich. Konnte man aber wirklich beruhigt sein? Bald ritten sie einen kahlen, steilabschüssigen Granitfelsen hinauf, wo es zeitweilig einer Schar entlaufener Sklaven gelungen war, sich zu verstecken und dem Erdreich einen kargen Lebensunterhalt zu entreißen. Sie hatten sich sogar eine Reihe von Grashütten gebaut, Ebenbilder jener Behausungen, die sie gekannt hatten, bevor sie in Afrika geraubt worden waren. Die Hütten waren jetzt verwüstet. Eine Abteilung brasilianischer Soldaten hatte den Ort überfallen und alle entlaufenen Sklaven mit Ausnahme einer einzigen alten Frau eingefangen, die der Aussicht auf neuerliche Sklaverei den Tod vorgezogen hatte; sie hatte sich vom Gipfel des Hügels herabgestürzt und war auf den Felsen darunter in Stücke zerschmettert. „Ehe ich England verließ", schrieb er später an seine Schwester Caroline, „wurde mir gesagt, alle meine Ansichten würden sich ändern, wenn ich in Sklavenländern gelebt haben würde; die einzige Änderung, deren ich mir bewußt bin, ist, daß ich den Charakter der Neger viel höher schätzen gelernt habe."

Als sie sich der Hazienda Lennons näherten, wurde ein Revolver abgefeuert, eine Glocke begann zu läuten, um ihre Ankunft anzukündigen — ein heftiger Lärmschwall in der tiefen Stille des Waldes —, und die Sklaven der Plantage eilten zu ihrer Begrüßung herbei. Es war ein höchst angenehmer Ort, ein Viereck strohgedeckter Hütten mit dem Herrenhaus auf der einen Seite und den Ställen, Speichern und Schlafquartieren der Sklaven auf der anderen. Im Haus selbst nahmen sich die vergoldeten Stühle und Sofas, die durchaus aus einem viktorianischen Wohnzimmer hätten stammen können, nicht am rechten Platz aus — inmitten der weißgekalkten Wände, des strohgedeckten Daches und der Fenster ohne Glasscheiben. In der Mitte des Hofes waren Diemen von Kaffeebohnen aufgeschüttet, und es herrschte ein ständiges Kommen und Gehen von Hühnern und Hunden, Pferden, Haustieren und Frauen, die sich um ihre Feuerstellen drängten und deren nackte Kinder in der Sonne spielten. Für die Gäste wurde ein gargantueskes Festmahl vorbereitet — Darwin war kaum mit seinem Truthahn fertig geworden, als man ihn auch schon mit gebratenem Schweinefleisch traktierte —, und die ganze Zeit über pulsierte das üppige Leben der Plantage weiter um sie herum. Kinder, Hühner und Hunde — „alle möglichen alten Kläffer" — strömten durch die offenstehenden Seiteneingänge der Hütte herein und mußten von einem eigens zu diesem Zweck angestellten Sklaven verjagt werden.

Lennon, der absolute Herrscher über diese kleine feudalistische Welt, war bei alledem eine Art Rätsel. Während des Rittes von Rio de Janeiro herauf hatte er auf Darwin als vernünftiger und gerechter Mann gewirkt; jetzt aber verfiel er aus keinem erkennbaren Grund in einen heftigen Streit mit dem Verwalter der Plantage, einem Mann namens Cowper. Vielleicht war es die Hitze, vielleicht die lästige Zudringlichkeit der

Kinder, vielleicht auch eine seit langem schwelende Meinungsverschiedenheit zwischen den beiden; jedenfalls war Lennon außer sich vor Wut. Er kündigte an, er werde alle seine Sklavinnen mit ihren Kindern verkaufen; sie sollten von ihren Männern und Vätern getrennt und nach Rio überführt werden, um dort in öffentlicher Auktion zum Verkauf zu gelangen. Insbesondere drang er darauf, ein Mulattenkind loszuwerden, dem der Verwalter sehr zugeneigt war. Bei dieser Lage der Dinge zogen beide Männer ihre Pistolen und hätten sicherlich das Feuer eröffnet, wenn sich nicht Darwin und die anderen dazwischengeworfen hätten.

Am nächsten Morgen war der Streit vergessen. Aber der Umstand, daß der Verkauf tatsächlich hätte stattfinden können, daß Lennon diese Familien tatsächlich hätte trennen können, die bereits viele Jahre zusammengelebt hatten, und daß nur wenige Leute darin etwas Grausames und Unmenschliches gesehen hätten — das alles war für Darwin eine schockierende und unfaßbare Sache. Und er war auch nicht beruhigt, als sich am Morgen die ganze Gemeinschaft zum Gebet und zum Gesang von Hymnen in der Plantagenvierung versammelte. Die Negerstimmen erhoben sich mit großer Reinheit in die morgendliche Luft, und Lennon segnete alle, bevor sie sich an die Arbeit machten.

Darwin war in Abscheu vor der Sklaverei erzogen worden — in England gehörten die Wedgwoods zu den frühesten Wortführern dagegen —, und das, was er gesehen hatte, und die Grausamkeit und Scheinheiligkeit, die es überlagerten, lasteten noch immer schwer auf ihm, als er nach Rio de Janeiro zurückgekehrt war. Hier wurde sein Unmut erneut durch die Entdeckung erregt, daß die ihm gegenüber wohnende alte Dame Schrauben besaß, um die Finger ihrer weiblichen Sklaven zu malträtieren, und in dem Haus, das er selbst bewohnte, wurde „ein junger Mulatte stark genug geschmäht, geschlagen und verfolgt, um den Geist des niedrigsten Tieres zu brechen." „Ich danke Gott", schrieb er später, „daß ich nie wieder ein Sklavenland zu besuchen haben werde. Bis auf den heutigen Tag ruft mir, wenn ich ein fernes Schreien höre, dasselbe mit peinlicher Lebendigkeit meine Empfindungen zurück, die ich beim Vorübergehen an einem Hause in Pernambuco hatte, als ich das allererbarmungswürdigste Stöhnen hörte, und mir dasselbe doch nicht anders als so erklären konnte, daß irgendein armer Sklave gemartert wurde, während ich doch wußte, daß ich so machtlos wie ein Kind war, selbst nur Vorstellungen zu machen ... Ich habe gesehen, wie ein kleiner Junge, sechs oder sieben Jahre alt, dreimal mit der Reitpeitsche, ehe ich dazwischentreten konnte, über seinen nackten bloßen Kopf geschlagen wurde, weil er mir ein Glas Wasser gereicht hatte, was nicht ganz rein war; ich sah, wie sein Vater bei einem bloßen Blick aus dem Auge seines Herrn zitterte."

Der Gedanke, daß Engländer und Amerikaner ebenso am Sklavenhandel beteiligt waren, ließ einem „das Blut aufwallen und das Herz erzittern." Er sprach eines Tages darüber mit FitzRoy, als sie wieder an Bord der *Beagle* waren. FitzRoys Ansichten über die Sklavenhaltung waren genau so, wie man sie erwarten mochte; ohne sie direkt zu entschuldigen, war er doch der Meinung, daß sich einiges zu ihren Gunsten sagen ließ. Das System war sehr alt, in Wirklichkeit so alt wie die Bibel, und man sollte sich da nicht allzu voreilig einmischen, vor allem nicht die liberal gesinnten Idealisten,

Oben: Negerhütten auf einer Plantage. Unten links: Sklavinnen mit ihren Kindern. Rechts: Die Wedgwood-Plakette, die zu Erasmus Darwins Zeiten als Mittel der Antisklaverei-Propaganda benutzt wurde.

47

Sklavenaufseher, die Neger bestrafen. „Es macht unser Blut aufwallen und doch unser Herz erzittern, wenn wir bedenken, daß wir Engländer und unsere amerikanischen Nachkommen mit ihrem übermütigen Geschrei nach Freiheit so schuldbeladen gewesen sind und noch sind …"

die noch nie die Verantwortung für die Leitung einer Plantage zu übernehmen gehabt hatten. Als Darwin sich dann seiner Abenteuer zu erinnern und zu erzählen begann, schwieg FitzRoy anfangs durchaus betroffen. Er sagte, auch er habe einen Besuch auf einer Plantage gemacht, als Darwin fort gewesen sei, und er habe bei den Sklaven Lebensbedingungen angetroffen, die genausogut waren wie bei den Landarbeitern in England. Der Eigentümer der Plantage hatte eine große Anzahl seiner Männer vortreten lassen, und er hatte sie persönlich gefragt, ob sie unglücklich seien und frei sein möchten. Alle hatten mit Nein geantwortet.

Darwin war zu wütend, um noch Vorsicht walten zu lassen. Welche andere mögliche Antwort, fragte er, hätten sie denn wohl in Gegenwart ihres Herrn geben können? Der Ton seiner Stimme und sein verächtliches Lächeln versetzten FitzRoy in Zorn. Wenn Darwin an seinen Worten zweifelte, brach er los, täte er besser daran, die Kajü-

48

Familie in Rio auf dem Wege zur Messe. „Ich habe niemals irgendwelche von den diminutiven Portugiesen mit ihren Mörderphysiognomien gesehen, ohne beinahe zu wünschen, daß Brasilien dem Beispiels Haitis nachfolge.“

te zu verlassen; es sei unmöglich für sie beide, länger zusammenzuwohnen. Darwin antwortete, er habe sogar noch Besseres zu tun; er wolle sogar das Schiff verlassen. Und damit stürzte er hinaus.

Niemand war dazu aufgelegt, in dieser Angelegenheit FitzRoys Partei zu ergreifen. Unmittelbar nachdem sie von der Streitigkeit gehört, kamen die anderen Offiziere zu Darwin und sagten ihm, er wäre ihnen sehr willkommen, wenn er mit seinen Habseligkeiten zu ihnen umzöge. Inzwischen hatte FitzRoy Wickham rufen lassen und tobte seine Wut aus, indem er eine Tirade gegen Darwin und alles, wofür er eintrat, vom Stapel ließ. Nach und nach beruhigte er sich jedoch, und wie das bei diesem überspannten, erregten Charakter immer der Fall war: er bekam Gewissensbisse. Er war zu weit gegangen. Er hatte unrecht gehabt. Er hatte Darwins Gefühle verletzt. Er mußte ihn zur Rückkehr veranlassen.

Der Corcovado-Gipfel in Rio de Janeiro, an dessen Fuß sich Darwin und Augustus Earle eine Behausung teilten.

Bald tauchte Wickham an Deck auf; der Kapitän wünsche sich bei Mr. Darwin zu entschuldigen und ersuche ihn, in seine Kajüte zurückzukommen. Darwin war nur zu bereit anzunehmen. Letzten Endes war es das große Abenteuer dieser Reise, das zählte; es hatte inzwischen ein Eigenleben besonderer Art gewonnen und war wichtiger als irgendeine private Streitigkeit.

Vielleicht war es eine glückliche Fügung, daß sie sich ohnehin in den nächsten Monaten trennen mußten; während FitzRoy sich mit der *Beagle* wieder auf den Weg nach Norden machte, um seine Vermessung der Küste fortzusetzen, wohnte Darwin zusammen mit Augustus Earle und Fähnrich King an Land in Rio. Darwin freute sich darüber unendlich: „Du kannst Dir nichts Ruhigeres und Angenehmeres vorstellen als diese vergangenen Wochen", schrieb er, diesmal an seine andere Schwester Catherine. „Es hat nie einen größeren Glücksfall gegeben, als daß die *Beagle* nach Bahia zurücksegelte." Sie teilten sich ein sehr freundliches Häuschen in Botofogo am Fuße des Corcovado (Kost und Logis beliefen sich nur auf 22 Shilling wöchentlich, wie er mit Erleichterung feststellte), und bald war er ins Sammeln aller möglichen Arten vertieft — Spinnen, Schmetterlinge, Vögel und Seemuscheln —, die er einpackte, um sie Henslow zu schicken.

Eine Vorstellung von der mühseligen Arbeit, die dieses Verpacken mit sich brachte, läßt sich anhand des Briefes gewinnen, den Henslow an Darwin schrieb, als er etwa sechs Monate später die Kiste in Cambridge erhielt. „Ich glaube, Sie haben Wunder gewirkt", schrieb er, drängte ihn jedoch, mehr Papier zu benutzen und weniger Werg. Ein Prachtexemplar von Krabbe hatte alle Scheren verloren, die Schwanzfedern eines Vogels waren zerknittert, und zwei Mäuse waren beinahe völlig vermodert. Die kleineren Insekten waren am besten erhalten, aber vielleicht war es für ihre Fühler und Beine gefährlich, sie in Watte einzupacken. Es muß für Darwin eine wahre Tantalus-Qual bedeutet haben, so lange auf Nachricht über seine kostbaren Kisten warten zu müssen. In einem Fall brauchte die Empfangsbestätigung sogar sieben Monate, bis sie ihn erreichte, und das ergab ein Jahr oder mehr, seit die Ladung abgeschickt worden war.

Während Darwin sammelte, malte Earle die tropische Szenerie und war ihm zweifellos auch behilflich, Zeichnungen von manchen seiner Stichproben anzufertigen. Mit einem alten portugiesischen Priester unternahm er einen Jagdausflug, brachte es aber nur auf einige kleine grüne Papageien und Tukane; sein Gefährte aber schoß zwei Bartaffen. „Die Tiere haben Greifschwänze, deren Spitze selbst nach dem Tode das ganze Gewicht des Körpers halten kann. Einer von ihnen blieb damit fest an einem Zweige hängen, und es war nötig, einen großen Baum zu fällen, um ihn zu bekommen." Darwin wollte sich durchaus keine Gattung entgehen lassen. „Ich widme mich der Naturgeschichte immer hingebungsvoller; Sie können sich nicht vorstellen, welch großes habgierähnliches Vergnügen ich empfinde, wenn ich ein Tier untersuche, das sich weitgehend von jeder bekannten Art unterscheidet."

Abb. der Seiten 52 und 53: Verschiedene Arten brasilianischer Bäume und Sträucher. Darwin war der Meinung, daß der bemerkenswerteste Aspekt in den Tropen die Neuartigkeit der Vegetationsformen sei.

VIII.

IX.

D.

X.

Seine Experimente waren ganz esoterisch: er ließ Frösche an Glasscheiben hinaufkriechen, fütterte Glühwürmchen mit rohem Fleisch, beobachtete in allen Einzelheiten die Sprungfähigkeit eines Leuchtkäfers und fand einen Schmetterling, der sich kriechend am Boden entlangbewegen konnte. An einem einzigen Tag, dem 23. Juni, fing er achtundsechzig Exemplare eines besonders kleinen Käfers.

Als die *Beagle* zurückkehrte, brachte sie die verhängnisvolle Nachricht mit, daß eine Abteilung der Mannschaft den Fluß hinauf zur Schnepfenjagd geritten war, daß alle an Fieber erkrankt und drei gestorben waren; einer war Charles Musters, der Sohn eines Freundes von FitzRoy und der allgemeine Liebling an Bord. Alle Besatzungsmitglieder waren gedrückter Stimmung, und sie brannten jetzt sämtlich darauf, die nächste Etappe der Reise anzutreten, obwohl Darwin auf die langen Tage auf See durchaus nicht versessen war. „Wie glücklich ich bin, daß die *Beagle* keinen Jahresproviant aufgenommen hat; früher war das so, als ob man für diese Zeit ins Grab ginge." Aber schon bezog er sich auf die *Beagle* als ein Zuhause; er war stolz auf sie und sprach fortgesetzt davon, daß sie anderen Schiffen bei Manövern überlegen sei. „Ich finde, man sagt allgemein, daß wir in Südamerika jetzt die Nr. 1 sind", schrieb er mit sichtlichem Vergnügen nach Hause. „Es ist mir eine große Befriedigung zu wissen, daß wir über eine so gute Verfassung und Disziplin verfügen."

Sie hatten jetzt Kurs auf den fernen Süden des Kontinents zu nehmen, auf die gänzlich unbekannten Landstriche von Patagonien und Feuerland. „Ich sehne mich danach", schrieb Darwin, „den Fuß dahin zu setzen, wo bisher kein Mensch gegangen ist."

An einem strahlenden Tag Anfang Juli stach die *Beagle* in See. Es wurde ihr ein unerwarteter und begeisternder Abschiedssalut von den anderen britischen Kriegsschiffen bereitet, die im Hafen vor Anker lagen; als das kleine Schiff hinaussegelte, enterten die Matrosen der riesigen *Warspite* in die Takelage hinauf, drei Hurras schallten über das Wasser, und eine Kapelle stimmte das Lied *To Glory you Steer* an.

Affe mit seinem Jungen.

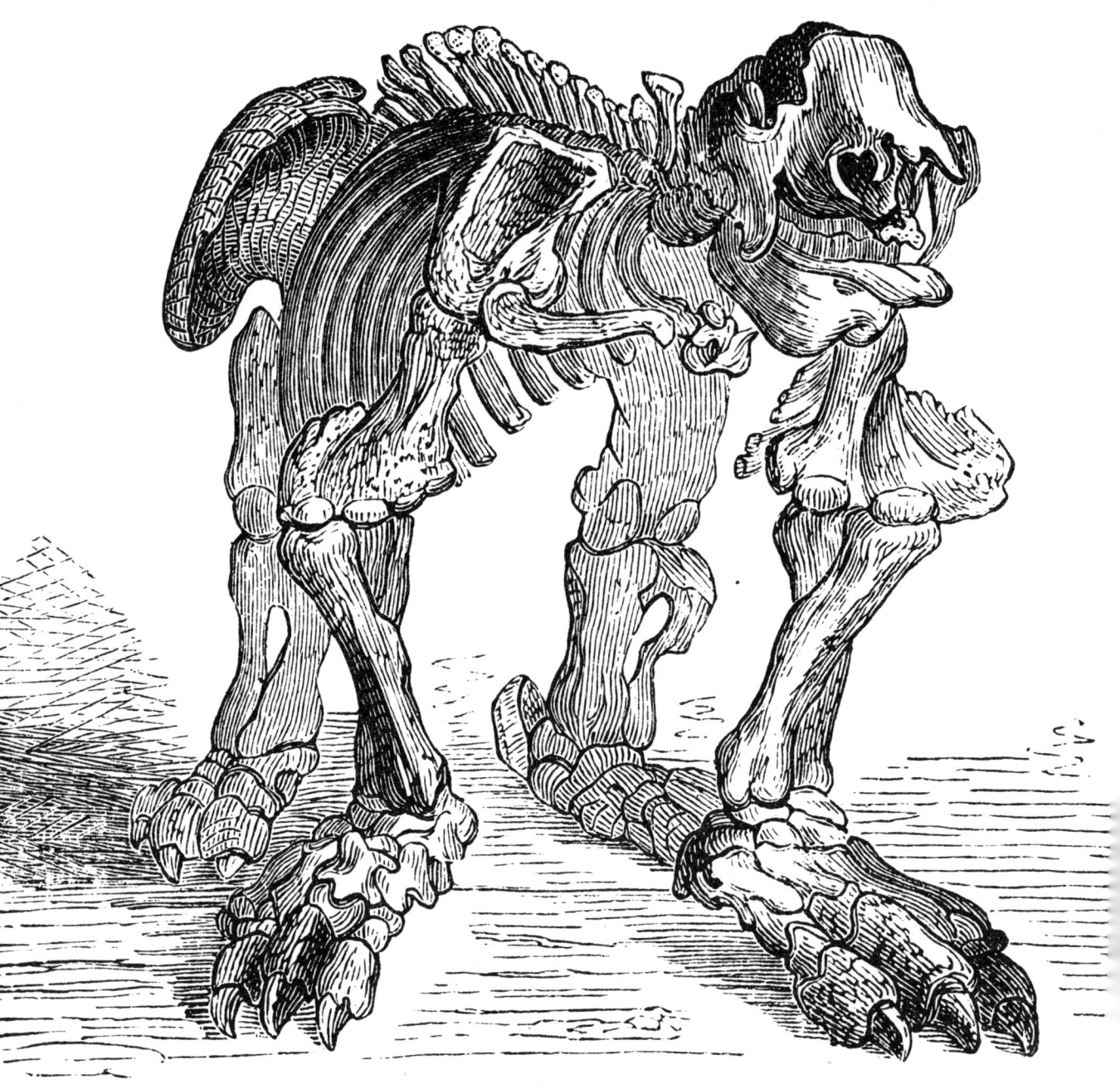

Rekonstruktion des Skeletts eines Megatherium.

KAPITEL IV

Die antediluvianischen Tiere

Darwin wurde erneut seekrank, sobald sie das offene Meer erreichten. An vielen Tagen drückte er sich elend an Deck herum oder zog sich in seine Hängematte zurück. In seinem Notizbuch findet sich unter dem 16. Juli 1832 eine ziemlich trübselige kleine Eintragung: „Sehr seekrank. Fliegende Fische — Tümmler." Er war keiner von denen, die sich ans Meer gewöhnen, und am Ende der Reise war er ein genauso schlechter Seemann, wie er es zu Beginn in Plymouth gewesen war. Noch im März 1835 schrieb er nach Hause: „Ich leide auch weiterhin so sehr unter der Seekrankheit, daß nichts, nicht einmal die Geologie, das Elend und die Qual des Geistes wiedergutmachen kann." Aber wenn es sein körperlicher Zustand nicht vereitelte, war er auch auf See nie müßig. Er war mit seinem Teleskop zur Stelle, wann immer es irgend etwas zu sehen gab; er verbrachte ganze Tage mit Beobachten und Nachdenken über die gewaltige Zahl von Vögeln, die er zu Gesicht bekam, und kam zu dem Schluß, daß der Wandertrieb den Vorrang vor allen anderen hat. „Jeder weiß, wie stark der Mutterinstinkt ist; dennoch ist der Wandertrieb so mächtig, daß manche Vögel im Spätherbst sogar ihre zarten Jungen verlassen und sie dem kläglichen Untergang in ihren Nestern anheimgeben." Er machte auf eine Gans aufmerksam, von der man ihm berichtet hatte, daß sie, als man ihr die Flügel beschnitten hatte, ihre „Wanderung" zu Fuß unternahm.

Wale kamen an die Wasseroberfläche und bliesen ihre Atemfontänen längs des Schiffes in die Höhe, und einmal, als sie mit neun Knoten und vollen Segeln dahineilten, zeigten sich Hunderte von Delphinen. Lange Zeit umspielten sie die *Beagle*, tummelten sich vor dem Bug hin und her und hoben sich gänzlich aus dem Wasser. Als das Schiff seinen Weg nach Süden fortsetzte, sichteten sie bellende oder Eselspinguine, eine Gattung, die hundeartig kläfft. Eines Nachts ankerten sie in der Bucht des Rio de la Plata und sahen ein St.-Elms-Feuer die Mastspitzen und die Takelage erleuchten, und die das Meer durchziehenden Pinguine hinterließen in ihrem Kielwasser lange leuchtende, phosphoreszierende Linien. „Alles steht in Flammen", schrieb Darwin an Henslow, „der Himmel wird von Blitzen erhellt, das Wasser von Leuchtpartikeln, und sogar die Masten sind von einer blauen Flamme angestrahlt."

In Rio de Janeiro hatte Robert MacCormick, der Arzt, das Schiff verlassen. Er scheint ganz allgemein unbeliebt gewesen zu sein, und sogar Darwin vermerkte: „Er ist kein Verlust." Der Mann, der an seine Stelle trat, der junge Benjamin Bynoe, war jedoch ein sehr angenehmer Gefährte und bereits ein enger Freund Darwins geworden. Er teilte Darwins Begeisterung für Naturgeschichte, unternahm mit ihm Exkursionen an Land, wann immer er konnte, und tat gegen Darwins Seekrankheit, was nur in seiner Macht stand. Bynoe hatte auch an der vorigen Reise teilgenommen und war

Zu einer neuen Art gehörender Delphin, die Darwin nach FitzRoy benannte (Delphinus fitzroyi). Die Geste wurde erwidert, als FitzRoy einen Berg auf Feuerland nach seinem Reisegefährten benannte.

in der Lage, manche nützlichen Hinweise zu geben; ebenso war er ein Mann, bei dem Darwin nach seinen Zusammenstößen mit FitzRoy Dampf ablassen konnte. Ein einnehmender Zug an Bynoe war der, daß er sich sehr um die Feuerländer kümmerte, und Jemmy Button war ihm geradezu ergeben.

Sie verließen jetzt die tropischen Zonen und wechselten in die kühlen Breiten über, und in der frischeren und blaueren See zogen die Männer auch schwerere Kleidung an. Darwin ließ sich, zusammen mit den anderen Offizieren, einen Bart wachsen und schaute, wie er selbst sagte, wie ein „nur zur Hälfte gewaschener Schornsteinfeger" aus. Sonntags morgens leitete FitzRoy den Gottesdienst, und es muß ein schöner Anblick gewesen sein, ihn dort auf dem Achterdeck stehen zu sehen, die Mannschaft vor ihm versammelt, die geblähten Segel darüber. Die kleine Fuegia Basket und ihre beiden Gefährten wurden in ihre Sonntagsgewänder gesteckt, und überall um sie herum standen und lagen die Dinge, mit denen sie so vertraut geworden waren, daß sie sie kaum mehr wahrnahmen; die Musketen, Pistolen und Enterhaken, die an der Reling hinter dem Ruder lehnten; das Rad selbst mit der eingravierten Devise „*England Expects Every Man To Do His Duty*" und auf der Nabe des Rades eine Zeichnung Neptuns mit seinem Dreizack von Augustus Earle — und dahinter die endlose See. FitzRoy wird, in seiner leidenschaftlichen Rechtgläubigkeit, schwerlich versäumt haben, manchmal den folgenden Textabschnitt aus dem Ersten Buch Mosis zu lesen: „Und Gott machte die Thiere auf Erden, ein jegliches nach seiner Art, und das Vieh nach seiner Art, und allerlei Gewürm auf Erden nach seiner Art. Und Gott sah, daß es gut war."

„Und Gott sprach: Laßt uns Menschen machen, ein Bild, das uns gleich sei, die da herrschen über die Fische im Meer, und über die Vögel unter dem Himmel, und über das Vieh, und über die ganze Erde ..."

Man hört nahezu leibhaftig die klare, autoritäre Stimme, wie sie erklärt: „Dieser Mensch aber, den Gott geschaffen hatte, wurde verderbt und erfüllte die Erde mit Gewalt. Und so überflutete Gott die Erde hundertundfünfzig Tage lang und vernichtete ihn. Und doch erlaubte Gott in Seiner großen Gnade Noah, eine Arche zu bauen und seine Familie und von jeder lebenden Kreatur zwei, ein Männchen und ein Weibchen, an Bord zu nehmen, und alle diese wurden gerettet. So ist die Welt, wie sie Gott am Anfang der Zeiten geschaffen hat, bis auf den heutigen Tag erhalten geblieben. Laßt alle, die wir auf diesem Schiff versammelt sind, uns dieser göttlichen Vorsehung erinnern und in Demut für unsere Reise in die unvermessenen Meere, die vor uns liegen, um Seinen Segen bitten ..." Eben diese Szene beschwört Earles Gemälde *Divine Service on Board a British Frigate* (Gottesdienst an Bord einer britischen Fregatte), das er später in der *Royal Academy* in London ausstellte.

Auf See war FitzRoy immer in seinem Element. Hier, auf dem engen Raum seines Schiffes, waren die Komplikationen und die Unordnung des Lebens an Land beiseite geräumt, die Dinge konnten angemessen kontrolliert und organisiert werden: eine Hochglanzpolitur für die Messinggeschütze und die richtige Segelstellung. Der Kampf gegen die See war ein sauberes und ordentliches Problem, nichts, vor dem man Angst haben mußte. Was immer die Mannschaft von ihrem Kapitän an Bord der *Beagle* dachte: keiner zweifelte je an seinem Mut: „Ich würde eher mit dem Kapitän und zehn Männern als mit irgendeinem anderen und zwanzig gehen", schrieb Darwin an seine Schwester Susan. „So lange wie möglich ist er sehr vorsichtig und wachsam; wenn er aber dazu gezwungen wird, ist er unerschütterlich tapfer."

Und so waren sie alle sehr erregt, als sie in der Bucht des Rio de la Plata in Schwierigkeiten gerieten. Eine achtundzwanzigtägige Kreuzfahrt von Rio de Janeiro herunter hatte sie vor die Reede von Buenos Aires geführt, und sie waren gerade im Begriff, in den Hafen einzulaufen, als das argentinische Wachschiff das Feuer auf sie eröffnete. Der erste Schuß war ein Warnschuß, der zweite war gezielt und schleuderte einen Hagel von Kugeln, die über die Takelage der *Beagle* hinwegpfiffen. FitzRoy segelte in Richtung seines Ankerplatzes weiter und setzte sofort zwei Boote aus, die an Land um eine Erklärung nachzusuchen hatten. Bevor die Männer aber noch landen konnten, trat ein Zolloffizier vor und wies sie wieder an Bord, mit dem Befehl, sie hätten sich einer Quarantäne-Inspektion zu unterziehen. FitzRoy aber war schon durchaus nicht mehr in der Stimmung, sich irgend etwas zu unterziehen. Er befahl, das Schiff herumzulegen, machte seine Geschütze klar und kreuzte dann hart an das Wachschiff heran. Im Vorbeisegeln signalisierte er ihm, daß es, wenn es einen erneuten Schuß abzufeuern wagen sollte, von ihm eine volle Breitseite in seinen verrotteten Rumpf bekäme. Damit fuhr er den schlammigen Rio de la Plata hinauf nach Montevideo, wo die englische Fregatte *Druid* vor Anker lag. Man kam rasch überein, daß die *Druid* mit gefechtsklaren Geschützen nach Buenos Aires segeln sollte, um dem Gouverneur eine Entschuldigung abzuverlangen. Wie alle anderen auch, war Darwin höchst er-

regt. „Ich hoffe, daß das Wachschiff tatsächlich ein Geschütz auf die Fregatte abfeuert. Wenn es dies tut, wird das sein letzter Tag über Wasser gewesen sein."
Inzwischen sah es einen Augenblick lang so aus, als bekäme er tatsächlich die aufregende Aktion, die er sich herbeiwünschte, und zwar möglichst nahe; ein Minister der Regierung kam mit großem Pomp zur *Beagle* hinaus, mit der Nachricht, daß die schwarzen Truppen rebelliert hätten; würde FitzRoy eine Abteilung an Land schikken, und sei es nur, um das Eigentum der dortigen englischen Kaufleute zu schützen? Ja, antwortete FitzRoy, das würde er fraglos tun. Er machte sich selbst als Kundschafter auf den Weg, und als er kaum die Mole erreicht hatte, gab er der Mannschaft der *Beagle* das Signal, an Land zu kommen. Zweiundfünfzig mit Musketen und Enterhaken bewaffnete Matrosen stiegen in die Boote, und bald marschierten sie allesamt die Hauptstraße hinauf — Darwin mit zwei Pistolen im Gürtel und dem Säbel in der Hand —, um das Hauptfort in Besitz zu nehmen. Aber leider passierte nichts, die Rebellen lösten sich auf, und nach einer mit dem Braten von Beefsteaks verbrachten Nacht im Fort kehrte die Sturmtruppe der *Beagle* zahm zum Schiff zurück.
Einen oder zwei Tage später traf die *Druid* mit einer angemessenen Entschuldigung aus Buenos Aires ein, ebenso mit der Nachricht, daß der Kapitän des Wachschiffes arretiert worden sei. Es war schwerlich ein glänzender Sieg gewesen; dennoch hatten sie den Argentiniern gezeigt, was Sache war; der Zwischenfall hatte die Mannschaft der *Beagle* enger mit ihrem Kapitän zusammengeschweißt, und alle waren in guter Stimmung, als sie an der kargen Küste weiter nach Süden segelten.
Etwa zur selben Zeit hatte Darwin einen neuen Assistenten namens Sims Covington bekommen, der zuvor in den Büchern der *Beagle* als „Geiger und Bursche für die Achterdeck-Kajüte" geführt worden war. Darwin hatte ihm beigebracht, Vögel und andere Lebewesen abzubalgen und auszustopfen und ihm bei der allgemeinen Sammelarbeit zur Hand zu gehen, und mit der Zeit ließ er ihn mehr und mehr von der praktischen Arbeit übernehmen, so weit, daß er ihm schließlich, ein oder zwei Jahre später, sogar sein wertvolles Gewehr übergab und selbst gar nicht mehr schoß — etwas, das er früher so leidenschaftlich gern getan hatte. Covington scheint kein sehr sympathischer Mensch gewesen zu sein: „Mein Diener ist ein sonderbarer Kerl", schrieb Darwin. „Ich mag ihn nicht besonders; aber vielleicht ist er gerade wegen seiner Sonderbarkeit für meine Zwecke sehr gut geeignet." Die beiden scheinen schließlich sehr gut miteinander ausgekommen zu sein, denn Covington ist, nachdem die *Beagle* nach England zurückgekehrt war, noch mehrere Jahre in Diensten Darwins geblieben.
Am 7. September erreichten sie die kleine Garnisonstadt Bahia Blanca, etwa vierhundert Meilen südlich von Buenos Aires, und hier begann FitzRoy mit seiner Vermessungsarbeit an der bisher kartographisch nicht erfaßten Küstenlinie von Patagonien. Es war ein öder Ort. Die weite, seichte Bucht war mit Sandbänken durchsetzt, und diese Sandbänke waren mit trockenem Riedgras bedeckt und von ganzen Armeen von Krabben umschwärmt. Landeinwärts wuchsen keinerlei Bäume — es regnete kaum jemals —, und ein rauher Wind wehte über die flachen Ebenen der Pampas herein. Die argentinische Garnison bestand aus einer kleinen Gruppe zerlumpter Gauchos, die als Soldaten hergerichtet worden waren, und sie drängten sich in einem Fort zusammen,

Mole und Zollhaus in Montevideo. Zeichnung von Augustus Earle.

das von einem Wassergraben und und einem Wall umgeben war. Wilde Indianer (im Gegensatz zu denen, die „gezähmt" worden waren) trieben sich im Innern herum, und es war durchaus nicht ungefährlich, sich allzu weit von der Siedlung zu entfernen. Die Soldaten beargwöhnten die *Beagle* anfangs — sie hätte ja Waffen für die Eingeborenenstämme schmuggeln oder vielleicht sogar für eine ausländische Macht spionieren können —, und insbesondere mochten sie die Erscheinung von *El Naturalista* Don Carlos Darwin nicht. Was war das, ein Naturforscher? Was tat er, wenn er mit zwei Pistolen im Gürtel und seinem Geologenhammer in der Hand an Land kam? Sie folgen ihm den Strand entlang und beobachteten ihn mit Mißtrauen, als er an einigen in einer Felswand eingelagerten und versteinerten alten Knochen herumzuhacken begann.

Punta Alta, der Schauplatz einiger der größten Entdeckungen Darwins bei diesem und beim nächsten Besuch ein Jahr später, war ein flacher Damm an der Küste, drei bis vier Meter hoch und aus Kies und Kieselgestein zusammengesetzt, durch das sich eine schmutzig-rötliche Tonschicht zog. Die versteinerten Knochen fanden sich im Kieselgestein am Fuße des Dammes und waren über ein Gebiet von ungefähr 35 Metern im Geviert verbreitet. Anfangs konnte Darwin nicht erkennen, was er da ausgrub; da war ein Eckzahn, ein Paar gewaltiger Klauen, ein nilpferdähnlicher Schädel

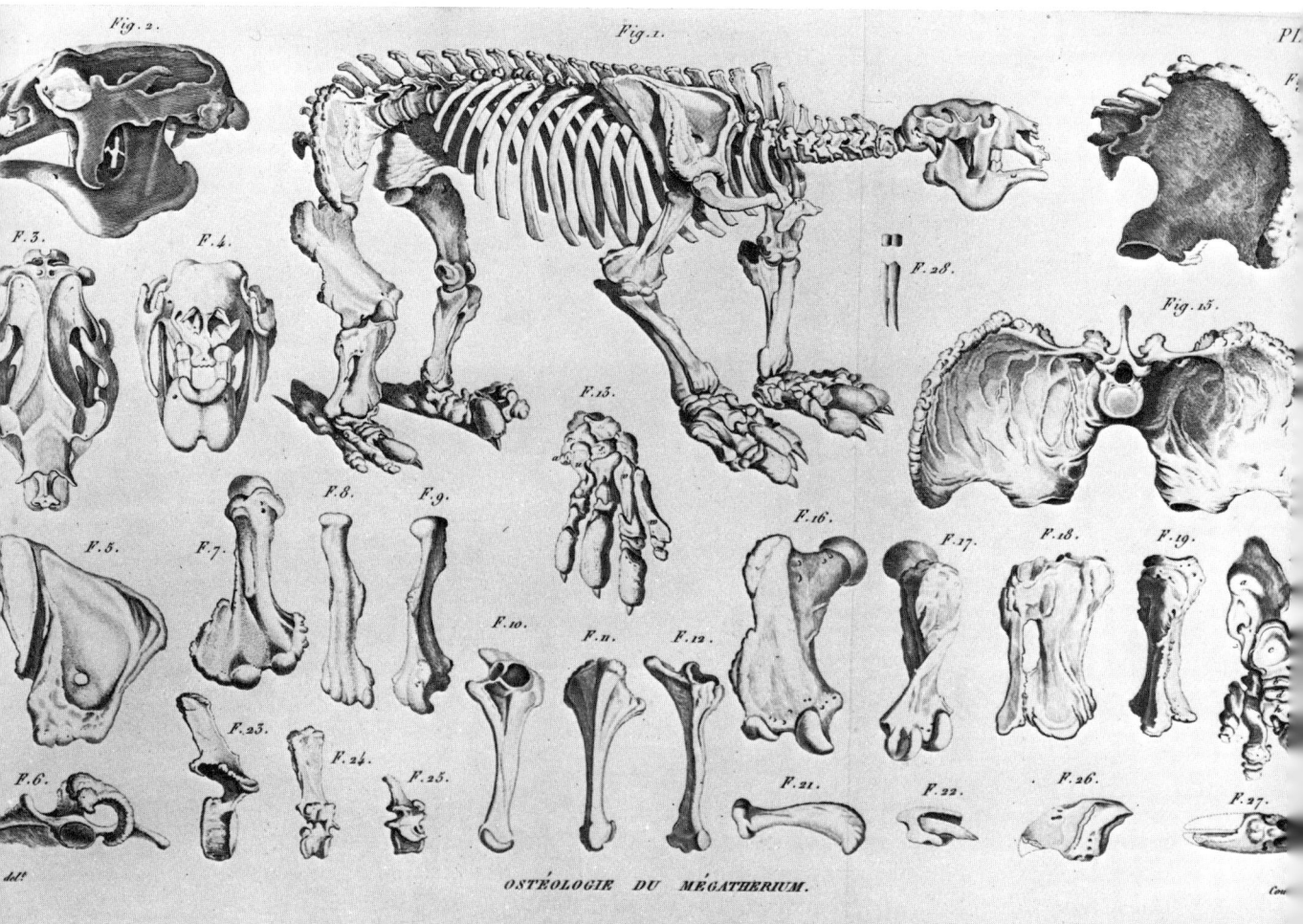

Skelett und Knochen eines Megatherium. „*Da die einzigen Proben in Europa in Madrid zu finden sind ...,
reicht das hier hin, für einige mühselige Minuten zu entschädigen.*"

und ein großer, zu Stein gewordener, schuppiger Rückenschild. Eines hatten alle diese Funde gemeinsam, abgesehen von ihrer Seltsamkeit: sie waren sämtlich immens
groß, sehr viel größer als die Knochen irgendeines ähnlichen Tieres, das noch heute
lebt.
Bis zu dieser Zeit — 1832 — war die Paläontologie von Südamerika wenig erforscht
worden. Ein halbes Jahrhundert zuvor war das Skelett eines *Megatherium*, eines Riesen-Faultieres, in Argentinien gefunden und nach Madrid geschickt worden, und
Alexander von Humboldt und einige andere Reisende hatten ein paar *Mastodon*-Zäh-
ne ausgegraben, aber sonst war wenig bekannt; Darwins Erregung ist also leicht ver-

ständlich, als diese gewaltigen prähistorischen Formen Gestalt anzunehmen begannen. „Das große Ausmaß der Knochen der megatheroiden Tiere", schrieb er in seinem Tagebuch, „ist wahrhaft wunderbar."

Covington und er machten sich in Punta Alta mit Spitzhacken an die Arbeit. Die Zeit drängte, und Darwin vertiefte sich immer mehr in seine Untersuchungen. „Verbrachte die Nacht in Punta Alta, um 24 Stunden lang Knochen zu untersuchen. Sehr erfolgreich damit, brachte die Nacht angenehm zu." Mehr und mehr versteinerte Skelette kamen zutage und wurden am Strand zusammengetragen, und Darwin begann gewahr zu werden, daß er es hier mit Geschöpfen zu tun hatte, die der modernen Zoologie ganz und gar unbekannt und seit Millennien von Jahren vom Erdboden verschwunden waren. Da waren Teile des Riesen-Faultieres, eines Ungeheuers, das sich einst mit seinen Klauen von der Erde aufgereckt hatte, um die Baumwipfel nach Nahrung abzuernten, und zweier anderer, gleich großer und nahe verwandter Arten, des *Megalonyx* und des *Scelidotherium* (von dieser letzten Art gelang es ihm, ein nahezu vollkommen unversehrtes Skelett aufzutreiben). Weiter waren da der *Toxodon*, ein dem Nilpferd ähnelndes Tier und „eines der seltsamsten je entdeckten Geschöpfe", das Riesengürteltier, der Schädel eines *Mylodon*, einer ausgestorbenen Elefantenart, eine *Macrauchenia*, ein „bemerkenswerter Vierfüßler", und ein Guanako (oder wildes Lama), das so groß war wie ein Kamel. Alle diese Knochen waren in eine dicke Schutzhülle aus Seemuscheln gebettet, „eine perfekte Katakombe für Monstren ausgestorbener Rassen".

Für Darwin war das Wichtige an diesen Geschöpfen, daß sie, obwohl verschiedenen Gattungen angehörend, ihren in der Welt von heute anzutreffenden, sehr viel kleineren Ebenbildern sehr stark ähnelten; etwa dem kleinen, auf Bäumen lebenden Faultier, dem kleinen sich vergrabenden Gürteltier oder dem zarten Guanako. „Diese wunderbare Verwandtschaft zwischen den toten und den lebenden Tieren eines und desselben Kontinents wird noch, wie ich nicht zweifle, später mehr Licht auf das Erscheinen organischer Wesen auf unserer Erde und auf das Verschwinden von ihr werfen als irgendeine andere Klasse von Tatsachen." Wo waren diese großen Ungetüme zur Zeit der Sintflut gewesen? Das vielleicht Mysteriöseste von allem war die Entdeckung der Knochen eines Pferdes. Als die spanischen Konquistadoren im sechzehnten Jahrhundert ankamen, war das Pferd in Südamerika unbekannt. Und doch lag hier der endgültige Beweis vor, daß diese Tiere in ferner Vergangenheit an Ort und Stelle existiert hatten. Bedeutete das, daß die verschiedenen Gattungen sich ständig veränderten und entwickelten und daß diejenigen, die sich an ihre Umwelt anzupassen versäumten, ausstarben? Wenn dem so war, waren die gegenwärtigen Erdbewohner sehr verschieden von denen, die Gott ursprünglich erschaffen hatte; es bestand sogar einiger Zweifel daran, ob die Schöpfung innerhalb einer einzigen Woche vonstatten gegangen sein konnte; Schöpfung war ein kontinuierlicher Prozeß und hatte sich in einem langen Zeitraum vollzogen.

Ein Problem, das Darwin besonders verwirrte, war das der Beziehung zwischen der Vegetation des Landes und der Anzahl der Tierarten; schließlich kam er zu dem Schluß, daß die Quantität der Vegetation nicht ausschlaggebend war und daß, was diese Quantität *allein* betraf, „die früheren Rhinocerosarten wohl über die Steppen von Zentralsibirien ... selbst in ihrem gegenwärtigen Zustand herumgeschweift haben mögen". Es gab durchaus keinen Beweis, der, wie er sagte, die Idee stützte, daß für diese Tiere eine üppige tropische Vegetation erforderlich war.

Punta Alta war nicht der einzige Fundort von Darwins Entdeckungen. Auf seiner späteren Reise nach Santa Fé stieß er auf zwei immens große Skelette, die aus dem senkrechten Steilhang am Rio Parana auskragten; sie waren jedoch so verwittert, daß er lediglich einige kleine Bruchstücke von den Zähnen mitnahm. In Montevideo hörte er von weiteren fossilen Überbleibseln und machte sich zu ihrer Erforschung auf. Dazu zählte der komplette Kopf eines *Toxodon,* und Darwin schrieb betrübt an Richard Owen, den Naturforscher, über die Schwierigkeiten der Arbeit an Fossilien: „Der

Zu den nachfolgenden Bildtafeln:

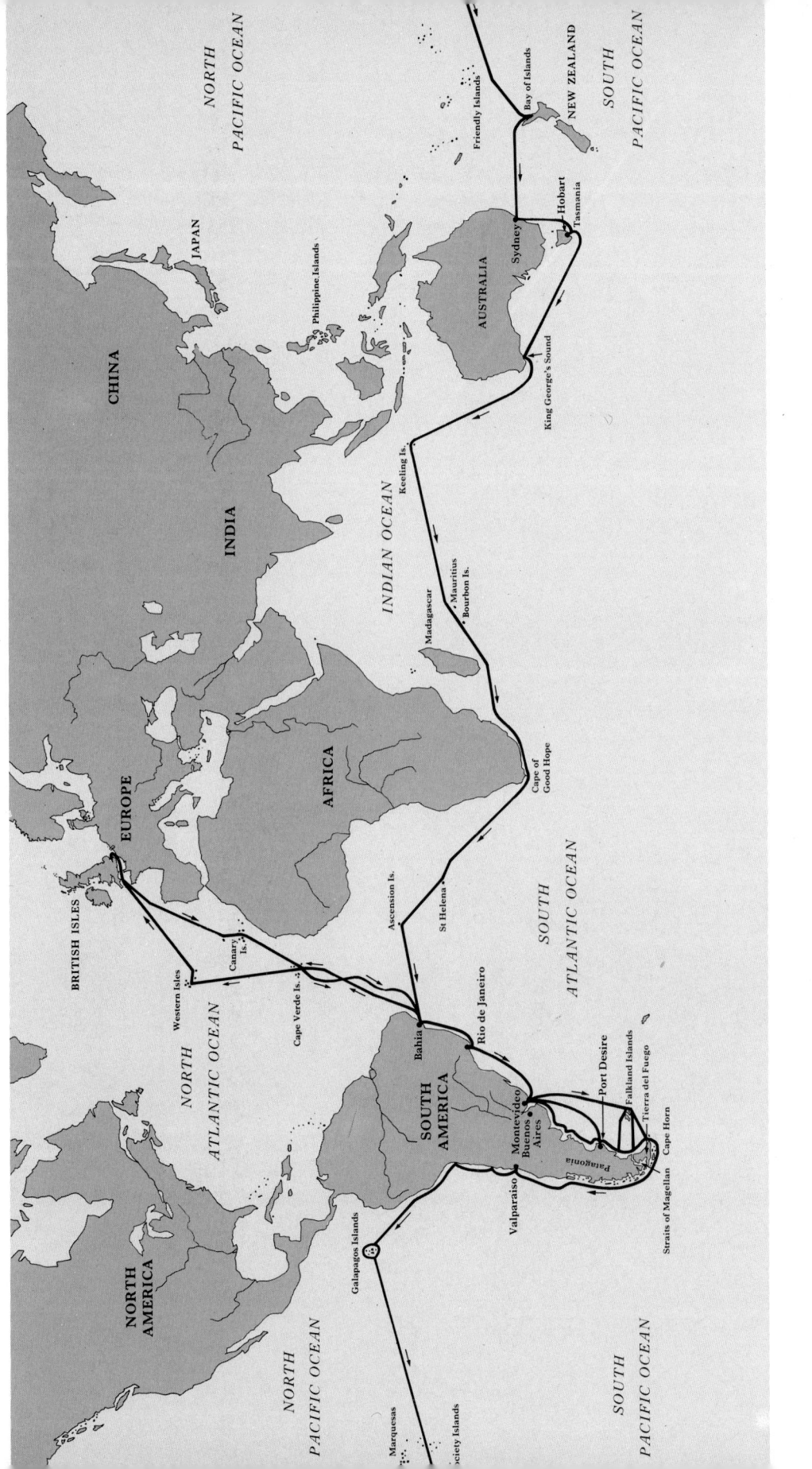

PLATE 96.

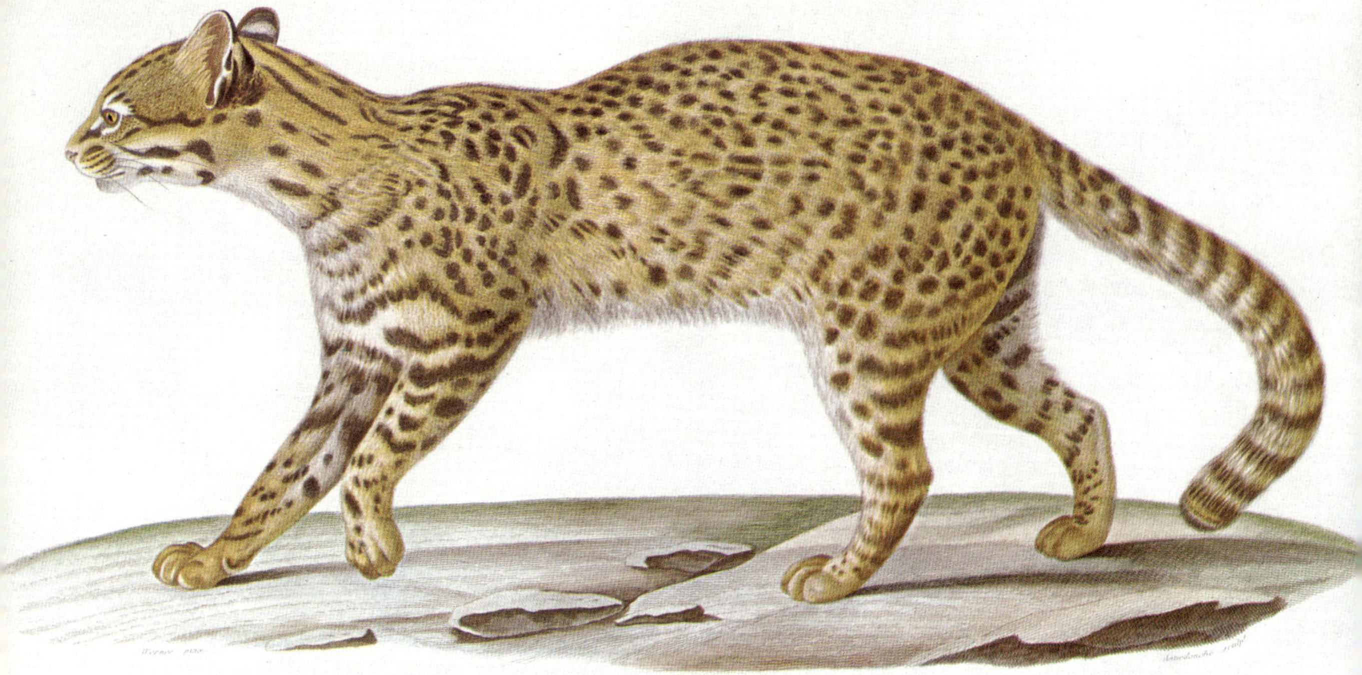

Werner pinx. P. Bertrand editeur Annedouche sculp.

FELIS Geoffroyi, D'Orb. et Gervais.

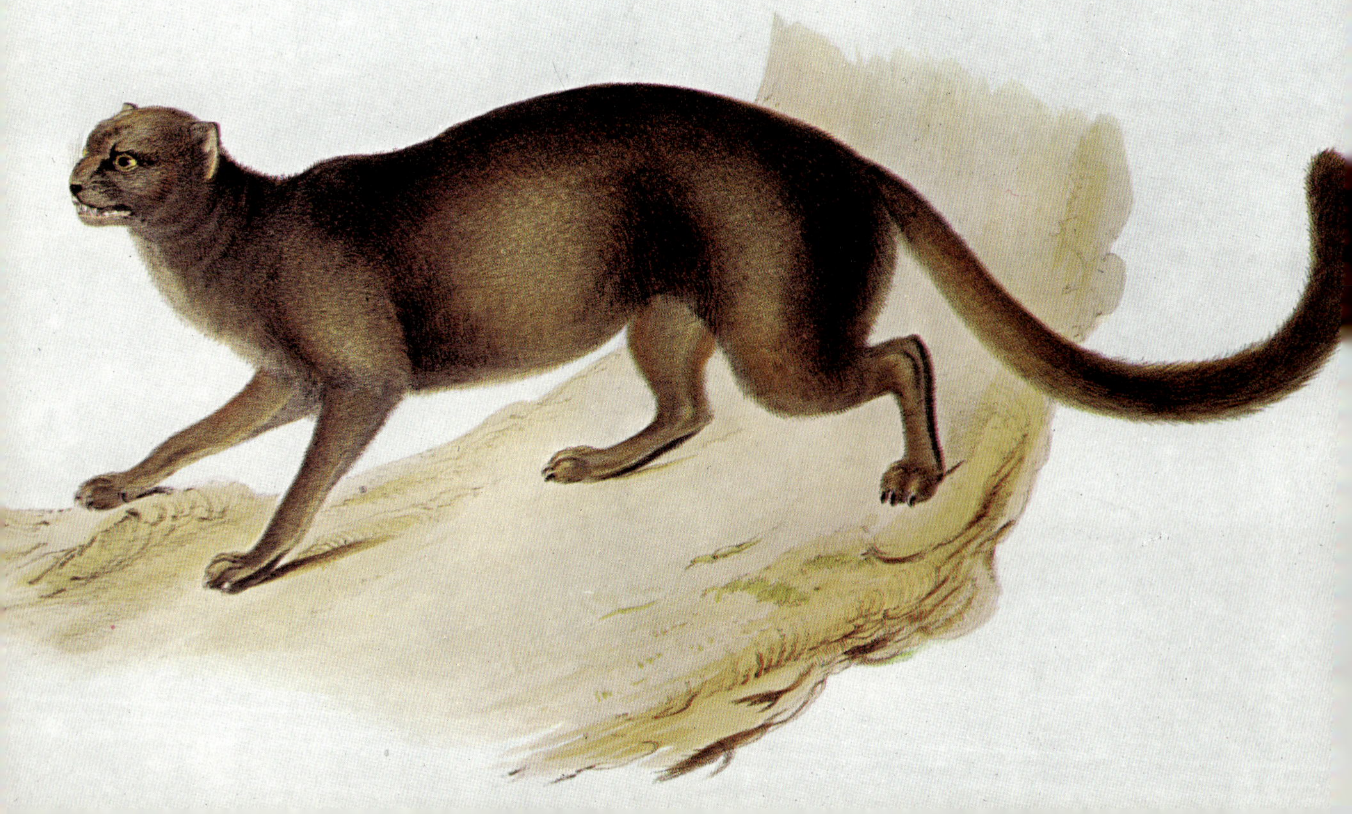

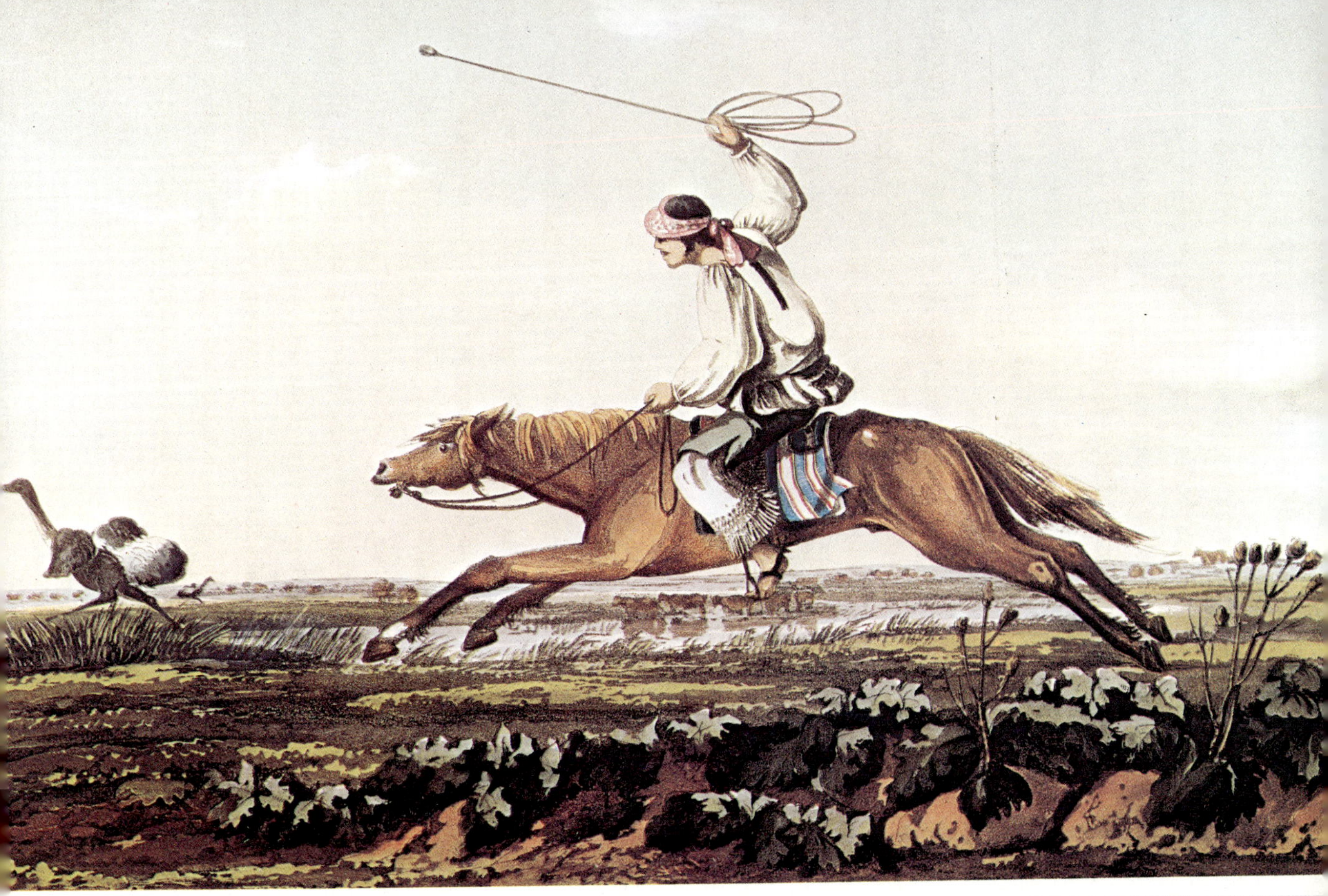

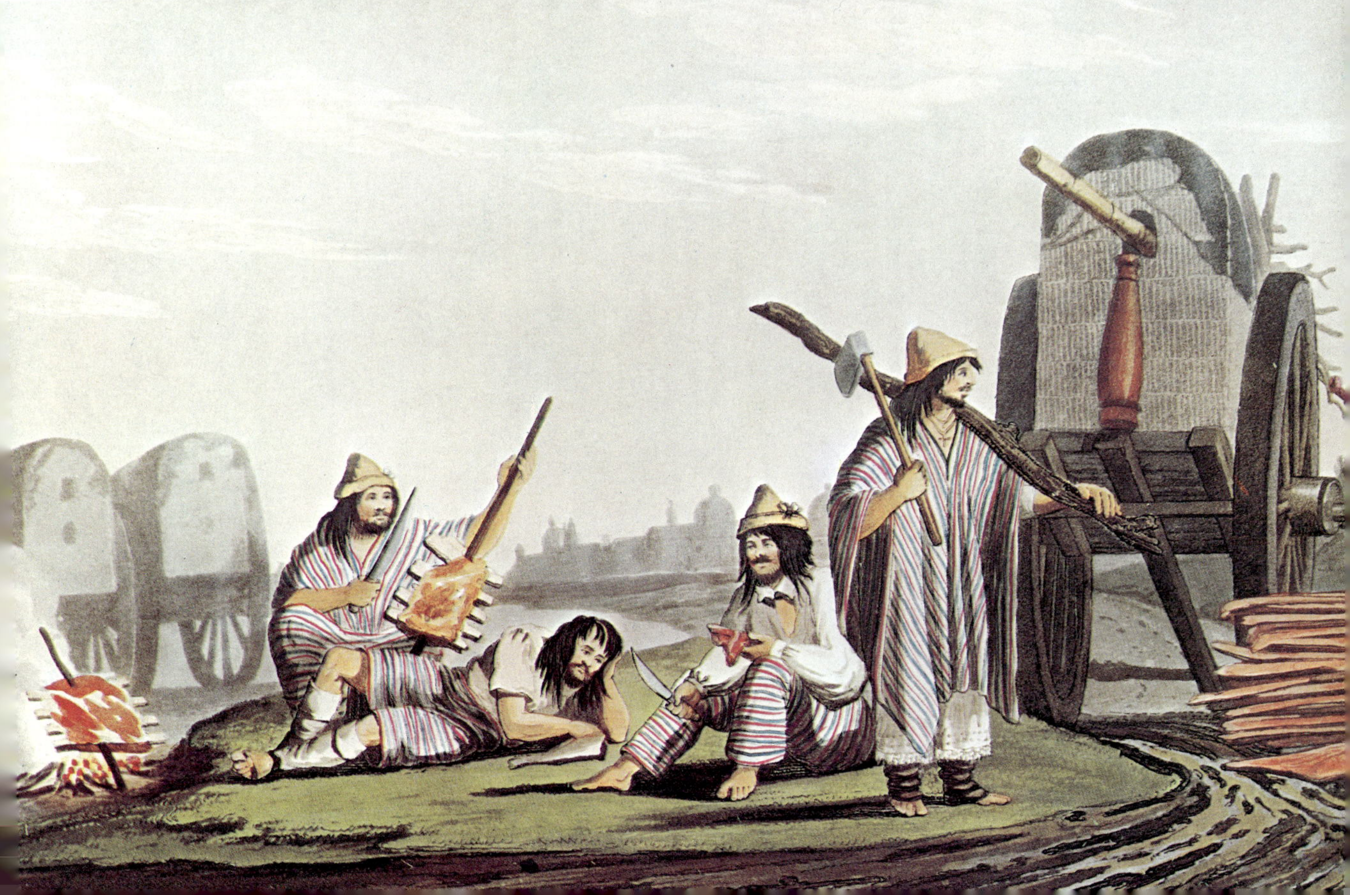

Kopf war eine kurze Zeit lang als Sehenswürdigkeit im benachbarten Bauernhaus auf-
bewahrt worden, als ich ankam, lag er jedoch im Garten. Ich kaufte ihn für den Preis
von achtzehn Pence." Offensichtlich war er, als man ihn fand, vollkommen erhalten
gewesen; aber kleine Jungen hatten mit Steinen danach geworfen und so die Zähne
herausgebrochen. Im Januar 1834 fand Darwin in St. Julian das Skelett einer *Macrauchenia* und schrieb: „Wir können daraus schließen, daß der ganze Bereich der Pampas
eine weitläufige Grabstätte dieser ausgestorbenen Vierfüßler ist ..." Aber „die Erd-
rinde sollte nicht als wohlbestalltes Museum aufgefaßt werden, sondern als armselige,
vom Zufall zusammengewehte Sammlung".

Wann waren denn so viele Spezies ausgestorben? „Gewiß ist keine Tatsache in der
langen Geschichte der Erde so verwirrend, als das ausgedehnte und wiederholt vorkommende Vertilgen ihrer Bewohner." Er schloß die Möglichkeit aus, daß klimati-
sche Veränderungen dieses Aussterben verursacht haben könnten, und nach der
Durchmusterung vieler Theorien kam er zu dem Schluß, daß der Isthmus von Panama einst überflutet gewesen sein könnte. Er hatte recht. Siebzig Millionen Jahre lang
hatte es keinen Isthmus von Panama gegeben, Südamerika war eine Insel, und diese
großen Tiere entwickelten sich in der Isolation. Als der Isthmus dann entstand und
Nord- mit Südamerika verband, war das Schicksal dieser merkwürdigen und weitgehend hilflosen Lebewesen besiegelt.

Als Darwin seine Proben an Bord der *Beagle* brachte, war Wickham über den „Miß-
brauch" seiner sauberen Decks verärgert und schimpfte über das „verdammte Zeug".
FitzRoy erinnerte sich später „unseres Lächelns über den offensichtlichen Schund,
den er häufig an Bord schleppte". Aber für Darwin war das alles sehr schwerwiegend,
und zu eben dieser Zeit muß er sich zum ersten Mal mit FitzRoy über die Authentizi-
tät der Geschichte von der Sintflut auseinandergesetzt haben. Wie hätten solche
enorm großen Geschöpfe an Bord der Arche kommen können? FitzRoy hatte eine
Antwort. Nicht *allen* Tieren war es gelungen, an Bord der Arche zu gehen, erklärte
er; aus irgendwelchen göttlichen Ratschlüssen hatten diese Arten draußen bleiben
müssen und waren ertrunken. Aber *warum*, protestierte Darwin, waren sie ertrunken?
Es gab viel Beweismaterial dafür — die Seemuscheln zum Beispiel —, daß die Küste
sich über den Meeresspiegel erhoben hatte und daß diese Tiere sich deshalb über die
Pampas in ganz derselben Weise verbreitet hatten wie die Guanakos von heute. Das
Land hatte sich *nicht* erhoben, hielt FitzRoy dagegen; es war das Meer, das sich erhoben hatte, und die Knochen dieser ertrunkenen Tiere waren ein zusätzlicher Beweis
für die Sintflut.

In diesem Frühstadium der Reise brachte Darwin seine Argumente nicht allzu gewalt-
sam vor; er war verwirrt, er brauchte mehr Beweismaterial, mehr Zeit zum Nachdenken. Er war sogar gewillt, sich überzeugen zu lassen, daß diese neuen und verstören-
den Ideen, die in seinem Kopf durcheinanderwirbelten, falsch waren. Zweifellos hatte
er nicht das Bedürfnis, die Wahrheit der Bibel zu leugnen: „Niemand kann unbewegt
in diesen Einsamkeiten [dem großen Wald] stehen", hatte er geschrieben, „und nicht
fühlen, daß im Menschen mehr ist als der bloße Atem seines Körpers." Es war ja gerade das Problem, die Worte der Bibel im Lichte der modernen Wissenschaft zu deuten.

Und hier war FitzRoy nur zu bereit zu helfen. Man sieht die beiden in ihrer Kajüte geradezu vor sich, die Lampe über ihren Köpfen schwingend, die zweiundzwanzig Chronometer an den Wänden tickend und die Bücher vor ihnen ausgebreitet: Fitz-Roys zerlesene Bibel, Lyells zweiter Band über Geologie, der Darwin soeben in Montevideo zugestellt worden war. Irgendwo dazwischen, spürten sie, würden sie auf die Wahrheit stoßen.

Das Frühjahr war gekommen, und dies war die angenehmste Zeit. Beinahe jeden Morgen war Darwin im Freien, um mit seinem neuen Gewehr für frischen Proviant für das Schiff zu sorgen. Die Jagd war wunderbar; an manchen Tagen traf er zwei oder sogar drei Hirsche, und darüber hinaus gab es die Strauße (nicht zu reden von ihren gewaltigen und köstlichen Eiern), die wilden Schweine (er schoß eines mit einem Gewicht von mehr als 45 kg), die Gürteltiere und die Guanakos. Das Guanako war ein Tier von unerschöpflicher Neugier; Darwin fand heraus, daß es, wenn er sich auf den Rücken legte und die Beine in die Luft streckte, sich unweigerlich näherte. Dann sprang er auf und hatte einen leichten Schuß. Strauß-Kotelett und gebratenes Gürteltier waren Lieblingsgerichte an Bord, das eine schmeckte wie Rind-, das andere wie Entenfleisch. FitzRoy kaufte von den argentinischen Soldaten einen lebenden Puma, und sie balgten ihn ab und aßen ihn ebenfalls. Was die Fische anging, so bekamen sie alles, was sie wollten, wenn sie nur ein Netz in der Bucht auswarfen. Große Schwärme wurden an Bord gehievt, darunter manche unbekannte Spezies; Augustus Earle zeichnete sie, und Darwin legte sie in Spiritus.

Ende November 1832 unternahmen sie, gutgenährt und bei allgemeinem Wohlergehen an Bord, einen weiteren Abstecher zum Rio de la Plata und wandten sich dann erneut nach Süden, um das Experiment durchzuführen, an das FitzRoy sein Herz gehängt hatte: die Aussetzung von Jemmy Button und seinen Freunden in ihrer Heimat Feuerland und die Errichtung eines neuen Vorpostens des Christentums an jener entlegenen und einsamen Küste. In der Bucht der Guten Hoffnung kam Darwin ein für alle Male zu dem Entschluß, sein Leben der Naturgeschichte zu widmen; er hoffte, „ein wenig dazu beitragen" zu können.

Rekonstruktion eines Mylodon darwini.

Ausschnitt aus einem Gemälde von J. W. Carmichael. Die abgebildeten Schiffe wurden früher für die Adventure *und die* Beagle *in der Magellanstraße gehalten.*

Kapitel V

Feuerland

Die Feuerländer hatten sich auf der bisher fast einjährigen Fahrt seit der Abreise von England alles in allem recht gut gehalten. Sie hatten einigermaßen fließend Englisch gelernt, sie hatten FitzRoys religiöse Lehren in sich aufgenommen — oder schienen sie jedenfalls aufgenommen zu haben —, und sie machten den Eindruck, als wüßten sie, was man von ihnen erwartete. York Minster hatte angekündigt, daß er nach der Landung auf seinem heimatlichen Territorium Fuegia Basket zu heiraten gedenke. Neuerdings war er in bezug auf sie sehr eifersüchtig geworden, wozu er vielleicht auch allen Grund hatte, denn sie war die einzige Frau an Bord. Er stand dicht dabei, wenn irgendeiner der Matrosen mit ihr redete, und wurde verdrießlich und mürrisch, wenn er von ihr getrennt war. Fuegia hatte, wenn man FitzRoys Zeichnung von ihr trauen kann (und er war ein durchaus geschickter Zeichner) ein hübsches Gesichtchen, und unter den eingeborenen Feuerländern, die schwerlich wegen ihres guten Aussehens bemerkenswert waren, mochte sie sogar als Schönheit durchgehen. In Rio hatte sie mehrere Monate an Land im Dienst eines Engländers gelebt, der ihren Unterricht in den kleinen Feinheiten des kultivierten Lebens fortgesetzt hatte. Jemmy Button war so aufgeräumt wie immer und brannte darauf, wieder heimzukommen. Sogar Matthews, der Missionar, schien seinem einsamen und hingebungsvollen Exil gelassen und entschlossen entgegenzusehen.

Das alles schien also in Ordnung zu sein. Und dennoch — welch bizarres Unternehmen war es doch und wie typisch, wenn man darüber und über FitzRoy näher nachdenkt. Er allein hatte aus eigenem Entschluß vor drei Jahren diese verwahrlosten Streuner aufgegriffen und sie in England gefügig gemacht, auf ganz dieselbe Weise, wie ein Mann ein wildes Tier fangen und zähmen mag. Und jetzt war er im Begriff, sie mit keinem anderen Führer als einem unerfahrenen Missionar, der nie zuvor außer Landes gewesen war, in die Freiheit zu entlassen, nicht in eine seßhafte Gemeinschaft, sondern in eine unerforschte Region heulender Stürme und unerträglicher Kälte, wo ein paar Nomadenstämme sich einen Lebensunterhalt zusammenkratzten, der so primitiv war wie nur irgend etwas im Neolithikum. In dem ganzen Unternehmen steckte eine durchaus eindrucksvolle Anmaßung. So unbeirrt war FitzRoys Glaube, daß er tatsächlich überzeugt war, jene kleine Fuegia Basket und ihre Gefährten wären in der Lage, den wilden Einwohnern von Feuerland das göttliche Licht zu bringen. Er hatte eine Theorie, die besagte, daß es in der Welt so etwas wie verschiedene Menschenrassen gar nicht gäbe; wir alle stammten von Adam und Eva ab, die natürlich voll erwachsen und mit allen Segnungen der Kultur versehen ins Leben getreten waren — wie anders hätten sie sich sonst wohl erhalten können? Aber die Nachkommen Adams und Evas waren entartet; je weiter sie sich vom Heiligen Land entfernt hatten und in die primitiveren Gebiete der Erde abgeschweift waren, desto weitgehender hatten sie

alle Fühlung mit Zivilisation und Kultur eingebüßt. So eben auch diese armen Feuerländer. Aber sie konnten gerettet werden. Alles, was man zu tun hatte, war, ihnen
wieder die Kultur und das Bewußtsein der Gegenwart Gottes nahezubringen, über die
ihre frühesten Vorfahren im Garten Eden noch verfügt hatten.

Ein weiterer Zug völliger Wirklichkeitsblindheit bei diesem Unternehmen war der,
daß es von der Londoner Missionsgesellschaft mit einem Fundus von Ausrüstungsge-
genständen ausgestattet worden war, die vielleicht in einem englischen Dorf von Nutzen hätten sein können, aber schwerlich in dieser kältestarren Wildnis. Neben anderen, eher vernünftigen Dingen waren sie auch mit Nachttöpfen, Teetabletts, Steingut-
geschirr, Weingläsern, Suppenterrinen, Bibermützen und weißem Leinen versehen —
und der Himmel weiß, womit sonst noch dieser Art ausgefallener Gegenstände, die
den wilden Stämmen zu enthüllen bestimmt waren, wie der lange Marsch der Kultur-
entwicklung auf der anderen Seite der Welt verlaufen war.

Feuerland hat ein entsetzliches Klima, eines der schlimmsten der Welt. Obwohl die
Beagle im Hochsommer anlangte, hatte sie doch einen Monat lang gegen berghohen
Seegang anzukämpfen, als sie Kap Horn zu umrunden versuchte. Einmal überflutete
sie eine gewaltige Woge und riß eines der Boote mit sich fort, und das kleine Schiff
wäre gesunken, wenn sie nicht die Pfortluken geöffnet und das Wasser sich im richtigen Augenblick hätten verlaufen lassen. FitzRoy — als der große Seemann, der er war
— hielt durch und brachte sie zu guter Letzt zu einem ruhigen Ankerplatz in Goree
Roads an der Einfahrt in den Kanal, der auf der vorigen Reise nach der *Beagle* be-
nannt worden war. Gletscher dehnten sich bis ins Meer hinunter, und die weitläufigen, mit Buchenwäldern und ewigem Schnee bedeckten Festlandberge verschwanden
in den wirbelnden Wolken eines Sturmes.

Darwins erster Gedanke, als er eingeborene Feuerländer zu Gesicht bekam, war der,
daß sie wilden Tieren näherstanden als zivilisierten Menschenwesen (und das war ein
Aspekt, der ihn später stark beeindrucken sollte, als er über die Abstammung des
Menschen nachzudenken und zu schreiben begann). Sie waren gewaltig große Geschöpfe, mit dicht verfilzten langen Haaren und dunklen, fahlen Gesichtern, die sie
mit Streifen von roter und schwarzer Farbe bemalten, wobei die Augen weiße Kreise
schmückten. Sie rasierten sich die Augenbrauen und Bärte mit scharfen Seemuscheln.
Abgesehen von einem kurzen Umhang aus Guanako-Fell, den sie über die Schultern
geworfen trugen, gingen sie nackt. Die Farbe ihrer Haut war kupfern, und sie bestri-
chen sich mit Tierfett. Die Art und Weise, wie sie der Kälte trotzten, war geradezu
wunderbar. Eine Frau, die ein Baby stillte, kam mit einem Kanu zur *Beagle* hinaus,
und sie saß ruhig in den schäumenden Wellen, während es hagelte und die Schlossen
auf ihrer nackten Brust tauten. An Land schliefen diese Menschen auf dem feuchten
Boden, während der Regen durch die Dächer ihrer plumpen Fell-Hütten troff. Sie
trieben keinerlei Landwirtschaft; ihre Nahrung bildete eine gemischte und jahreszeit-
lich wechselnde Kost, die sich aus Fischen, Schalentieren, Vögeln, Seehunden, Delphinen, Pinguinen, Pilzen und gelegentlich einem Fischotter zusammensetzte. Ihre
Sprache schien aus einer Reihe gutturaler Hustlaute zu bestehen. Und doch waren sie
nicht unfreundlich und auch nicht ängstlich. Als Darwin mit den Matrosen an Land

ging, scharten sie sich um ihn und betasteten sein Gesicht und seinen Körper mit großer Neugier, und sie waren außerordentlich gute Mimen; jede Gebärde, die er machte, und jedes Wort, das er aussprach, wurden perfekt nachgeahmt. Als er ihnen Gesichter schnitt, grinsten sie und taten es ihm nach, und sie waren entzückt, als die Matrosen den *hornpipe* zu singen und zu tanzen begannen; und ebenso entzückt, als ihre größten Männer Rücken an Rücken mit den Engländern aufgestellt wurden, um ihre genaue Größe zu messen. Die Matrosen hätten sie gern zu einem Ringkampf aufgefordert, aber FitzRoy setzte dem ein Ende, aus Angst, die Dinge könnten ausarten.

Jemmy Button auf seiner leicht erhöhten Sprosse der Kulturleiter geriet angesichts dieser Possen in Verlegenheit, und Fuegia Basket rannte davon. Der Stamm, dem diese Leute da angehörten, erklärte Jemmy, war nicht sein eigener; sie waren ein dürftiger Haufen, sehr primitiv. FitzRoy behielt Matthews genau im Auge, um herauszubekommen, wie er darauf reagierte. Er war etwas trübsinnig, sagte aber, daß die Wilden nicht „schlimmer seien, als er erwartet hatte".

Also beluden sie dann die vier Boote der *Beagle* mit dem Trödel der Londoner Missionsgesellschaft (die Matrosen lachten etwas, als sie die Nachttöpfe verstauten) und machten sich in den ruhigen Gewässern des Beagle-Kanals in Jemmys eigentliche Heimat auf, den Ponsonby-Sund. Wunderbarerweise klarte das Wetter auf, und eine leuchtende Sonne schien auf diese unberührte Welt glitzernder Schneefelder und Wälder herab. Als sie sich dem Sund näherten, wurden sie vom Ufer aus mit lautem Jubel begrüßt, und eine Schar Kanus kam ihnen zur Begrüßung entgegen. Bald langten sie in einer geschützten Bucht an, mit einer entzückenden, blumengeschmückten Wiese, die in den Wald überging, und hier beschlossen sie die neue Siedlung anzulegen. Es muß eine seltsame und erfreuliche Szene gewesen sein: die wilden Feuerländer, etwa hundert an Zahl, abseits stehend und angespannt beobachtend, wie Zelte zur Unterbringung der Fracht aufgeschlagen wurden; und die Matrosen, die sich an die Arbeit machten, drei Wigwams zu errichten, eines für den Missionar (der an dem ganzen Vorgang auf benebelte und unverbindliche Art und Weise teilgenommen zu haben scheint — zweifellos „ertränkte" er seine Befürchtungen), ein zweites für Jemmy und ein drittes für York Minster und Fuegia Basket. Die Frauen des Stammes waren zu Fuegia besonders freundlich.

Danach wurde mit dem Umgraben und Anpflanzen eines Gemüsegartens begonnen, und abends, als die Matrosen sich bis auf die Hüften entblößten, um sich zu waschen, umstanden die Feuerländer sie, ohne zu wissen, worüber sie sich am meisten wundern sollten — über den Vorgang des Waschens oder über die Weiße ihrer Haut. Nachts saßen sie dann alle zusammen um die Lagerfeuer, die Matrosen in der bitteren Kälte zitternd, die Feuerländer in der Hitze der Feuer schwitzend.

Ein Augenblick der Verwirrung trat ein, als Jemmys Mutter, seine beiden Schwestern und seine vier Brüder eintrafen; die Frauen rannten davon und versteckten sich, als sie Jemmy zu Gesicht bekamen, wie er da großartig in seinen Knöpfstiefeln und seiner englischen Kleidung posierte. Er hatte seine Muttersprache vollkommen vergessen. „Es war zum Lachen, aber auch beinahe bemitleidenswert, ihn seinen wilden Bruder

Abb. Seite 88: Eingeborener vom Christmas-Sund auf Feuerland.

Oben: Die Mannschaft der Beagle wird von Stammesangehörigen von Jemmy Button begrüßt. Unten: Biwak in der Nähe des Ponsonby-Sunds. „Jemmy war nun in einem wohlbekannten Bezirk und leitete die Boote nach einer netten ruhigen Bucht, genannt Woolya, umgeben von kleinen Inseln...“

Feuerländische Typen, studiert und gezeichnet von FitzRoy. Im Anhang zu seinem eigenen Reisebericht gab Fitz-Roy ein ausführliches Glossar der verschiedenen Eingeborenendialekte Feuerlands.

auf Englisch anreden und dann auf Spanisch fragen zu hören, ob er ihn denn verstünde." Die Brüder sagten nichts; sie umkreisten ihn wie Hunde, die sich zum ersten Mal begegnen. Am nächsten Morgen aber versorgte er sie alle mit Kleidung, und die Atmosphäre war etwas freundlicher.

Nach fünf Tagen beschloß FitzRoy, Matthews und seine Schutzbefohlenen eine Zeitlang sich selbst zu überlassen, und machte sich an die weitere Erkundung des Beagle-Kanals. Die Szenerie war unbeschreiblich großartig. In die indigofarbene See hinabreichende Gletscher leuchteten in durchscheinendem Blau, und die kleinen Boote stahlen sich unter weitläufigen Bergketten und Steilhängen aus Eis dahin. Sie fanden einen Lagerplatz auf einer Landzunge unter einem besonders steil aufragenden Gipfel, der sich direkt aus dem Meer etwa zweitausendsechshundert Meter hoch erhob, und hier landeten sie die Boote an und machten ein Feuer. In nächster Nähe gab es einen Gletscher mit einer überhängenden Eiswand, und Darwin und FitzRoy erstiegen ihn, um die Farben des Eises zu bewundern. Auf ihrem Wege splitterte eine große Scholle ab und stürzte mit donnerndem Krachen ins Meer, das an den Bergen ringsum sein Echo fand. Sogleich ergoß sich eine große Woge durch den Kanal, die die Landzunge überflutete und ihre Boote wie Strohhalme durcheinanderschüttelte. Das war ein prekärer Augenblick: sie waren hundert Meilen von der *Beagle* entfernt, und wären ihre Boote und Vorräte ins Meer hinaus gespült worden, so wären sie gänzlich schiffbrüchig gewesen. Darwin war sehr geistesgegenwärtig. Mit einigen Matrosen rannte er zweihundert Meter den Strand entlang und sicherte die Haltetaue, während eine zweite und eine dritte Welle über sie hereinbrachen. FitzRoy war ihm sehr dankbar; er nannte den Gipfel, unter dem sie ihr Lager aufgeschlagen hatten, den Mount Darwin.

Darwin war nie der Meinung gewesen, daß FitzRoys Experiment mit den wilden Feuerländern auch nur den Schatten einer Erfolgschance hatte. Und er mochte sie auch nicht, noch traute er ihnen. Nach dem ersten Kontakt waren sie immer anspruchsvoller geworden. „Yammerschooner" war das Wort, das sie benutzten, wenn sie irgend etwas wünschten, ein Messer, ein Taschentuch, eine Decke, und bald „yammerschoonten" sie fortwährend und wurden immer aggressiver. Bynoe war Zeuge eines Aktes von Grausamkeit geworden, der ihn entsetzt hatte. Ein feuerländisches Kind hatte einen Korb mit Seemöveneiern umgestoßen, und der Vater des Unglückswurms hatte es in einem Wutanfall wieder und wieder gegen die Steine gestoßen, bis es, blutend und zerschunden, dem Tode überantwortet wurde.

Jemmy Button hatte Darwin erzählt, daß die Feuerländer Kannibalen seien — manchmal töteten und äßen sie im Laufe eines strengen Winters ihre eigenen Frauen —, und Darwin wiederholt die Unterhaltung des Kapitäns eines Robbenfängers mit einem feuerländischen Jungen. Warum, wollte der Kapitän wissen, äßen die Feuerländer keine Hunde? „Hunde fangen Fischotter", erwiderte der, „Frauen taugen für nichts; Männer sehr hungrig." Wirkliche lebende Kannibalen — wie würden sie daheim in *The Mount* und *Maer Hall* darüber denken? „Ich empfinde", schrieb Darwin an seine Schwester Caroline, „einen regelrechten Ekel beim bloßen Klang der Stimmen dieser elenden Wilden."

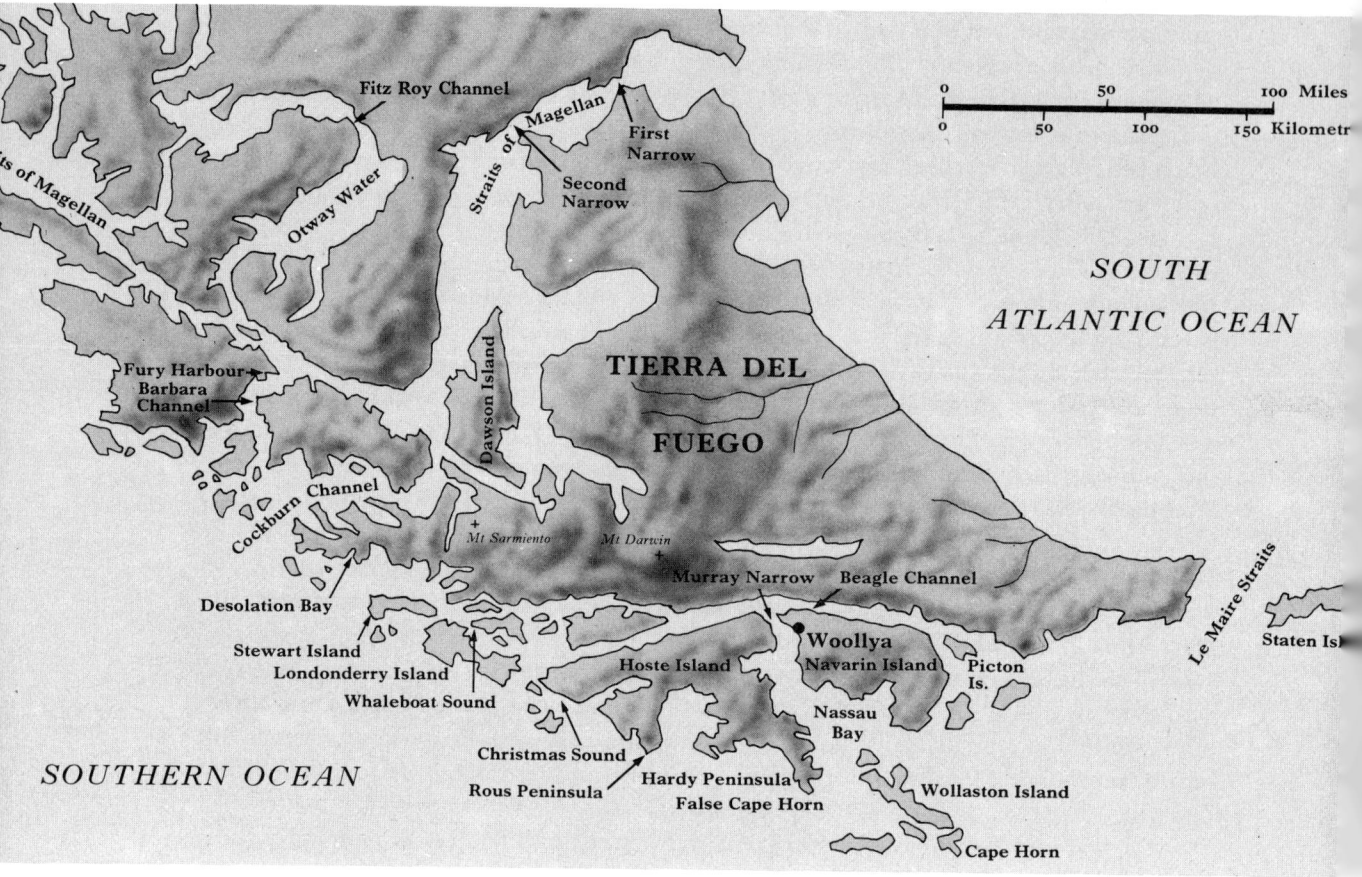

Karte von Feuerland.

FitzRoy seinerseits leistete bemerkenswerte Arbeit in bezug auf die Lebensgewohnheiten der Feuerländer, besonders des Tekeenica-Stammes aus dem Südosten Feuerlands, dessen Angehörige er als „Satiren auf die Menschheit (beschrieb) ... die elenden Herren dieses elenden Landes". Sie hatten kleine, entstellte Körper — aufgrund
ihrer Gewohnheit, sich in winzigen Wigwams und Kanus zusammenzuducken. Die
Frauen kämmten sich die Haare mit dem Kieferknochen eines Tümmlers; „ungefähr
vier Fuß und einige Inches (d. h. etwa 1,40 bis 1,50 Meter) groß sind diese weiblichen
Feuerländer von Gestalt — aus Höflichkeit Frauen genannt." Sie hatten die Farbe von
sehr altem Mahagoni; „ihr zottiges, strohiges und extrem schmutzig-schwarzes Haar
verbirgt ... aber steigert im Grunde noch den scheußlichen Ausdruck der schlimmsten
Beschreibungen wilder Geschöpfe."
Es war mithin keine völlige Überraschung, als sie ins Lager zurückkamen und gewahr
wurden, daß die Eingeborenen in den zehn Tagen, die sie fortgewesen waren, den
Platz geplündert hatten. Matthews kam und gesellte sich in einem Zustand großer Er-

Die Beagle *am Fuße des Monte Sarmiento.*

regung zu ihnen. Er hatte Schreckliches zu erzählen. Kaum war die Mannschaft der *Beagle* ausgerückt, als die Wilden auch schon begonnen hatten, seine Sachen zu stibitzen, und als er versucht hatte, sie vor ihnen zu schützen, war er gepackt, zu Boden geschlagen und mit dem Tode bedroht worden. Der Gemüsegarten war zertrampelt worden — die Feuerländer hatten nur gelacht, als er und Jemmy sie davon abzuhalten versucht hatten —, und jeden Tag war die Situation bedrohlicher geworden. Jemmy war ebenfalls belästigt worden, nur der schweigsame York Minster hatte mit den Eingeborenen paktiert und war dafür in Ruhe gelassen worden, und es war seltsam, daß die kleine Fuegia Basket sich jetzt sogar weigerte, überhaupt nur aus ihrer Hütte herauszukommen und ihre Freunde von der *Beagle* zu begrüßen. Sie wollte mit den weißen Männern nichts mehr zu tun haben.

FitzRoy war betroffen, schockiert und verwundert. Er hatte diesen Leuten nichts Böses gewollt, er hatte ihnen nur zu helfen beabsichtigt. Warum hatten sie ihm das angetan? Und doch würde er gerade jetzt die Hoffnung nicht aufgeben. Matthews freilich würde er an Bord zurückbeordern; die anderen aber sollten bleiben und versuchen, ihre wilden Landsleute zu erleuchten. Er verteilte Äxte an die verdrossene Schar von Feuerländern, die umherstanden, empfahl Jemmy und York Minster Gott, und mit dem Versprechen wiederzukommen segelte er davon.

Es sollte ein Jahr dauern, bis er wiederkam. Gegen Ende Februar 1833 segelten sie erneut in nordöstlicher Richtung und machten einen kurzen Zwischenaufenthalt bei den Falkland-Inseln. FitzRoy hielt sie hervorragend für eine Strafgefangenensiedlung geeignet, „eine vollendete Strafkolonie … vollständig mit allem Nötigen versehen, wenn auch ohne alle Annehmlichkeiten". Hier war es auch, wo Hellyer, FitzRoys Sekretär, bei der Entenjagd ertrank. Er war sehr darauf aus gewesen, einige Enten von einer Art zu schießen, die er nie zuvor gesehen hatte, und so machte er sich allein mit seinem Gewehr auf. Als er nicht zurückkehrte, rückte eine Abteilung der *Beagle* aus, um nach ihm Ausschau zu halten, und Bynoe fand ihn tot, ungefähr eine Meile vom Schiff entfernt in den Schlingpflanzen eines Baches verfangen.

Danach brach die *Beagle* zur weiteren Vermessung der argentinischen Küste auf, und Darwin machte zwei größere Inlandexkursionen; aber das Ende der Feuerland-Geschichte läßt sich auch an dieser Stelle angemessen einfügen. Als die *Beagle* ein Jahr später zurückkehrte, war das Lager verlassen. York Minster und Fuegia Basket hatten sich seit langem mit Jemmys Hab und Gut aus dem Staube gemacht und sich den wilden Feuerländern angeschlossen. Jemmy selbst war dageblieben, hatte jedoch alle Zivilisation abgelegt, so als ob er nie gewußt hätte, daß sie überhaupt existierte; seine europäischen Kleider hatte er durch den Lendenschurz ersetzt, er war schrecklich dünn geworden, und sein ehedem glattes Haar stand in filzigen Strähnen um sein bemaltes Gesicht. „Wir konnten den armen Jemmy kaum wiedererkennen", sagte Darwin; „anstelle des sauberen, gutgekleideten, stämmigen Burschen, den wir verlassen hatten, fanden wir einen nackten, dünnen, elenden Wilden vor."

Dennoch war er freundlich; er kam in einem Kanu zur *Beagle* hinaus, mit einem Geschenk von Otterfellen für FitzRoy und Bynoe und zwei Speerspitzen für Darwin, und nahm an einer Mahlzeit an Bord teil; „er aß sein Essen so ordentlich und reinlich wie früher". Aber nein, erklärte er, er werde sich ihnen nicht wieder anschließen. Er hatte eine Frau gefunden (sie rief ihm vom Kanu aus ständig zu, wollte aber nicht an Bord kommen), dies hier waren seine Leute, dies war sein Zuhause, er war mit der Zivilisation für immer fertig. Angesichts seiner ruinierten Pläne tat FitzRoy alles, was er nur konnte, um wenigstens diese eine Seele zu retten. Er flehte Jemmy an, er gab ihm Geschenke — Kopftücher und eine Kappe mit Goldborten — für seine seltsame Frau im Kanu, aber Jemmy blieb unnachgiebig. Er paddelte ans Ufer zurück, und das letzte, was sie von ihm sahen, war eine dunkle Gestalt, die dort im Lichte eines Lagerfeuers stand und, wie Darwin das ausdrückt, „ein langes Lebewohl" winkte.

Was immer auch FitzRoy dem allen entnahm: für Darwin wenigstens sprachen die Fakten eine deutliche Sprache. Man hatte weniger Gutes als Schlechtes getan, als man die Feuerländer nach England brachte; ihr flüchtiger Einblick in die Zivilisation hatte es ihnen lediglich erschwert, sich in ihrem eigenen Lande zurechtzufinden. Man konnte den Lauf der Natur nicht auf diese Weise durchkreuzen und sich dabei in der

Ein Mann aus dem Tekeenica-Stamm. „Ihre Hautfarbe ist die von sehr altem Mahagoni. Der Rumpf des Körpers ist lang im Verhältnis zu ihren verkrampften und ziemlich krummen Gliedern."

Oben: Wigwams der Feuerländer in Hope Harbour im Magdalenen-Kanal. Unten: „Es war tatsächlich Jemmy Button — aber wie verändert! ... sein Haar war lang und filzig ... er war erbärmlich dünn, und seine Augen waren von Rauch entzündet."

Hoffnung auf Erfolg wiegen. Der springende Punkt bei den primitiven Rassen war der, daß sie nur zu überleben vermochten, wenn sie in Ruhe gelassen wurden und sich in Freiheit an ihre eigene Lebensumwelt anpassen konnten. Griff man in diesen Prozeß ein, so gingen sie zugrunde. Die roten Indianer Amerikas erlebten ihren Niedergang, ebenso die Eingeborenen Australiens; die Feuerländer würden nur allzu bald ebenfalls an die Reihe kommen. Gegen Ende des 19. Jahrhunderts waren die drei Eingeborenenstämme Feuerlands nahezu ausgestorben. Die Alacalufes, kanufahrende Jäger und Fischer der westlichen Kanäle, zählten damals, zur Zeit von Darwins Besuch, etwa zehntausend; 1960 waren sie lediglich noch ein knappes Hundert.

Soldaten am Ostufer des Rio de la Plata. Darwin sagte über General Rosas eigene Soldaten: „Ich glaube, daß eine so schurkische, banditenartige Armee noch niemals zusammengebracht worden ist.“

KAPITEL VI

Die Pampas

Von diesem Augenblick an beginnt man an FitzRoys Charakter eine langsame Ver-
härtung, eine wachsende Spannung abzulesen. Je mehr seine Pläne fehlschlagen, je
größer die Schwierigkeiten werden, die sich vor ihm auftürmen, um so entschlossener
wird er. Er verliert zwar nicht die Fühlung mit der Stimmung der Mannschaft — dieser Mann hätte nie ein Kapitän Bligh werden können —, aber die großzügige, freundliche Seite seines Wesens ist in Gefahr, von seiner beharrlichen Jagd nach Perfektion
überschattet zu werden. Er war ein hervorragender Kartograph, aber es war eine
schrecklich schwierige Aufgabe, die südamerikanische Küste in kaum je aussetzenden
Stürmen zu vermessen — eine Aufgabe, die für ein Schiff allein zuviel war. Also gut,
beschloß er, er würde dann eben zusätzliche Schiffe anheuern, die ihm bei der Beendigung der Vermessung helfen sollten. Keine Zeit, die Admiralität über diesen wichtigen Schritt in Kenntnis zu setzen; er wird das Geld aus eigener Tasche zahlen, und
man kann es ihm später zurückerstatten.
Und so beginnt er mit dem Chartern und Bemannen von zwei kleinen Booten und
hört mit dem Kauf eines amerikanischen Segelschiffes von 170 Tonnen auf, das fast
so groß ist wie die *Beagle* selbst — gegen £ 1300 in bar. Er gibt ihm den neuen Namen
Adventure: „Ich hatte mich oft besorgt nach einem Begleitschiff gesehnt, das zur Beförderung von Fracht geeignet war, so aufgetakelt, daß es von wenigen Besatzungs-
mitgliedern zu segeln und in der Lage war, mit der *Beagle* Schritt zu halten." Er muß
dieses Schiff ganz neu ausstatten, er muß die *Beagle* zwischen Montevideo und der
patagonischen Küste hin und her pendeln lassen, um seine kleine Flotte zu verproviantieren, aber das zählt alles nicht, solange die Arbeit Fortschritte macht. So waren
die nächsten anderthalb Jahre für FitzRoy eine Zeit sehr großer Anspannung, und in
dem Maße, wie er aus Überanstrengung abmagert und nervös wird, zieht er sich sozusagen in sich selbst zurück.
Mit Darwin verhält es sich gänzlich anders. Inzwischen (im Frühjahr 1833) kennt er
alle Tricks und Schliche, die letzten Überbleibsel seiner Unschlüssigkeit und Unerfahrenheit schwinden dahin, und er wird zu einem sehr nützlichen Mitglied der Expedition. Die Vorstellung, in den geistlichen Stand einzutreten, verblaßte mehr und mehr,
und die Naturwissenschaft nahm ihn gänzlich in Besitz. „Es geht nichts über die Geologie", schrieb er seiner Schwester Catherine. „Das Vergnügen des ersten Tages der
Rebhuhnjagd oder der Pirsch läßt sich nicht damit vergleichen, wenn man eine schöne Sammlung von fossilen Knochen findet, die ihre Geschichte früherer Zeiten in einer beinahe lebenden Sprache erzählen ... Ich sammle jedes Lebewesen, das zu fangen und zu konservieren ich Zeit habe." In seinen Tagebüchern, die er Tag für Tag
getreulich führt, kann man seiner ständig wachsenden Zuversicht gewahr werden; sei-

ne Ideen nehmen Gestalt an, und seine Spekulationen beginnen sich zu Theorien zu verdichten.

Im Mai, als die *Beagle* zu Vermessungsarbeiten aufbrach, wurde Darwin in Maldonado an Land gesetzt, einer verlorenen kleinen und ruhigen Stadt an der Mündung des Rio de la Plata, und hier blieb er zehn Wochen lang und legte eine Sammlung von Säugetieren, Vögeln und Reptilien an. Während dieser Zeit unternahm er eine zweiwöchige Reise ins Landesinnere, und zwar bis zum 70 Meilen entfernten Rio Polanco. Die im Lande herrschende Atmosphäre war derart, daß er gezwungen war, zwei bewaffnete Männer mitzunehmen, dazu zwölf Pferde; erst eine Woche vor Aufbruch der Expedition war ein Reisender aus Montevideo tot auf der Route gefunden worden. Sie wohnten im Haus von Don Manuel Fuentes, einem reichen Großgrundbesitzer, wo Darwin für extrem exzentrisch, wenn nicht sogar für tatsächlich verrückt gehalten wurde. „Die Leute schauen mich ziemlich freundlich an, aber mit viel Mitleid und Verwunderung ... Ich gelte als so große Merkwürdigkeit, daß ich sogar einer kranken Frau vorgeführt wurde." Die ganze Familie kam zusammen, um das Wunder seines Kompasses und seiner Zündholzschachtel zu bestaunen.

Nach Maldonado zurückgekehrt, verbrachte er mehrere Wochen mit dem fachgerechten Verpacken von Knochen, Gesteinsbrocken, Pflanzen und Gefieder von Vögeln und Fellen von anderen Lebewesen, die nach Hause geschickt werden sollten. In einem seiner Merkhefte legte er ein Verzeichnis von fünfzehnhundertneunundzwanzig Stücken an — vom Fisch bis zum Pilz —, die, in Spiritus konserviert, die Heimreise antraten. „Meine Sammlung von Vögeln und Vierfüßlern dieser Gegend wird sehr vollständig. Ein paar Reale haben alle Jungen der Stadt in meinen Dienst treten lassen, und es vergehen nur wenige Tage, wo sie mir nicht irgendeine merkwürdige Kreatur bringen." Es war für Henslow am anderen Ende nicht immer leicht, auszumachen, was er da alles bekam. „Um Himmels willen, was ist das für eine Nr. 233?", schrieb er einmal. „Es sieht aus wie die Überbleibsel einer elektrischen Explosion, lediglich ein Häufchen Ruß — etwas sehr Seltsames, wenn ich so sagen darf."

Ende Juli nahm die *Beagle* Darwin in Maldonado an Bord und segelte nach El Carmen in Patagonien weiter. Jetzt war er in der Lage, sich auf seine erste ganz große Inlandreise zu machen. El Carmen, etwa 18 Meilen stromaufwärts von der Mündung des Rio Negro gelegen, war der südlichste Vorposten, der von zivilisierten Menschen auf dem amerikanischen Kontinent bewohnt war. Buenos Aires lag einige sechshundert Meilen nördlich, und die gesamte dazwischenliegende Steppe — die Pampas — war unerforschtes Gebiet, über das Stämme wilder Indianer streiften und jagten. Sie waren ungebärdige und — wenn aufgestachelt — aggressive Menschen und große Reiter und Pferdekenner; sie hielten ihren primitiven Glaubensinhalten die Treue und nahmen an, daß die Sterne alte, verstorbene Indianer seien und die Milchstraße das Gebiet, wo diese alten Indianer Jagd auf Strauße machten, und die Magellanschen Wolken die Federn der Strauße, die sie töteten. Im Augenblick kämpften sie gerade erbittert um ihren Lebensraum mit den Argentiniern, die sich ihre Ländereien aneignen wollten, um sich Weideland für ihre sich ständig vergrößernden Viehherden zu verschaffen; in der Tat, hier wiederholte sich die Geschichte des amerikanischen Mitt-

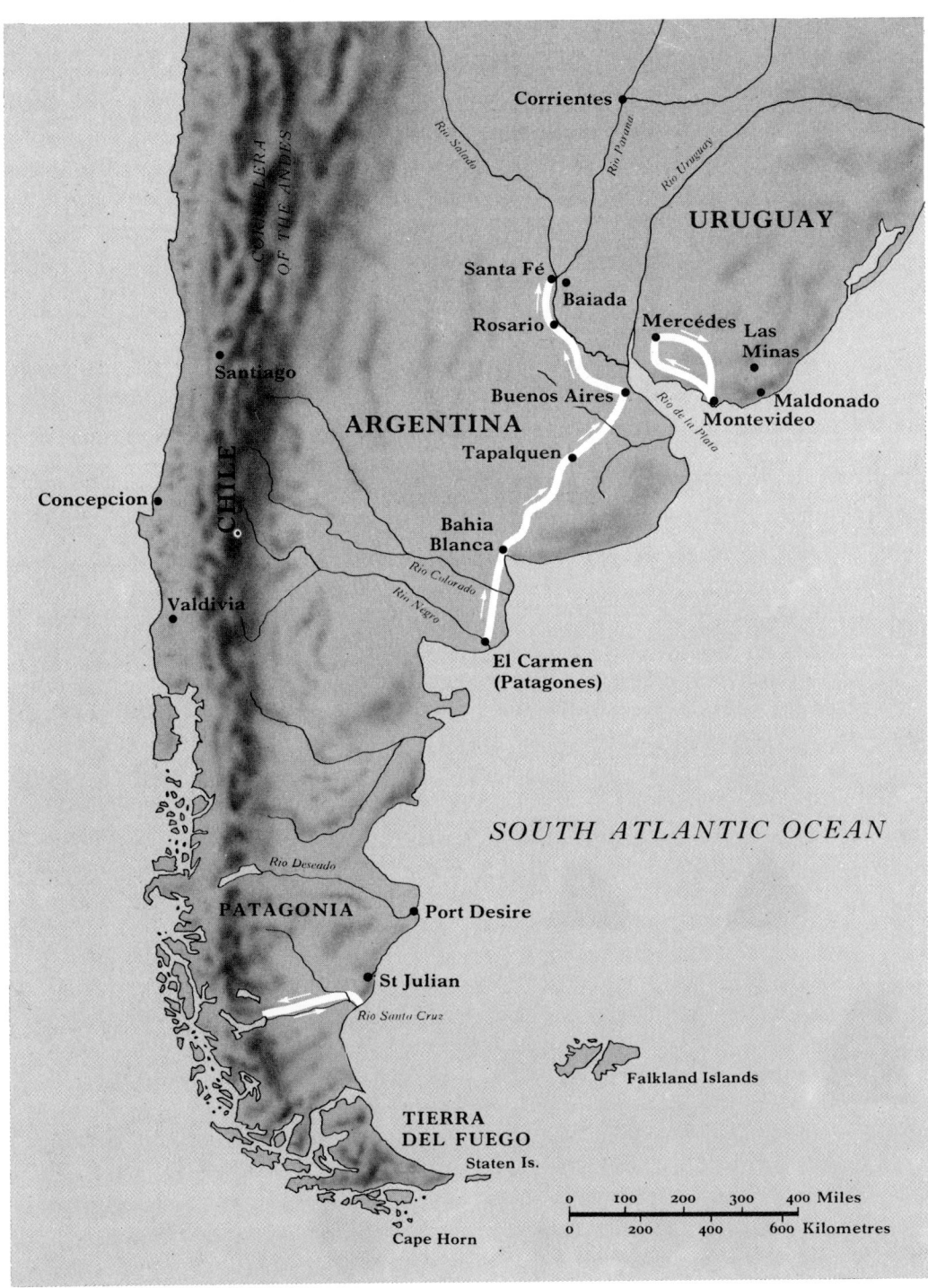

Karte der Ostküste von Südamerika.

leren Westens noch einmal, mit der einzigen Ausnahme, daß die Auseinandersetzung hier sogar noch primitiver und unbarmherziger war. Die Indianer fochten natürlich einen aussichtslosen Kampf in ihrem Krieg gegen die eigene Ausrottung; einst hatte es Dörfer mit zwei- bis dreitausend Einwohnern gegeben, aber zur Zeit von Darwins Besuch streiften die Stämme zumeist heimatlos über die Pampas.

General Rosas, der Oberbefehlshaber der argentinischen Truppen, hatte sich ungefähr 80 Meilen nördlich von El Carmen am Rio Colorado verschanzt, wo er in der Nähe von Bahia Blanca war, dem Ort, wo Darwin seine prähistorischen Knochen gefunden hatte, und der einzigen anderen zivilisierten Niederlassung im ganzen Umkreis. Vom Rio Colorado aus hatte Rosas eine dünne Nachschublinie eingerichtet, eine Kette von schwachbemannten Vorposten, die den ganzen Rückweg bis nach Buenos Aires sicherten. Abgesehen von diesen Vorposten — oder *postas*, lediglich winzigen Pünktchen in der weiten Steppe — war die ganze Region Niemandsland, in dem die Indianer, wann und wo immer sie konnten, sprunghafte Überfälle auf Reisende unternahmen.

Es war Darwins Plan, von El Carmen aus über Land zum Rio Colorado zu reiten, mit Rosas Kontakt aufzunehmen und sich dann von *posta* zu *posta* den gesamten Weg nach Buenos Aires voranzukämpfen. Er tat das teilweise wohl — wie man vermuten möchte — vor allem um des bloßen Abenteuers willen, angeblich aber deshalb, weil dieser Weg der einzige war, auf dem er die Geologie und die Flora und Fauna der Pampas wirklich erforschen konnte. FitzRoy, auch er Abenteurer und Forscher,

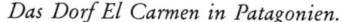

Das Dorf El Carmen in Patagonien.

stimmte dem Plan zu; es muß ihm in der Tat einiges Vergnügen bereitet haben zu sehen, daß der eifrige und unerfahrene junge Mann, den er vor zwei Jahren in London angemustert hatte, sich in diesen selbstbewußten und auf sich vertrauenden altgedienten Veteranen verwandelte, der offensichtlich willens war, im Dienste von Wissenschaft und Religion überall hinzugehen und alles auf sich zu nehmen — ja, gewiß, im Dienst der Religion; wer konnte denn wissen, welche Offenbarungen der biblischen Wahrheit in jenem weiten, unbekannten Hinterland zu entdecken waren? Zunächst aber mußten zwei vernünftige Vorsichtsmaßnahmen ergriffen werden; Darwin mußte einen Führer und eine kleine Leibwache haben, und es wurde vereinbart, daß die *Beagle* mit ihm in Bahia Blanca, 500 Meilen entfernt, zusammentreffen sollte. Dann konnte Darwin, wenn alles gut verlief, wieder nach Buenos Aires weiterreisen.

Ein Engländer namens Harris, Eigner des einen von FitzRoys Schonern, lebte in El Carmen, und er bot sich aus freien Stücken als Führer an, und zwar bis zum Rio Colorado. Eine Eskorte von sechs Gauchos wurde angeheuert, und am 11. August sagte Darwin seinen Kameraden auf der *Beagle* Lebewohl und brach auf. Ihr Weg führte zunächst über die wüstenähnliche Einöde, und es war erstaunlich, daß die wasserlose Steppe so viele unterschiedliche Vogelarten und andere Lebewesen ernähren konnte. Da sprang dann ein Strauß — eigentlich eine *Rhea*, die kleiner war als der afrikanische Vogel — vor ihnen auf, rannte mit ausgebreiteten Flügeln davon, und sie machten sich mit ihren *bolas* an die Verfolgung (der Waffe der Gauchos; wir kommen darauf zurück), die durch die Luft pfiffen; für Darwin war es wie die Jagd in alten Zei-

Toldo *(Hütte) und Grabstelle von patagonischen Indianern.*

ten. An diesen Straußen war er besonders interessiert; Herden von zwanzig bis dreißig Tieren waren zu sehen, die „gegen den klaren Himmel ein sehr stolzes Bild" boten. „Sie ziehen im allgemeinen vor, gegen den Wind zu laufen; bei dem ersten Anlauf
aber breiten sie ihre Flügel aus und setzen, wie ein Schiff, alle Segel." In einem anderen Landstrich gingen sie sehr bereitwillig ins Wasser; später sah Darwin sie am Rio
Santa Cruz zweimal den Fluß an einer Stelle durchschwimmen, die nahezu vierhundert Meter breit und wo die Strömung reißend war. „Beim Schwimmen erscheint nur
sehr wenig von ihrem Körper oberhalb des Wassers; der Hals ist ein wenig nach vorn
ausgestreckt und der Fortschritt ist sehr langsam."

Ihre Nestgewohnheiten waren sehr ungewöhnlich: mehrere Hennen benutzten das
gleiche Nest, in dem manchmal siebzig bis achtzig, gewöhnlich aber zwanzig bis dreißig Eier lagen. Die Männchen übernahmen das Sitzen und Bebrüten und konnten,
wenn sie dabei gestört wurden, sehr wild werden und sogar einen berittenen Mann
angreifen. Sie waren von den Weibchen leicht zu unterscheiden, und zwar nicht nur
durch ihre dunklere Färbung und den größeren Kopf, sondern vor allem durch das
Geräusch, das sie machten, „einen eigentümlichen, tiefen, zischenden Laut; als ich ihn
zuerst hörte, in der Mitte einiger Sandhügel stehend, glaubte ich, er käme von irgendeinem wilden Tiere, denn es ist ein Laut, von dem man nicht sagen kann, wo er her-
kommt oder aus wie großer Entfernung." Ein Exemplar einer anderen besonderen
Spezies, selten und von Natur aus scheu, wurde von Darwin gefangen und der
Zoological Society übersandt; später wurde es überdies nach ihm als *Rhea darwini* be-
nannt.

Einmal fingen die Gauchos einen Puma und brieten sein kalbfleischähnliches Fleisch
über einem offenen Feuer; und gewöhnlich gab es Hirsche oder Guanakos zu schießen. Auf ihren Jagdausflügen wurden sie von Geiern und Adlern begleitet, die der Anblick von Blut unfehlbar anzog, oft aus einer Entfernung von vielen Meilen. Mit ausgestreckten Krallen und dem zwischen den mordlüsternen Augen hervorspringenden
Höckerschnabel stießen die Vögel auf ein Aas herab und zerfleichten es in Minuten-
schnelle bis auf das Gerippe. Sie hätten auch einen Menschen gefressen, wenn das
möglich gewesen wäre. „Ihre geierartige aasfressende Lebensweise (des Carrancha)
wird jedem offenbar", schrieb Darwin, „der auf den verlassenen Ebenen von Patagonien eingeschlafen war; denn wenn er erwacht, wird er auf jedem der kleinen ihn um-
gebenden Hügel einen dieser Vögel bemerken, der ihn mit einem üblen Auge besonders bewacht." Diese wenig anziehenden Vögel hatten wirklich abstoßende Lebensgewohnheiten. Sie umschwärmten die Schlachthöfe, pickten in die Wunden auf dem
Widerrist der Pferde und beobachteten Schafe vor der Niederkunft, um ihnen sofort
das junge Lamm zu entreißen.

Die kleineren Tiere waren faszinierend; Stinktiere oder Zorillos kamen zutraulich
vorbei, ihren widerwärtigen Geruch in die Abendluft verströmend — einen Geruch,
der noch meilenweit wahrnehmbar war. „Sicher ist, daß jedes andere Tier dem Zorillo
äußerst willig Platz macht." Der kleine, maulwurfähnliche Tuco-Tuco stieß durch-
dringende, unwirklich erscheinende Schreie aus seinem Bau hervor; „er läßt sich kurz
als ein Nagetier mit der Lebensweise eines Maulwurfs beschreiben". Sein Name leitet

sich von dem kurzen wiederholten Grunzen her, das er unter der Erde ausstößt. Wenn er gereizt oder erschreckt wird, läßt er unausgesetzt diesen Tuco-Tuco-Laut hören. Der sanfte Armadillo war immer zu schnell für Darwin; er konnte nie so rasch vom Pferderücken herunterspringen, als daß er sich nicht schon eingegraben hätte. „Es scheint fast schade, so nette kleine Tiere zu töten", sagte einer der Gauchos, sein Messer auf dem Rückenpanzer eines Armadillos schärfend, *son tan mansos (sie sind so sanftmütig)."* Der Armadillo schmeckte besonders gut, wenn er in seinem eigenen Panzer geröstet wurde. Als sie dann in üppigeres Land kamen, stießen sie auf Rebhühner, schwarzhälsige Schwäne und Flamingos, die im frühen Morgenlicht in den Wasserlöchern lange rosafarbene Lichtreflexe aufblitzen ließen.

Die ganze Zeit machte sich Darwin Notizen über die Vögel, ihre Lebensgewohnheiten, Gesänge, Eier und ihren Flug: „Unendlich süß — Vogel läuft wie Tier am Fuße einer Hecke, kann nicht gut fliegen, nicht laut ... langfüßige Kiebitze rufen ähnlich dem Jagdgebell kleiner Hunde." Er hatte bereits jenen Grad von Hingabe an die Arbeit, jene Gewohnheit rastloser Tätigkeit erreicht, die ihn später schreiben ließ: „Ich meine, daß ich handeln werde — wie ich jetzt glaube —, daß ein Mensch, der eine Stunde Zeit zu vergeuden hat, den Wert des Lebens nicht erfaßt hat ... nichts ist so unerträglich wie Müßiggang." Eine Eintragung in seinem Notizbuch vom 17. August 1833 lautet: „Einen Tag damit verbracht, die Zeit totzuschlagen (wegen Regens) ...keine Bücher... Ich beneidete die kleinen Kätzchen, die auf dem schmutzigen Bo-

Links: Der Pichiciego, eine Unterart des Armadillo. „Es war aber meist notwendig, um eins dieser Tiere zu fangen, sich fast im Momente, wo man es bemerkte, vom Pferde herabzustürzen, denn im weichen Boden gräbt das Tier so schnell, daß das Hinterteil fast verschwindet, ehe man nur absteigt." Rechts: Rhea darwini. Von dieser seltenen Art erzählten Darwin die Gauchos. „Sie sagten, seine Farbe wäre dunkel und gefleckt, seine Beine wären kürzer und weiter hinab befiedert, als beim gewöhnlichen Strauß ... Bei der Beschreibung dieser neuen Species hat Mr. Gould mir die Ehre erwiesen, sie nach meinem Namen zu nennen."

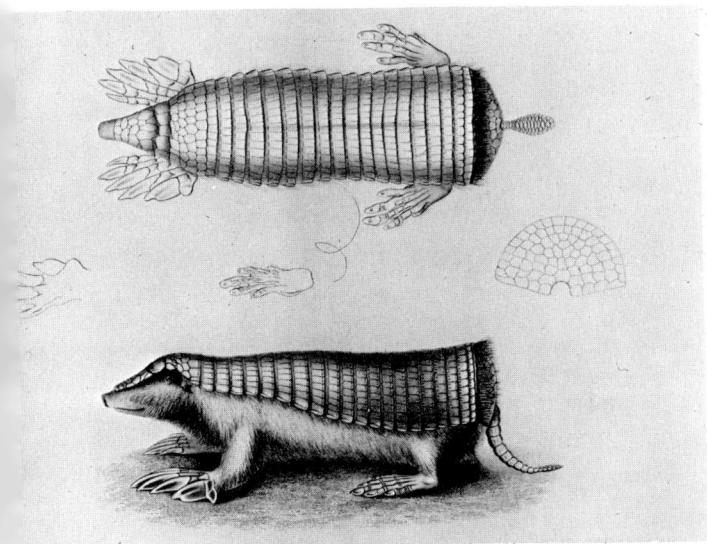

Oben: Estancia am Rio San Pedro. Unten: Viehherde bei der Flußüberquerung.

den spielten." Untätigkeit jeder Art konnte er nicht ertragen. Eine Eintragung vom 4. September: „Grausamer *ennui*... fand Bücher, höchstes Entzücken." Oktober: „*Ennui*... gelbbrüstiger Vogel... singt schön."

Die Nacht verbrachten sie in einer einem Engländer gehörenden *estancia,* und Darwin studierte die verschiedenen Methoden der Aufzucht von Hirtenhunden für die enormen Schafherden, die sie in großer Entfernung vom Haus hüteten. Sie wurden so aufgezogen, daß man sie noch als kleine Welpen von ihren Muttertieren trennte und sie mit den Schafen zusammenleben ließ. „Drei- oder viermal des Tages hält man ein Mutterschaf, daß der kleine Hund daran saugen kann, und ein Nest von Wolle wird für ihn in der Schafhürde gemacht. Zu keiner Zeit gestattet man ihm, mit anderen Hunden oder mit den Kindern des Hauses umzugehen." Sehr oft wurde der junge Hund auch kastriert, so daß er, wenn er ausgewachsen war, kein Bedürfnis mehr verspürte, die Herde zu verlassen, und so wie ein gewöhnlicher Hund seinen Herrn, den Menschen, verteidigte, so verteidigten diese Hunde ihre Schafe. Die Herden wurden selten angegriffen, nicht einmal von hungrigen wilden Hunden, die diese Hirtenhunde irgendwie den Schafen gleichzustellen schienen und sich mit einer solchen Schar nicht anlegten.

Im allgemeinen lagerte die Abteilung nachts im Umkreis eines Lagerfeuers, mit den Sätteln als Kopfkissen und den Satteldecken als Bettüchern, und die Szenerie hatte für Darwin eine Art magischen Zauber: die in Reichweite des Lichtscheins angepflockten Pferde, die Überbleibsel der Abendmahlzeit auf dem Boden verstreut: ein Hirsch oder Strauß, die Tuco-Tucos mit ihrem unterirdischen Grunzen, die Männer zigarrenrauchend und kartenspielend, die Hunde Wache haltend und zusammenfahrend, wenn aus der Finsternis ein unvertrautes Geräusch zu ihnen drang; man wußte nie, ob oder wann die Indianer angreifen würden.

Darwin liebte die Gauchos. Sie waren so zäh und lederhart wie alte Stiefel. Sogar in diesen ungezügelten Zeiten waren sie mit ihren Schnurrbärten und den lang über die Schulter fallenden Haaren höchst pittoreske Gesellen. Sie trugen scharlachfarbene Ponchos und weite Reithosen, weiße Stiefel mit gewaltigen Sporen und hatten Messer im Gürtel stecken. Sie waren äußerst höflich und sahen, so Darwin, aus, „als wollten sie einem die Kehle durchschneiden und doch gleichzeitig eine Verbeugung machen". Ihre Nahrung bestand aus Fleisch, aus nichts als Fleisch, und sie benutzten Tierknochen als Heizmaterial für ihre Feuer. Sie hatten eine besondere Jagdmethode. Alle Männer zerstreuten sich in verschiedene Richtungen, und zu einem verabredeten Zeitpunkt (nach bloßer Schätzung, weil sie kein Instrument zur Zeitmessung hatten) trafen sie wieder aufeinander, trieben alle Tiere, die zwischen sie geraten waren, an einem Sammelpunkt zusammen und töteten sie dort.

Wenn sie nicht gerade jagten, spielten sie mit Vorliebe Gitarre, rauchten oder stürzten sich gelegentlich betrunken mit ihren Messern in lärmende Auseinandersetzungen. Sie waren hervorragende Reiter; die Vorstellung, unter irgendwelchen Umständen einmal abgeworfen werden zu können, kam ihnen nicht in den Kopf. Wie Schlittschuhläufer auf dünnem Eis galoppierten sie in vollem Lauf durch so unwegsames Gelände, daß es bei langsamerer Gangart unpassierbar gewesen wäre. Sie zwangen ihre

Wurfarten. Links: Der lazo. *„Will der Gaucho den Lasso benutzen, so hält er ein paar kurze Windungen des Lasso in der Zügelhand und in der anderen die lose Schlinge, welche sehr weit gemacht wird und meist einen Durchmesser von ungefähr acht Fuß hat." Rechts: Die* bolas. *„Der Gaucho hält die kleinste der drei Kugeln in seiner Hand und wirbelt die beiden anderen beständig um seinen Kopf; dann zielt er und wirft sie dann, wie Kettenkugeln wirbelnd, durch die Luft."*

Pferde, große Flüsse zu durchschwimmen; ein nackter Mann ritt sein Pferd ins Wasser, und einmal drinnen, ließ er sich vom Pferderücken gleiten und hielt sich am Schwanz fest. Jedesmal, wenn sich das Pferd umzudrehen versuchte, spritzte ihm der Mann Wasser ins Gesicht und trieb es weiter — und so wurde er ans andere Flußufer gezogen. Ihre Jagdwaffe waren die *bolas,* zwei oder drei ans Ende von Lederstreifen gebundene Steine, die um den Kopf gewirbelt und dem jeweils verfolgten Tier so nachgeschleudert wurden, daß seine Läufe sich darin verfingen und es zu Boden geworfen wurde. Sie hatten das bereits als Kinder mit Miniatur-*bolas* an Hunden geübt, und die Jagd wurde gewöhnlich in vollem Galopp praktiziert; Darwin, der sich einmal im Trab an den *bolas* versuchte, machte den Gauchos großen Spaß, als er sein eigenes Pferd und sich selbst ebenfalls damit zu Boden streckte.

Am dritten Tage überquerten sie den Rio Colorado, wo eine große Herde von Stuten — Fourage für die Soldaten, wenn sie auf dem Marsch waren — über den Strom getrieben wurde. Für Darwin war das ein überwältigend komisches Schauspiel: „Hunderte und Hunderte von Köpfen, welche sämtlich nach einer Richtung hin mit gespitzten Ohren und weitgeöffneten schnaubenden Nüstern gerade über dem Wasser sichtbar wurden, wie ein großer Zug irgendeines amphibischen Tieres." Man bedeutete ihm, daß diese Tiere viele Tage hintereinander hundert Meilen täglich zurücklegen konnten.

Abends kamen sie im Lager von General Rosas an. Der Ort hatte eher den Anschein eines Schlupfwinkels von Briganten als den des Hauptquartiers einer Invasionsarmee. Kanonen, Wagen und plumpe Strohhütten waren zu einer Art Lager von etwa vierhundert Metern im Geviert zusammengepfercht worden, und darin lagerten die rauhen und kampfbereiten Kavalleristen des Generals. Viele davon hatten eine Mischung aus Indianer-, Neger- und spanischem Blut in den Adern, andere waren Angehörige von Indianerstämmen, die zu den Argentiniern übergeschwenkt waren, und dann gab es noch Troßangehörige im Überfluß: ziemlich gutaussehende Indianerfrauen in auffälligen Flitterkleidern und mit schwarzen, über die Schultern herabhängenden Zöpfen, die ihre Pferde mit hochangezogenen Knien ritten; ihre Aufgabe war es, das Gepäck der Soldaten auf den Lasttieren zu transportieren, das Lager aufzuschlagen und Essen zu kochen. Hunde und Vieh streiften im Staub umher.

Der General selbst war ähnlich pferdeliebend und farbenprunkend wie seine Männer. Er hielt sich in seinem Gefolge ein paar Clowns zur Unterhaltung und stand im Rufe, dann am gefährlichsten zu sein, wenn er lachte; das waren dann die Augenblicke, wo ihm zuzutrauen war, daß er einen Mann erschießen oder foltern ließ, indem man ihn mit ausgestreckten Gliedern zwischen vier in den Boden getriebenen Pfählen anpflockte. In den Pampas gab es eine verbreitete Prüfung für die jeweiligen Reitkünste. Ein Mann hängte sich an einen Querbalken über dem Eingang des Korrals, und wenn ein wildes, zügel- und sattelloses Pferd hindurchgetrieben wurde, mußte er sich auf den Rücken des Ungetüms fallen lassen und es bis zum Stillstand reiten. Rosas hatte dieses Kunststück fertiggebracht. Er war überdies ein Mann von unbedingter Autorität; später sollte er viele Jahre lang Diktator über Argentinien werden. Er begrüßte

Pferderennen.

General Rosas. Einer seiner Possenreißer sagte von ihm: „Wenn der General lacht, dann schont er weder Narren noch Gesunde."

Darwin sehr gesetzt und hieß ihn höflich in seinem Lager willkommen, und Darwin war ganz offensichtlich bezaubert. Er schrieb, daß der General seinen Einfluß offensichtlich in den Dienst des Fortschritts und der Prosperität des Landes zu stellen gewillt sei — eine Prophezeiung, die sich, wie er selbst zehn Jahre später zuzugeben gezwungen war, als „vollständig und erbärmlich falsch" herausstellte. Rosas wurde ein großer Tyrann.

Die Taktik seiner Kampagne gegen die Indianer war in der Tat sehr einfach; er umzingelte die in den Pampas umherschweifenden kleinen Stämme von etwa hundert Mitgliedern, die in der Nähe der *salinas* oder Salzseen lebten, und wenn alle, die ihm entkommen waren, wiedereingefangen und an einer Stelle zusammengetrieben worden waren, ließ er die ganze Schar massakrieren. Es bestand wenig Aussicht, daß irgendein Indianer über den Rio Negro entkam, wie er erklärte, weil er eine Abmachung mit einem ihm gewogenen Stamm getroffen hatte, der alle sein Gebiet durchstreifenden Flüchtigen niederzumachen eingewilligt hatte. Sie brannten sogar geradezu darauf, sagte Rosas, weil er ihnen bedeutet hatte, daß er für jeden feindlichen Indianer, dem es zu entkommen gelänge, einen ihrer eigenen Leute töten werde.

Das Lager war während Darwins Besuch in beständigem Aufruhr, weil von Stunde zu Stunde neue Nachrichten und Gerüchte von eben ausgefochtenen Scharmützeln eintrafen. Eines Tages wurde berichtet, daß einer von Rosas Vorposten auf der Strecke nach Buenos Aires dem Erdboden gleichgemacht worden war, und ein Kommandant namens Miranda wurde angewiesen, mit dreihundert Mann aufzubrechen und Vergeltung zu üben. „Sie brachten die Nacht hier zu", erinnert sich Darwin (er hielt sich damals im nahegelegenen Bahia auf), „und man kann sich unmöglich etwas Wilderes und Roheres vorstellen als die Szene ihres Biwaks. Einige tranken, bis sie berauscht waren, andere verschlangen das Blut des zu ihrem Abendessen geschlachteten Rindes, warfen dann in ihrer Trunkenheit alles wieder aus und wurden mit Schmutz und Blut über und über beschmiert."

Am Morgen brachen sie zur Stätte des Überfalls auf, mit dem Befehl, dem *rastro* oder der Spur zu folgen, selbst wenn sie nach Chile führte. Sie waren hervorragende Kenner im Fährtenlesen; aus den Spuren von einigen tausend Pferden konnten sie entnehmen, wie viele geritten wurden, wie viele beladen waren, und sogar, aufgrund der Unregelmäßigkeit der Hufspuren, wie ermüdet sie waren. „Diese Leute konnten bis ans Ende der Welt aushalten", sagt Darwin. Später hörte er, daß der Stoßtrupp erfolgreich gewesen war. Eine Schar Indianer war auf der offenen Steppe gesichtet worden, und Mirandas Männer hatten sich im Galopp auf sie gestürzt. Die Indianer hatten keine Zeit gefunden, eine gemeinsame Verteidigung aufzubauen, und waren in alle Richtungen zerstoben, jeder einzelne nur darauf bedacht, sein eigenes Leben zu retten. Einige der Flüchtigen leisteten, nachdem man sie umstellt hatte, erbitterten Widerstand. Ein sterbender Indianer erfaßte mit den Zähnen den Daumen seines Angreifers und ließ ihn erst fahren, als man ihm das Auge ausdrückte. Ein anderer, verwundeter, stellte sich tot und stürzte sich dann mit einem Messer auf einen der Soldaten. Ein dritter flehte um Gnade, wurde jedoch dabei beobachtet, wie er die *bolas* in seinem Gürtel lockerte, um zum Hieb bereit zu sein, wenn sich sein Verfolger näherte.

Ihm wurde die Kehle durchgeschnitten. Alles in allem wurden so einige hundertundzehn Männer, Frauen und Kinder niedergemacht. Alle Männer, die wahrscheinlich nicht als Informanten von Nutzen sein konnten, wurden erschossen. Die hübscheren Mädchen wurden beiseite genommen, um später unter den Soldaten verteilt zu werden, und die älteren Frauen und die häßlicheren Mädchen wurden getötet. Die Kinder wurden mitgeschleift, um als Sklaven verkauft zu werden.

Unter den verschonten Gefangenen waren drei besonders gut aussehende junge Männer, alle über sechs Fuß groß. Sie wurden zur Befragung aufgestellt, und als der erste sich weigerte, den Aufenthaltsort des übrigen Stammes preiszugeben, wurde er erschossen. Ebenso der zweite, und auch der dritte zögerte nicht: „Schießt", sagte er, „ich bin ein Mann und kann sterben." Die mit solchen Szenen vertrauten Geier kreisten über dem Schauplatz.

Darwin war entsetzt, aber er konnte wenig anderes tun, als seinem Tagebuch den Gedanken anzuvertrauen, daß diese christlichen Soldaten sehr viel wilder waren als die hilflosen Heiden, die sie vernichteten. Und doch war jedermann in Rosas Lager völlig überzeugt, daß das, was hier geschah, absolut gerechtfertigt und angemessen war. Die Indianer hatten den Argentiniern verübelt, daß sie ihre Jagdgründe an sich gebracht hatten, und Schafe und Vieh der Rancher geschlachtet. Also waren sie Verbrecher und mußten niedergemacht werden. Sollte Darwin sich doch selbst von ihnen fangen lassen; dann würde er am eigenen Leibe erfahren, wie zuvorkommend sie waren. Aber wenigstens die Frauen, gab er zu bedenken, hätte man doch verschonen können! Man erklärte ihm jedoch: „Warum? Was ist zu machen? Sie vermehren sich sonst!" Kurzum, die Indianer waren bloßes Ungeziefer, elender als Ratten, und damit war die Angelegenheit beendet.

Unter den bei diesem Streifzug gefangenen Frauen waren zwei sehr hübsche spanische Mädchen, die als Kinder von den Indianern verschleppt — dieser Krieg dauerte schon geraume Zeit — und von ihnen aufgezogen worden waren. Sie hatten ihre Muttersprache völlig vergessen und sahen sich jetzt der Aussicht gegenüber, sich wieder in die Zivilisation einleben zu müssen, und das bedeutete wahrscheinlich Konkubinat und halbe Sklaverei im Kreise von Rosas betrunkenen, hartgesottenen Kavalleristen.

Dies also war der brutale Vertilgungskrieg, den der würdevolle und höfliche General Rosas gegen die Eingeborenen Patagoniens führte, und für Darwin hatte es den Anschein, daß er nur auf eine einzige Weise enden konnte: mit dem Rückzug der Überlebenden in die unzugänglicheren Gebirge und schließlich mit der Ausrottung der ganzen Rasse — eine sehr praktische Anwendungsform der Theorie vom Überleben der Stärksten. Welche Chancen mochten wohl die Feuerländer haben, wenn die Reihe an sie kam?

Auch Darwin hatte eines Tages sein Schreckerlebnis. Er ritt mit zwei Gauchos von Bahia Blanca fort, als sie in der Ferne drei Reiter gewahrten. „Sie reiten nicht wie Christen", sagte einer der Gauchos, und man faßte den Entschluß, sich in Richtung eines nahegelegenen Sumpfes aufzumachen, der gute Verstecke bot. Darwin lud seine Pistolen, und sie setzten sich in Marsch, auf dem unebenen Glände galoppierend, sobald sie den Sichtbereich der Fremden verlassen hatten, und wieder in Trab verfallend (um vorzutäuschen, sie seien durchaus nicht beunruhigt), wenn sie erneut zu sehen waren. Sie hielten inne, als sie den Fuß eines Hügels erreichten, ließen die Hunde sich niederlegen, und einer der Gauchos kroch auf Händen und Füßen vorwärts, um zu rekognoszieren. Oben auf der Höhe hielt er einen Augenblick angestrengt nach dem Feinde Ausschau und barst dann vor Lachen: „*Mujeres*" (Weiber) — es waren drei Frauen aus dem Harem eines der Offiziere von Rosas auf der Straußeneier-Jagd.

Am 24. August kreuzte die *Beagle* in Bahia auf, und Darwin eilte an Bord und verbrachte einen ganzen Tag damit, FitzRoy seine Abenteuer zu erzählen. FitzRoy scheint ein guter Zuhörer und Darwin sehr beredt gewesen zu sein; er hatte keinerlei Schwierigkeiten, FitzRoy dazu zu überreden, ihm die Weiterreise auf der zweiten und längeren Teilstrecke zu erlauben, 400 Meilen durch unbewohntes Land, wenn er auch von jetzt an ohne Harris und mit den Gauchos allein bleiben würde.

Über diesen Tagen lag ein wunderbarer Überschwang, ein Gefühl von Freiheit, das durch das Element von Risiko noch gesteigert wurde. „In der Unabhängigkeit des Gaucho-Lebens liegt ein hoher Reiz — jeden Augenblick in der Lage zu sein, sein Pferd anzuhalten und zu sagen: ‚Hier werden wir übernachten.'" Als Darwin nach Buenos Aires ritt, waren sogar die Gauchos von seiner Energie überrascht. Wenn er einen Berg sah, mußte er ihn besteigen — und er war wahrscheinlich der erste Europäer, der den Gipfel der etwa 1200 Meter hohen Sierra de la Ventana erklomm. Als er die Kuppe erreichte, sah er, daß sie durch ein Quertal zerschnitten wurde. Er durchquerte es, stieg erneut bergan und erreichte mit größter Mühe den zweiten Gipfel: „Jede zwanzig Yards bekam ich einen Krampf in den oberen Teilen der Schenkel, so daß ich fürchtete, nicht imstande zu sein, wieder hinunterzukommen." Als dann aber das Pferd eines der Gauchos zu lahmen begann, gab Darwin dem Mann sein eigenes und marschierte zu Fuß weiter. Gauchos, erklärte er, *gingen* eben nicht. Er rauchte seine Zigarre, trank seinen *maté* und gedieh bei einer soliden Fleischkost, die nur gelegentlich durch den glücklichen Fund eines Nestes mit Straußeneiern unterbrochen wurde — einmal eines Nestes mit siebenundzwanzig Eiern darin, jedes mit dem elffachen Gewicht eines Hühnereis. Einmal marschierte er zwanzig Stunden ohne Wasser. Nachts am Lagerfeuer las er ein wenig in seinem Exemplar von Miltons *Paradise Lost*, das er immer bei sich trug, und schrieb seine Notizen über die Tagesereignisse nieder. Sie waren durchaus nicht langweilig: „Nacht in der Sierra sehr kalt, erst taufeucht, dann froststarr ... sah schöne Pirole ... Füchse in ungeheuren Mengen. Fand eine kleine Kröte, ihrer Farbe nach ganz eigenartig (schwarz und zinnoberrot), trug sie, in der Annahme, sie gut zu behandeln, zu einer Wasserpfütze; das kleine Tier konnte nicht nur nicht schwimmen, ich glaube sogar, es wäre ohne Hilfe ertrunken ... viele Schlangen mit schwarzen Tupfen in einem tiefen Tümpel, 2 gelbe Linien und roter Schwanz ... See belebt von vielen schwarzhalsigen Schwänen und schönen Enten und Kaninchen ... gestern nacht bemerkenswerter Hagelsturm (Wild, 20 Felle), fand ungefähr fünfzehn schon tote Strauße ... Hagelschlossen groß wie Äpfel ... schlief im Hause eines Halbverrückten ... die Indianer kommen wegen Salz zu den *salinas* ... Frauen, mit 20 Jahren gefangengenommen, nie zufrieden ... Frau des alten

Häuptlings nicht älter als 11 ... Strauße legen ihre Eier mittags ... Kraniche schleppen Bündel mit Binsen ...“

So geht es Tag für Tag weiter, und nie scheint er zu ermüden, nie erlahmt seine Neugier, nie sein Gefühl des Staunens. Nach vierzig Tagen in der Wildnis sehen wir ihn schließlich durch Quitten- und Pfirsichgärten in Buenos Aires einreiten, und mit seinem Bart, seinem weißen Hut, seinen abgetragenen Kleidern und seinem sonnengebräunten Gesicht muß er wie irgendein Cowboy oder vielleicht sogar Goldsucher ausgesehen haben, der nach einer harten Wegstrecke in die Stadt heimkehrt. Er war genauso ledrig und schwielig wie die Gauchos selbst.

Der schwarzhälsige Schwan (Cygnus nigricollis), den Darwin häufig in den Seen und Sümpfen von Argentinien antraf.

KAPITEL VII

Buenos Aires

Buenos Aires hatte seine eigenen Reize. „Unser Hauptvergnügen", schrieb Darwin an seine Schwestern, „war es, herumzureiten und die spanischen Damen zu bewundern. Nachdem wir einen dieser Engel beobachtet hatten, die da die Straßen herabschwebten, seufzten wir unwillkürlich: ‚Wie närrisch sind doch die Frauen in England, sie können weder gehen noch sich anziehen.' Und dann — wie häßlich klingt *Miss* im Vergleich zu *Señorita* ... Nie konnte man einer dieser reizenden Gestalten nachsehen, ohne auszurufen: ‚Wie schön sie sein muß!'"

Die *Caballeros* von Buenos Aires waren ganz offensichtlich derselben Meinung. Eines Tages näherte sich Darwin ein Hauptmann der Armee, der ihn eine Frage zu beantworten bat. „Sie lautete ‚ob die Frauen von Buenos Aires denn nicht die ansehnlichsten der Welt seien'. Ich antwortete: ‚Aber freilich, ganz entzückend.' Er fuhr fort: ‚Ich habe noch eine Frage: Tragen die Damen in anderen Teilen der Welt auch solche großen Kämme?' Ich versicherte ihm feierlich, das sei nicht der Fall. Sie waren vollkommen entzückt. Der Hauptmann rief: ‚Nun schau, ein Mann, der die halbe Welt gesehen hat, sagt, dem sei so; wir haben das schon immer gedacht, aber jetzt *wissen* wir es.'"

Darwin kam auf dasselbe Thema später noch einmal zurück, als er Lima in Peru erreichte: „Der enge, anschmiegsame Rock umhüllt die Figur dicht und zwingt die Damen, sehr kleine Schritte zu tun, was ihnen auch sehr elegant gelingt, und sehr weiße Seidenstrümpfe und sehr hübsche Füßchen zur Schau zu stellen: Sie tragen einen schwarzen Seidenschleier, der hinten um den Gürtel befestigt ist, über den Kopf gelegt und mit den Händen vors Gesicht gehalten wird, und zwar so, daß nur ein Auge unbedeckt bleibt. Aber dieses eine ist dann so schwarz und glänzend und strahlt so viel Ausdruckskraft und Gestik aus, daß der Effekt sehr wirkungsvoll ist. Alles in allem sind die Damen hier so anders und verwandelt, daß ich anfangs so überrascht war, als wäre ich einer Schar hübscher, wohlgestalteter Nixen vorgestellt worden. Ich konnte meine Augen nicht von ihnen wegwenden."

Dies alles lag jedoch offensichtlich noch in ferner Zukunft. In Buenos Aires wohnte er im Hause eines Mr. Lumb, eines angesehenen ortsansässigen Engländers (Mrs. Lumb erinnerte Darwin an England, wenn sie den Tee aufgoß), und er war viel zu sehr beschäftigt, um sich in eine Liebesgeschichte verwickeln zu lassen. Es gab in der Stadt eine Reihe englischer Geschäfte, und er kaufte wie im Rausch: Schreibpapier, Bleistifte, Bienenwachs und Harz, Mausefallen und Glasbehälter für seine Präparate, Pulver und Kugeln für seine Pistolen, ein Paar Hosen für Covington (der in Buenos Aires wieder mit ihm zusammengetroffen war) und für sich selbst Strümpfe, Handschuhe, Taschentücher, eine Nachtmütze, Zigarren und Schnupftabak. Eine Einkaufsliste lautete folgendermaßen: „Papier ... Schere, Zahnarzt, Uhrreparatur ...

Spanische Dame mit enganliegendem Rock und schwarzem Seidenschleier, der Darwin an seine Schwester zu schreiben veranlaßte: „Ihr tut mir alle leid. Eurer ganzen Sippschaft würde es gehörig guttun, einmal nach Buenos Aires zu kommen."

116

Der matadero *oder das öffentliche Schlachthaus, „wo die Tiere zum Schlachten gehalten werden, um diese Rind-fleisch essende Bevölkerung mit Nahrung zu versorgen".*

Sporen ... französischer Zahnarzt ... Zigarren ... Zahnarzt ... Tier ohne Schwanz ... Buchhändler." Offenkundig litt er unter Zahnschmerzen, aber was bedeutete dieses Tier ohne Schwanz? Zusätzlich zu all dem schrieb er dringlichst nach Hause, man möge ihm „4 Paar sehr haltbare Wanderschuhe von Howell's" schicken, dazu neue Linsen für sein Mikroskop und Bücher, vor allem wissenschaftliche Bücher.

Dann waren da seine Präparate einzupacken und an Henslow abzuschicken; zweihundert Vogelbälge und andere Lebewesen, Fische, Insekten, Mäuse, Gesteinsproben, „ein schöner Satz fossiler Knochen" und viele exotische Samenarten, von denen er hoffte, sie könnten auch in England aufkeimen und gedeihen. Die Geldfrage war ein quälendes Problem; seine Landausflüge erwiesen sich als aufwendig, und er hatte seine finanziellen Mittel bereits überzogen. Als er jetzt einen weiteren Wechsel von £ 80 ausstellte, zuckte er bei dem Gedanken zurück, was Dr. Darwin wohl dazu sagen mochte; er vertraue darauf, schrieb er seinen Schwestern, daß der Vater, nach dem

117

Dorf am Rio Parana.

„ersten großen Donnergrollen", dem Gelde nicht nachtrauern werde; sicher würde er Verständnis dafür haben, daß diese Reise sein Leben veränderte, daß er nie wieder in der Lage sein würde, hierher zurückzukehren, und daß er alles sehen mußte, was sehenswert war, koste es, was es wolle. „Ich wünschte", schrieb er nach Hause, „daß dasselbe Gefühl nicht auch den Kapitän so stark umtriebe. Er frißt ein enormes Loch in sein Vermögen, einzig um des guten Fortgangs aller Angelegenheiten der Reise willen ... (er) fragte mich, ob ich für meinen Unterhalt in der Messe ein Jahr im voraus bezahlen könne. Ich tat es ... denn ich konnte das einer Person nicht ablehnen, die jedermann gegenüber, der sich ihr nähert, so systematisch freigebig ist."

Es gab einen weiteren Grund für Darwin, sich schuldbewußt zu fühlen, und zwar dann, wenn er an seinen Vater dachte. Früher oder später würde er ihm eingestehen müssen, daß er jetzt nie mehr in den geistlichen Stand eintreten werde. Für den Augenblick wich er diesem Problem aber noch aus; in seinen Briefen nach Hause erwähnt er das Problem seiner beruflichen Zukunft nie — es ist nur die Gegenwart, die zählt.

Darwin hatte Buenos Aires nicht wirklich gern. Im Laufe der nächsten vier Monate, während er darauf wartete, daß die *Beagle* ihre kartographische Vermessung Patagoniens abschloß, trat er, wann immer er konnte, Exkursionen ins Landesinnere an. Er hielt die *plazas* und breiten Straßen für sehr schön und genoß die Sehenswürdigkeiten: die Theater (wo die Männer im Parkett saßen und die Frauen auf den Rängen), die Museen und den großen Korral, wo die zur Schlachtung bestimmten Tiere gehalten wurden, „eines der sehenswertesten Schauspiele". Ein Mann zu Pferde warf sein Lasso um die Hörner eines Tieres und zog es zu der vorherbestimmten Stelle, und dort angekommen, „schneidet ihm der ‚Matador' mit großer Vorsicht die Knieflechsen durch ... Der ganze Anblick ist schaudervoll und widerstrebend; der Boden wird fast ganz von Knochen gebildet, und Pferd und Reiter sind mit Blut bedeckt." In den Prunkkirchen herrschte, wenigstens für seine anglikanisch-protestantischen Augen, vielleicht etwas zuviel Inbrunst und eine überraschende Ungezwungenheit unter den Gläubigen: „Die spanische Dame mit ihrem glänzenden Schal kniet Seite an Seite mit ihrer schwarzen Dienerin im offenen Mittelgang."

Aber die Landschaft der Umgebung war öde und der Dauerregen deprimierend. Und er hielt im allgemeinen auch nicht viel von den Einwohnern von Buenos Aires (damals etwa 60 000). Die wohlhabenden Kreolen verabscheute er in aller Offenheit. „Sie sind lasterhafte Wüstlinge, die aller Religion hohnlachen, zur gröbsten Korruption bereit und von vollkommenem Mangel an Prinzipien." Jeder Beamte vom Obersten Richter abwärts war bestechlich.

Darwin war weder prüde noch sentimental; ohne FitzRoys Unnachgiebigkeit zu teilen, war er doch ein wählerischer Mensch, ein Enthusiast mit einem einigermaßen strengen Sittenkodex, und gerade jetzt, da sich die Welt so verlockend vor ihm auftat und so aufregend war, wurde er angesichts aller Trägheit und Gleichgültigkeit anderer Menschen ungeduldig und bei ihrer aktiven Grausamkeit wütend. Die Reise hatte ihn ganz mit Beschlag belegt.

Alles war so neu und verzweifelt wichtig. Er war echt verblüfft, als zwei Bootsmänner der *Beagle*, die zweifellos der strengen Disziplin FitzRoys überdrüssig waren, vom Schiff desertierten.

Sicherlich wies bei Darwin damals noch nichts auf den Hypochonder der späteren Jahre hin. Auf einer Reise nach Santa Fé erkrankte er an Fieber, genas aber sehr rasch wieder davon, und abgesehen von der Seekrankheit hört man ihn sich nicht einmal über solch kleinere Übel wie Zahnschmerzen beklagen, obwohl er eine gewisse Zeit lang daran gelitten haben muß, wie sich aus seinem Besuch beim französischen Zahnarzt in Buenos Aires ersehen läßt. Sein Bart war eine wuchtige Sache und muß ihn älter als seine vierundzwanzig Jahre erscheinen lassen haben, und in dem Maße, wie sich jetzt auch sein Spanisch verbesserte, bahnte er sich einen Weg durch die Stadt mit dem Flair eines erfahrenen Reisenden: Don Carlos, ein junger Engländer mit privatem Vermögen. Es war jedesmal eine gewaltige Freude, wenn Briefe von seiner Familie und Henslow ankamen — er verschlang jedes Wort —, aber bis jetzt ist kein

Zeichen von Heimweh an ihm zu erkennen. Er möchte weiter und immer weiter vordringen.

Seine Reise nach Santa Fé wäre ihm jedoch beinahe zum Verhängnis geworden. Er hatte verabredet, mit der *Beagle* zusammenzutreffen, bevor sie Ende Oktober von Motevideo absegelte, und er schätzte, das würde ihm hinreichend Zeit lassen, den 300-Meilen-Ritt den Rio Parana hinauf zu unternehmen, wo, wie er gehört hatte, fossile Knochen zu finden sein sollten. Am 27. September ritt er von Buenos Aires in die nördlichen Pampas hinaus, die zu der Zeit brusthoch mit Riesendisteln bedeckt waren. Anfangs ging alles gut, wenn die Reise auch nicht gefahrlos verlief, weil die Route ein beliebtes Ziel von Indianerangriffen war. An einer Stelle kamen sie am Skelett eines Indianers vorbei, der am Ast eines Baumes aufgehängt worden war, und Darwins Führer quittierten den Anblick mit „großer Befriedigung“. In der Nähe der hübschen Provinzstadt Sante Fé fand er seine fossilen Knochen recht leicht: eine gewaltige, ins Flußufer eingebettete Deponie. Die Stadt selbst war ein ruhiger kleiner Ort, sauber und gut instand gehalten. Ihr Gouverneur war ein Mann, dessen Lieblingssport die Indianerjagd war; nicht lange zuvor hatte er ihrer achtundvierzig niedergemacht und die Kinder zum Preise von je drei oder vier Pfund verkauft.

Dann aber wurde Darwin vom Fieber befallen (wahrscheinlich war es Malaria, denn er beschreibt, wie seine Hände geradezu schwarz von Moskitos waren, wann immer er sie entblößte), und er war gezwungen, eine Woche lang das Bett zu hüten, wo ihn eine freundliche alte Frau betreute. Seltsame Arzneien wurden ihm verabreicht, manche davon harmlos, etwa eine Kompresse aus gespaltenen Bohnen, die um den Kopf gewickelt wurde, andere aber „zu ekelhaft, sie zu erwähnen“. „Kleine haarlose Hunde“, schrieb er, „werden sehr gesucht, um zu Füßen von Invaliden zu schlafen.“

Als er sich besser fühlte, faßte er den Entschluß, es sei besser und rascher, auf dem Fluß zurückzureisen; also entledigte er sich seiner Pferde und ging an Bord eines heruntergekommenen Frachtbootes, das nach Buenos Aires segelte. Es war die atemberaubendste aller Reisen. Der argentinische Kapitän fürchtete sich vor jeder Brise, die aufkam, und vor jeder Strömung, die die Inseln umfloß, und so blieben sie endlose Tage vor Anker liegen und krochen nur einige wenige Stunden täglich den Fluß hinunter. Schließlich erreichten sie (*„Gracias a dios“*, schrieb Darwin in sein Notizbuch) am 20. Oktober das kleine Dorf Las Conchas genau vor den Toren der Hauptstadt, und Darwin preschte an Land, um ein Pferd — oder ein Kanu — zu finden, irgend etwas, mit dem er die Stadt erreichen konnte. Plötzlich sah er sich von bewaffneten Männern umringt, die ihm die Weiterreise verweigerten. Die Revolution war ausgebrochen und die Stadt durch Blockade abgeschnitten.

General Rosas war allem Anschein nach nicht nur an der Jagd auf wilde Indianer interessiert; er war drauf und dran, auch die argentinische Regierung zu stürzen. Seine Freunde in Buenos Aires hatten den Kriegsruf *„Viva Rosas“* in Umlauf gebracht, und das ganze umliegende Land stand in Waffen. In der Stadt selbst waren die Straßen geräumt, die Geschäfte hatten die Rolläden heruntergelassen, Kugeln flogen herum, und die Streitkräfte des Generals erlaubten niemandem, durch die Stadttore nach drinnen oder draußen zu gelangen. Außer sich vor Angst, die *Beagle* zu versäumen,

In der Nähe der Bucht von Montevideo. Zeichnung von Conrad Martens, der Augustus Earle als offizieller Maler auf der Beagle *ablöste.*

diskutierte und protestierte Darwin, und nach einem langen Ritt um die Stadt herum gelang es ihm schließlich, das Lager von Rosas Bruder zu erreichen. Er erklärte großspurig, er sei ein vertrauter und wichtiger Freund des Generals. „Selbst ein Zauber hätte die Umstände nicht schneller ändern können, als es diese Konversation tat." Man bedeutete ihm, er könne zu Fuß ohne sein Gepäck in die Stadt gehen, wenn er das Risiko auf sich nehmen wollte, erschossen zu werden. Es war ein einsamer Weg von drei Meilen die leere Straße hinunter. Nur eine Abteilung Soldaten hielt ihn an, er zeigte ihnen jedoch einen abgelaufenen Paß, und sie ließen ihn ziehen. Einmal in der Stadt bei seinen Freunden, fühlte er sich sicher genug, aber seine Lage hatte sich kaum verbessert; Covington war noch immer draußen, ebenso alle seine Kleider und die Proben, die er während der Reise gesammelt hatte. Es war gefährlich, sich in den Straßen zu bewegen, weil die Regierungstruppen diese vom Himmel geschickte Gelegenheit weidlich ausnutzten, jedem Zivilisten, der ihnen in den Weg kam, aufzulauern und ihn auszurauben.

Zwei Wochen lang tobte und schäumte Darwin, und es war eine Situation, die einige Ähnlichkeit mit den Abenteuern von Phileas Fogg und Passepartout auf ihrer rasenden „Reise um die Welt in achtzig Tagen" (dem Roman von Jules Verne; d. Hrsg.), hatte. Hier waren sie, Herr und Diener, und versuchten zusammenzukommen, verzweifelt darauf bedacht, weiterzueilen, und die ganze Welt hatte sich offensichtlich gegen sie verschworen. Für Darwin war die Aussicht, die *Beagle* wegsegeln und sich selbst hilflos in Buenos Aires zurückgelassen zu sehen, zu schrecklich, um überhaupt nur daran zu denken. Endlich gelang es ihm, einen Mann zu bestechen, der hinausgelangte und Covington hereinbrachte. Er sagt nicht, wie das vor sich ging — wahrscheinlich nachts, zu Pferde und bei Wächtern, die eingewilligt hatten, nichts zu hören und zu sehen —, jedenfalls aber war Covington da, und zusammen gelang es ihnen, an Bord eines Schiffes zu gehen, das durch die Blockade schlüpfte und flußabwärts nach Montevideo fuhr. Das Boot war mit Flüchtlingen überfüllt, die auf dem Rio de la Plata sämtlich erkrankten, und Darwin muß einen großen Seufzer der Erleichterung ausgestoßen haben, als er am Ende der Reise in der Bucht von Montevideo die Masten der ruhig vor Anker liegenden *Beagle* auftauchen sah.

FitzRoy hatte die ganze Zeit über verbissen seine Vermessungsarbeiten betrieben, allein in seiner Kabine gegessen, von seiner Arbeit geradezu aufgezehrt, und sich keinen Augenblick der Erholung von der Verantwortlichkeit für das Kommando über zwei Schiffe gegönnt. Der größte Teil der Vermessungsarbeiten mußte von den kleinen, hart unter Land arbeitenden Begleitbooten aus erledigt werden, und zwar gewöhnlich bei rauher See — ein schwieriges Geschäft und eine Quelle nie endender Sorge für den Kommandanten. Gerade jetzt arbeitete er an seinen Karten, indem er die vielen Berechnungen, die sie in den vergangenen Monaten längs der patagonischen Küste angestellt hatten, kollationierte — eine langwierige und mühevolle Arbeit —, und Darwin, von seinen Abenteuern an Land beflügelt, muß auf ihn den Eindruck gemacht haben, als stürzte er mit dem Übermut eines aus den Ferien zurückkehrenden Schuljungen in seine Kabine. Da waren alle seine wunderbaren Proben, die er auf Deck ausbreitete: seine prähistorischen Knochen, die Bälge farbenprächtiger Vögel und anderer Lebewesen, Spinnen, die Netze spannten und durch die Luft flogen, *bolas* und andere Eingeborenenwaffen, in Alkohol konservierte Schlangen und Päckchen mit exotischen Samen und Blumen, die in Europa unbekannt waren. Und überdies seine großen Erlebnisse, die berichtet werden mußten: die Revolution, seine Exkursion den Rio Parana hinauf, seine *tigre*-(oder Jaguar-)Jagd auf den Inseln; auf den Uferbänken hatte er tief zerkratzte Baumäste gesehen, Zeichen der Klauen eines Jaguars, wie die Führer ihm bedeuteten. „Ich glaube", schrieb er, „dieser Gebrauch des Jaguars ist dem völlig entsprechend, den man alle Tage bei der gemeinen Katze sehen kann, wenn sie mit ausgestreckten Beinen und vorgestreckten Krallen die Beine eines Stuhles kratzt." Wie auch immer — er erzählte FitzRoy, daß die Angst vor *tigres* sein Vergnügen am Durchstreifen der Wälder gänzlich dahinschwinden lassen hatte. Er beschrieb seine Galoppaden mit den Gauchos, die armen Sklaven-Kinder, die er gese-

Selbstporträt von Conrad Martens. FitzRoy sagte, daß seine große Enttäuschung über den Verlust von Earle „durch das Zusammentreffen mit Mr. Martens in Montevideo und durch seine Verpflichtung als Zeichner auf meinem Schiff gemildert" wurde.

hen hatte, wie sie an die ausschweifenden Granden der Pampas verkauft wurden, die Damen der Hauptstadt in ihren *mantillas* und die unbestiegenen Berge, die er, und er allein, erklommen hatte.

FitzRoy müßte wenig Menschliches an sich gehabt haben, hätte er nicht einen Anflug von Neid verspürt. Zweifellos war er gefesselt, aber man sieht sein Aristokratenauge mit einer gewissen Kühle auf Darwin ruhen. Freilich war er zu entschuldigen, wenn er meinte, er habe für den Augenblick genug gehört, wenn er sich mit einigen kurzen Sätzen abwandte und Darwin seinen Kram aus der Kajüte schaffen und verstauen hieß, wenn er in eine seiner „schweren Verstimmungen" verfiel oder wenn er sich gar bei Darwin erkundigte, wohin denn alle diese aufregenden Entdeckungen führten — wie weit er denn nun damit gekommen sei, sie mit den grundlegenden Wahrheiten der Bibel in Zusammenhang zu bringen. Das war sicherlich ebenso wichtig, und es war ein Vorhaben, das fraglos ganz genau so exakt auszuführen war wie die Küstenvermessung der *Beagle*. Es war ähnlich der Situation, als sähe man den Wald vor lauter Bäumen nicht.

Aber Darwin war, wenn wir seinen Notizen trauen dürfen, in diesen Tagen ganz und gar nicht mit Gott befaßt; er war vollständig von den Bäumen und dem gesamten Waldesinnern gefangengenommen und begann sich mit der Vorstellung vertraut zu machen, daß Wahrheit nicht etwas war, das von oben geoffenbart, sondern Stück für

Stück von der praktischen Arbeit des Menschen auf dieser seiner Erde enthüllt wurde. Und so mag er sich ein wenig entmutigt gefühlt haben, als ihn nach seiner rauschhaften Rückkehr wieder die Disziplin und Zucht der *Beagle* umgaben. Er ging wieder zur Schule.

Gegen Ende des Jahres 1833, als Darwin in Montevideo erneut mit dem Schiff zusammentraf, war die Vermessungsarbeit der patagonischen Küste nahezu abgeschlossen. Die Matrosen der *Beagle* hatten beinahe ein Jahr im Bannkreis der Stürme und der Kälte jener öden Küste gearbeitet und waren ihrer herzlich überdrüssig. Augustus Earle, der Maler, hatte sich seit der Abreise aus England gesundheitlich nie richtig wohl gefühlt und war jetzt so geschwächt, daß er das Schiff verlassen mußte. Er wurde durch Conrad Martens ersetzt, einen „ausgezeichneten Landschaftszeichner ... eine angenehme Person und, wie alle Vögel dieser Gattung, bis über den Hals voller Begeisterung". Darwin seinerseits war rasch mit der Verpackung seiner letzten Pampas-Sammlungen zur Einschiffung nach England fertig und mochte nur noch an eines denken: an den Tag, wo sie Kap Horn umrundeten und die ruhigen und sonnigen Gewässer des Pazifik erreichten. Nicht einmal die Aussicht auf den Fang eines lebendigen *Megatherium* konnte ihn noch zurückhalten, wie er sagte. Inzwischen war er bei sich mit der Geologie der Ostküste ins reine gekommen; sie hatte sich, wie er glaubte, erst in recht jungen Zeiten aus dem Meer erhoben. Es waren jedoch die Anden mit ihren großen Vulkanen, die den wirklichen Schlüssel zur Geologie der Halbinsel bargen. In den pazifischen Ozean durchbrechen, die mächtigen Kordilleren sehen: das würde der Höhepunkt der gesamten Reise werden.

An Bord der *Beagle* und ihres Schwesterschiffes, der *Adventure,* herrschte knisternde Spannung. In Montevideo war Proviant für ein Jahr gebunkert worden. Am 7. Dezember winkten sie dem Rio de la Plata ein letztes Lebewohl (und Nimmerwiedersehen) zu und nahmen Kurs nach Süden, aus der schlammigen Flußmündung ins klare blaue Meer hinaus.

Pesos aus Buenos Aires.

KAPITEL VIII

Die Anden

Der Atlantische Ozean machte ihnen, da sie jetzt im Begriff standen, ihn hinter sich zu lassen, das Geschenk einiger magisch schöner Augenblicke. Eines ruhigen Tages kam ein myriadenstarker Schmetterlingsschwarm auf hoher See hinter ihnen her; es war wie ein Schneesturm; so weit das Auge reichte — sogar mit Hilfe des Teleskops —, war der Himmel mit weichen, weißen, flatternden Flügeln bedeckt, und erst abends kam ein Wind auf und wehte sie davon.

Eines Nachts fanden sie sich in einem regelrechten Goldstrom dahinsegeln: „Das Schiff trieb vor seinem Bug zwei Kissen flüssigen Phosphors her, und in seinem Kielwasser folgte ihm ein milchiger Zug. So weit das Auge reichen konnte, glänzte jede Wellenkrone, und infolge des reflektierten Glanzes dieser matten Flamme war der Himmel am Horizont nicht so gänzlich verdunkelt wie am Himmelsgewölbe ..."

Der Weihnachtsabend des Jahres 1833 sah sie weit südlich im Mündungsbecken des Deseado, und es war das schönste Weihnachtsfest, das ihnen auf der ganzen Fünfjahresreise beschert war. Darwin hatte am Tag zuvor ein über 150 Pfund schweres Guanako geschossen, so daß ausreichend Frischfleisch für alle zur Verfügung stand. Nachmittags gingen die Mannschaften beider Schiffe an Land und trugen Ringkämpfe und Weitsprung- und Laufwettbewerbe aus. „Alte Männer mit langen Bärten und bartlose junge Burschen spielten wie die Kinder." FitzRoy, der umgänglicher Stimmung war, verteilte die Siegesprämien. Alles war vollkommen verschieden von einer gewöhnlichen Weihnachtsfeier, merkt Darwin an, und jedermann betrank sich, so heftig er nur konnte.

Körperlich wurde Darwin sehr viel stärker, stärker sogar als viele seiner Schiffsgefährten, die nicht, wie er, in der Lage waren, an Land Berge zu besteigen und lange Märsche zu machen. „Der größte Luxus", schrieb er, „ist ein kiesiger Strand als Bett ... Ich bin ganz erstaunt darüber, daß ich dieses harte Leben ertragen kann; wenn es nicht um des starken und ständig wachsenden Vergnügens der Naturgeschichte willen geschähe, könnte ich es nie." Aber er war sehr zäh. Das bezeugt etwa der kleine Zwischenfall, der sich eines Tages ereignete, als sie in San Julián vor Anker lagen, an einem besonders öden Strich der patagonischen Küste: keine Bäume, kein Vogel oder Tier, ausgenommen ein wachsames Guanako. „Alles war ruhig und verlassen ... Man frug sich, wie viele Jahrhunderte die Ebene schon so bestanden habe und für wie viele weitere sie bestimmt sei, noch zu bestehen." Mit FitzRoy und einer Abteilung Matrosen ging Darwin an Land, um nach einer Süßwasserquelle zu suchen, die auf einer alten spanischen Karte markiert war. Es war überwältigend heiß, sie waren mit Instrumenten und Gewehren beladen, und nach einigen Stunden Marsches über die Ebene waren alle zu erschöpft, um weiterzugehen — mit Ausnahme von Darwin. Von einer Anhöhe aus konnten sie jedoch etwas sehen, was, in einer Entfernung von etwa zwei Meilen, wie eine Reihe von

125

Biwak in der Einfahrt zur Bucht von Puerto Deseado, Weihnachten 1833. Zeichnung von Conrad Martens.

Seen aussah, und Darwin machte sich auf, um sie zu erkunden. Sie beobachteten ihn ängstlich, wie er sich am ersten See auf die Knie niederließ, dann jedoch unverzüglich wieder aufstand und zu einem anderen ging, wo dasselbe passierte. Darwin kam langsam zurück, mit der Nachricht, das Wasser sei salzig.

Sie waren jetzt in einer heiklen Situation. FitzRoy und einer der Matrosen waren noch immer unfähig, sich zu regen, und ihr Befinden schien sich sogar noch zu verschlechtern. Darwin ließ sie nur ungern in Gesellschaft der sich unheildrohend sammelnden Geier zurück, aber es gab keine andere Möglichkeit, als zum Schiff zurückzukehren und Hilfe zu holen. Er brach mit den anderen zu einem Gewaltmarsch auf, und zu der Zeit, als sie lange nach Einbruch der Dunkelheit die *Beagle* erreichten, war er elf Stunden ohne Unterbrechung und ohne Wasser auf den Beinen gewesen. Eine Rettungsmannschaft brachte FitzRoy und den anderen Matrosen noch vor Morgengrauen zurück.

Dann unternahmen sie ihren langen Abstecher zu den Falkland-Inseln und, wie bereits erwähnt, nach Feuerland hinunter, um ein letztes Mal nach Jemmy Button zu sehen. Sie fuhren durch den Beagle-Kanal, und Darwin hielt in seinem Tagebuch fest: „Kanal ungefähr anderthalb Meilen breit, Berge auf beiden Seiten ungefähr 2000 Fuß hoch ... Szenerie sehr abgeschieden — viele Gletscher, menschenleer, beryllblau, *sehr schön*, sich vom Schnee abhebend. Gletscher: fällt etwa 40 Fuß steil ins Meer ab, blau durch übertragenes und reflektiertes Licht. Kanal von kleinen Eisbergen bedeckt — Miniaturbild des Polarmeeres." Im März erreichten sie die Falkland-Inseln, und Darwin begann sofort, die Insekten und Pflanzen mit denen auf dem Festland zu verglei-

Berkeley Sound auf den Falkland-Inseln, „ein wellenförmiges Land von desolatem und elenden Aussehen ...“

chen. Keine Einzelheit entging ihm. „Eines Tages beobachtete ich einen Kormoran, der mit einem Fische, den er gefangen hatte, spielte. Achtmal hintereinander ließ der Vogel seine Beute los, tauchte dann nach ihr und brachte sie, trotzdem es tiefes Wasser war, jedesmal wieder an die Oberfläche ... beinahe so wie eine Katze mit einer Maus spielt: ich kenne kein anderes Beispiel, wo die Mutter Natur so willkürlich grausam zu sein scheint.“ Ein merkwürdiges Geschöpf, der Falkland-Fuchs, lebte dort in großen Scharen, so wenig ängstlich, daß er sogar die an Land gehenden Männer belästigte. Darwin sah auch eine Pinguin-Art, die wie ein Esel schrie. Er machte die Anmerkung, daß Pinguine ihre Flügel als Flossen, manche Enten als Ruder und die Strauße als Segel benutzten.

Ein letzter Aufschub trat ein, bevor sie in die Gewässer des Pazifischen Ozeans kamen; die *Beagle* hatte sich den Rumpf an einem Felsen in Puerto Deseado beschädigt — ein Stück ihres falschen Kiels war abhanden gekommen —, also kehrten sie an die Mündung des Rio Santa Cruz zurück, wo sie an Land zur Reparatur auf Kiel gelegt werden konnte. Alles Takelwerk mit Ausnahme der Großmasten wurde abgenommen, alle Kanonen, Anker und schweres Gerät an Land gebracht, und bei Hochwasser wurde das Schiff weit und trocken auf den Strand gesetzt. Wenn man in Betracht zog, daß ihrer aller Leben von ihr abhing und sie ihre einzige Hoffnung war, heil nach Hause zu kommen, war es etwas beklemmend, die *Beagle* in diesem Zustand zu sehen, außerhalb ihres Elements, mit seitlicher Schlagseite aufgebockt. Aber die Schiffszimmerleute fanden nur wenige Schäden und waren bald an der Arbeit.

127

FitzRoy hatte, mit eifriger Unterstützung durch Darwin, einen Plan, wie man die Zeit der Wiederinstandsetzung nutzen konnte. Der Rio Santa Cruz war, abgesehen von einer kurzen Strecke landeinwärts, noch nie erforscht worden. Also wurde der Entschluß gefaßt, eine Mannschaft den Fluß so weit hinaufzuschicken, wie er sie trüge, um vielleicht einen Blick auf die Anden zu erhaschen; und vielleicht könnten sie überdies sogar die Berge selbst besteigen. Drei Boote wurden mit Proviant für drei Wochen ausgestattet, und unter FitzRoys Kommando brachen insgesamt 25 Mann auf. Zunächst ging alles glatt; sie segelten mit einlaufender Flut stromaufwärts, mit einer Wolke von Seevögeln, die sie umschwärmten, und Scharen von Seelöwen, die bei ihrer Annäherung von den Uferbänken ins Wasser glitten. An jeder Seite des Mündungsbeckens und des Flusses lagen öde Flächen wüstenartigen Landes: „Der allgemeine Eindruck auf den Geist ist der ganz und gar hoffnungsloser Unfruchtbarkeit."

Zu den nachfolgenden Bildtafeln:

129   Oben: Der Hauptplatz von Buenos Aires mit dem Obelisken, der als Gedenkstätte für die Unabhängigkeit der Stadt errichtet wurde und als Altar der Freiheit bekannt ist. Unten: Patagonische Indianer.

130 u. 131   Allgemeine Ansicht von Buenos Aires von der Plaza de Toros aus.

132   Der Rastplatz von Villavicencio in den Anden, bei Sonnenaufgang.

133   Oben: Der Falkland-Fuchs *(Canis antarcticus).*
Unten: Argentinisches Opossum *(Didelphis crassicaudata).*

134   Eine in den Anden vorkommende Bromelie *(Bromelia bicolor).*

135   Eine Familie araukanischer Indianer.

136 u. 137   Trachten der chilenischen Bauern.

138   Eine Sammlung von in Chile vorkommemden Käfern.

139   Oben: Die Stadt Talcahuano und der Hafen von Concepcion.
Unten: Silber- und Kupferminen in den Anden.

140   Aasfressender Habicht *(Caracara vulgaris).*

141   Die Turteltaube der Galapagos-Inseln *(Zenaida galapagoensis),* von John Gould.

142 u. 143   *Die Offiziersmesse,* von Augustus Earle.

144   Kaktusfressende Finken *(Cactornis scandens),* von John Gould.

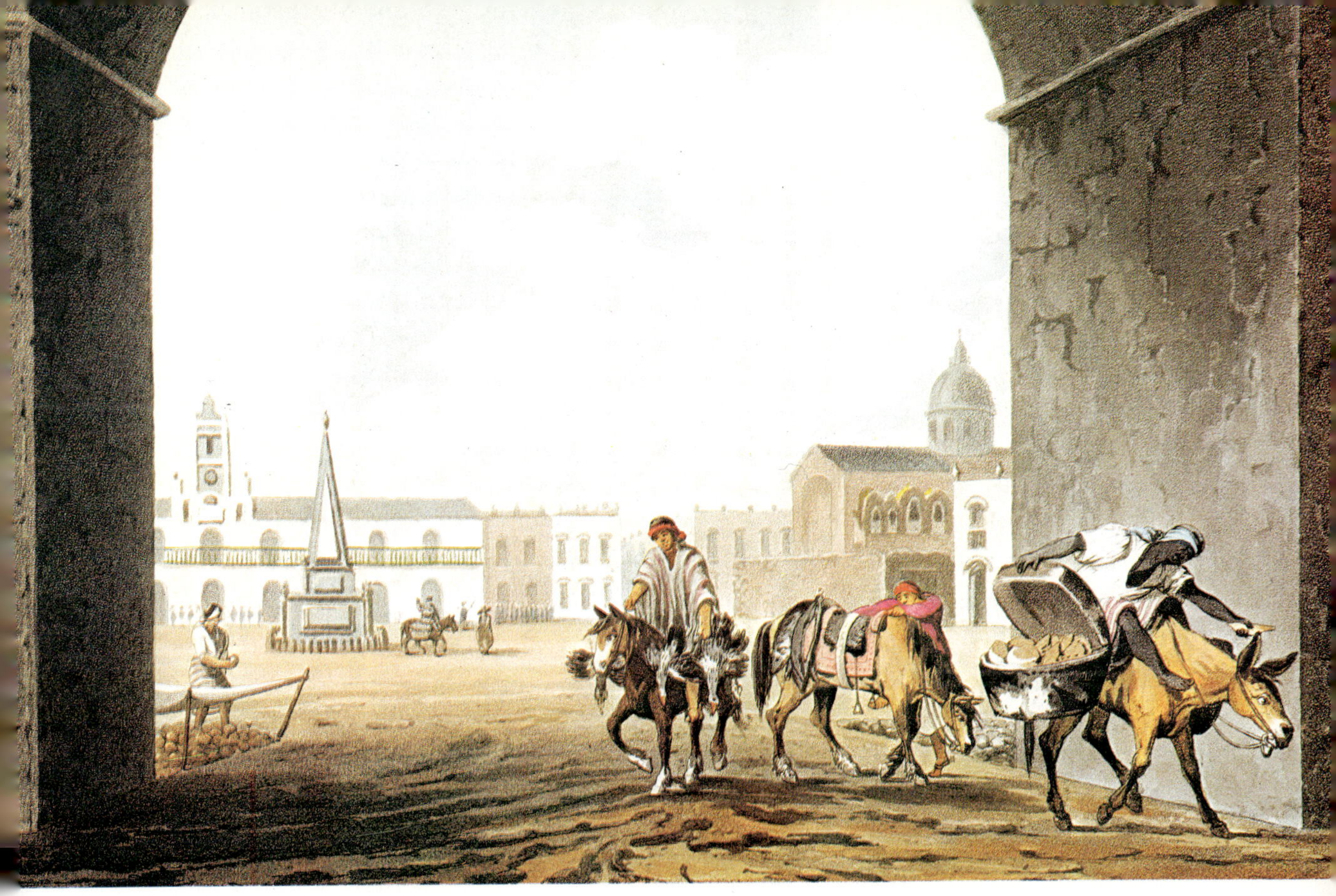
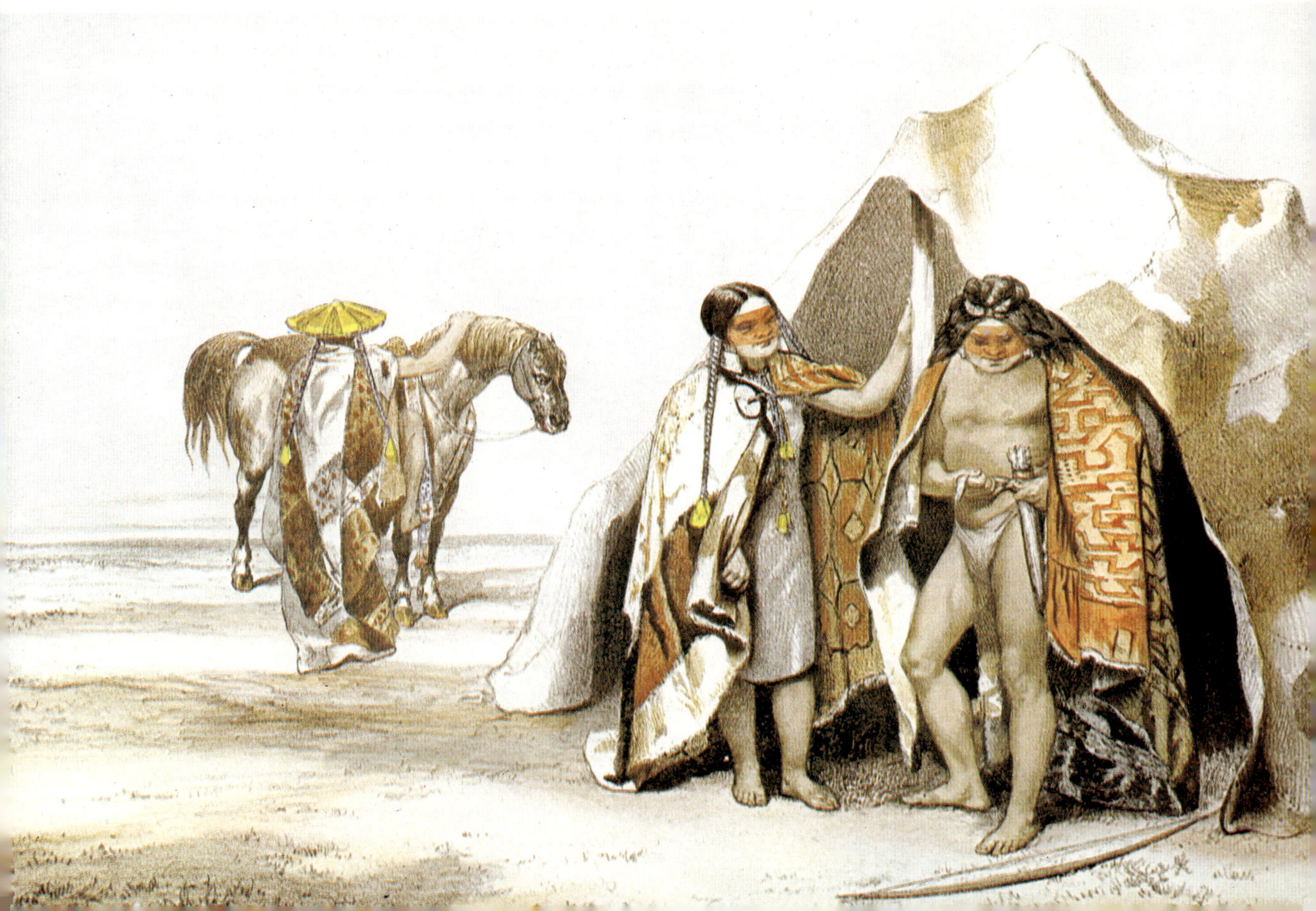

a   *b*   *c*

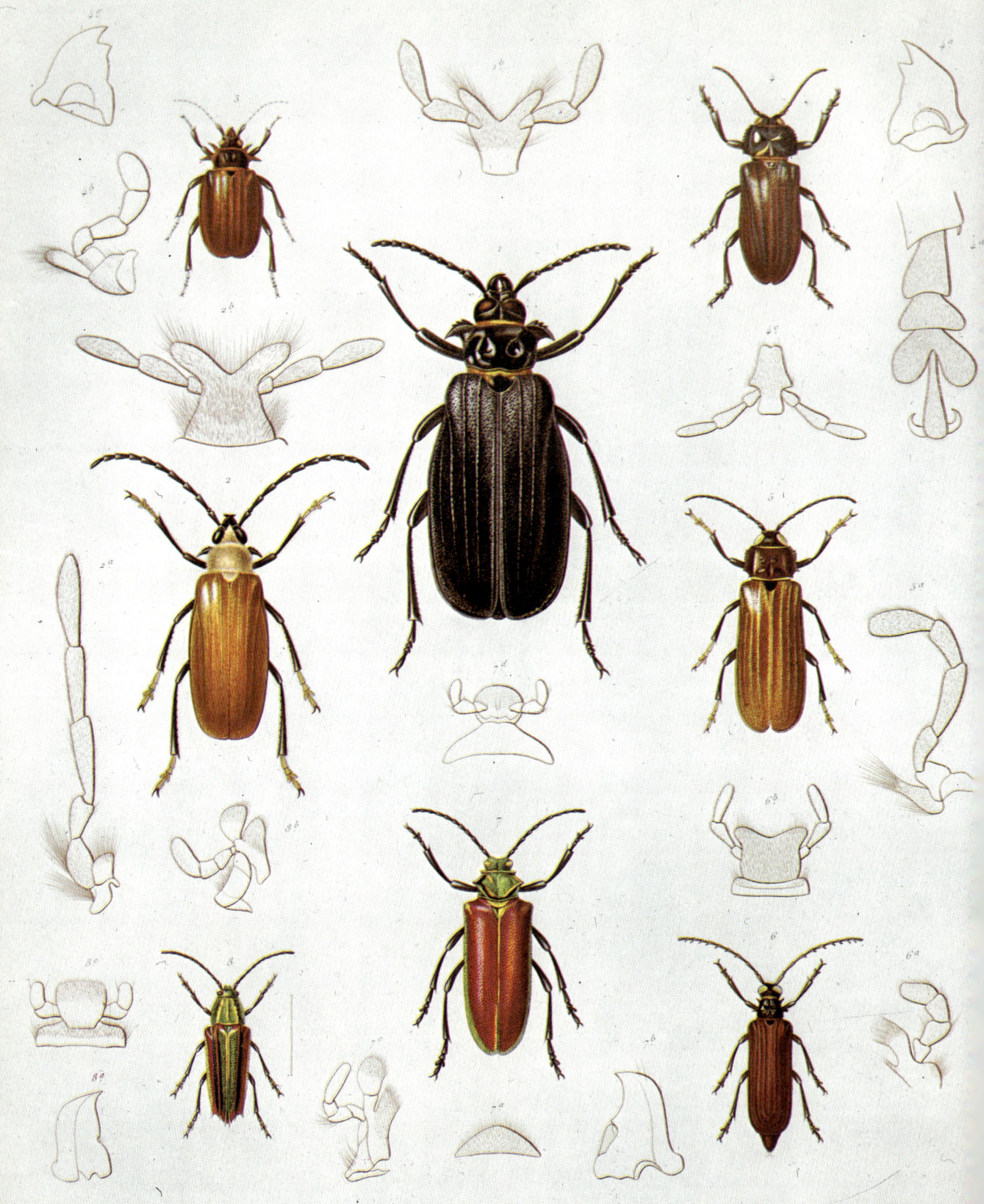

1 Amallopodes scabrosus Lequien.   3 Ancistrotus Servillei Blanch.   5 Macrotoma melita-eques Blanch.
2 Malloderes microcephalus Dupont.   4 Macrotoma melita-eques Blanch.   6 Microplophorus castaneus Blanch.
7 Cheloderus Childreni Gray.   8 Oxypeltus quadrispinosus Blanch.

TRARO

Caracara vulgaris cuv.

Zenaida Galapagoensis.

Karte der Westküste von Südamerika.

Wenig Regen und fast gar kein Trinkwasser; die Guanakos tranken das Salzwasser der *salinas*, und die Pumas stillten ihren Durst wahrscheinlich mit dem Blut der Guanakos. Der Fluß war viel wärmer als die Luft, und bei Tagesanbruch sahen sie Dampf aufsteigen, so als ob das Wasser kochte. Gelegentlich trafen sie auf Strauße, die den Fluß schwimmend überquerten.

Dann ließen Wind und Gezeiten nach; es wurden Taue mit Manschetten an Land geworfen, und jedermann einschließlich FitzRoy beteiligte sich an der schweren Arbeit, die Boote stromaufwärts zu treideln. Es war alles andere als eine Spazierfahrt. Nachts war es bitter kalt, und gegen mögliche Indianerüberfälle mußten Wachen aufgestellt werden; da FitzRoy sich verpflichtet fühlte, auf seine Proviantvorräte zu achten, waren sie immer hungrig. Und doch war es auf eine atemberaubende Weise belebend, in ein Land einzudringen, in dem kein zivilisierter Mensch je zuvor gewesen war — oder jedenfalls nach Darwins Meinung nicht gewesen war.

Gewöhnlich ging er mit Bynoe voraus, um den Weg zu erkunden und Nahschüsse auf alles Wild abzugeben, das zufällig auftauchte. Eine baumlose Ebene aus schwarzem Lavagestein zog sich an beiden Flußufern hin, aber das Guanako war hier in seinem Element — Darwin sah eines Tages eine Herde von tausend Stück —, und einmal mehr war das Überleben der Stärksten zu beobachten. Aus Gründen des Selbstschutzes schliefen die Guanakos in Horden, mit den Schwänzen in Richtung des Kreismittelpunktes, und wechselten jede Nacht ihre Schlafplätze. Darwin beobachtete, daß sie offenbar bevorzugte Stellen hatten, an denen sie sich zum Sterben niederlegten, und an einer Stelle waren die Uferböschungen tatsächlich ganz weiß von Knochen.

Begann ein Tier zu lahmen, krank zu werden und hinter der Herde zurückzubleiben, war sofort der katzenartige Puma zur Stelle. Dann stießen von den Vorgebirgen der Anden, wo sie an den Abschüssen der Steilhänge „Sultan-ähnlich" thronten, die Kondore in die Luft, wunderbare Segler, die kaum die Schwingen bewegten. „Ausgenommen, wenn sie sich vom Boden erheben, kann ich mich nicht erinnern, einen dieser Vögel jemals mit den Flügeln schlagen gesehen zu haben." Kaum hatte der Puma sein Mahl beendet, stießen sie in Kreisen zur Erde nieder, um das Aas in Stücke zu zerhacken. Diese stolzen Vögel griffen die jungen Ziegen und Lämmer an, und die Hirtenhunde waren darauf abgerichtet, aufzupassen, wenn sie vorbeischwebten, und, den Blick himmelwärts gerichtet, laut zu bellen. Ein Vogel, den Darwin eines Tages schoß, hatte eine Flügelspannweite von acht Fuß (ca. 2,65 Meter). Es gab zwei Arten, sie zu fangen: manchmal wurde ein Aas in eine Umzäunung mit einem engen Einlaß gelegt, und weil der Vogel einen Start mit Anlauf über den Boden macht, konnte er, wenn der Eingang geschlossen war, nicht entkommen. Andererseits konnte man sie auch fangen, wenn sie nachts in den Bäumen fußten; ein Mann kletterte den Baum hinauf und warf ihnen eine Schlinge um den Hals — durchaus nicht so schwer, wie es sich anhört, weil die Kondore sehr tief schlafen. Die Vögel wurden für 10 Shilling das Stück verkauft.

Nach zehn Tagen Stromaufwärtstreidelns traten plötzlich die schimmernden weißen Bergketten der Kordilleren ins Blickfeld. Aber sie schienen dann nie mehr näherzurücken. Darwin brannte darauf, sie zu erreichen, und ging mit FitzRoy sogar zu Fuß

Oben: Die an der Mündung des Rio Santa Cruz auf den Strand gezogene Beagle. „*Wir fanden, daß ein Stück des falschen Kiels am ,Vorderfuß' [vorderes Kielende] abgerissen war und daß einige Kupferplatten ziemlich durchgescheuert waren.*" *Unten: Der Rio Santa Cruz mit den weit entfernten Anden im Hintergrund.* „*Der Fluch der Unfruchtbarkeit liegt auf dem Lande, und das über ein Bett von Rollsteinen fließende Wasser unterliegt demselben Fluche.*"

voran, um in einem Gewaltmarsch wenigstens bis zu den Vorgebirgen vorzudringen. Aber es war sinnlos. Als sie hundertvierzig Meilen vom Meer entfernt waren und die Proviantrationen sichtlich knapp wurden, schienen die Berge so entfernt wie eh und je; in Wirklichkeit waren sie nur noch dreißig Meilen entfernt, aber es war zuviel. Für FitzRoy war das nicht allzu enttäuschend — da waren sie, die mächtigen Werke Gottes, seit Ewigkeiten unverändert —, Darwin aber beunruhigte der Anblick. Wie waren die Berge dorthin gekommen? Wie lange waren sie schon dort? Was waren das für Felsen, aus denen sie sich zusammensetzten? Aber es half alles nichts; sie mußten ohne Antwort den Rückweg antreten. In vier Tagen schossen die drei Boote in einer Strömung von 10 Meilen pro Stunde flußabwärts, bis sie wieder auf die *Beagle* trafen. Sie fanden sie „wieder flott, frisch gefirnißt und so schmuck wie eine Fregatte".

Guanako-Jagd. „In vielen Zügen ihrer Lebensweise verhalten sie sich wie Schafe in einer Herde. Wenn sie z. B. Menschen in verschiedenen Richtungen zu Pferde herankommen sehen, werden sie ganz verstört und wissen nicht, wohin sie laufen sollen."

Jetzt endlich nahmen sie Kurs auf den Pazifischen Ozean, und es wäre in dieser Phase sicher gut gewesen, wenn FitzRoy sich entspannt und die Dinge ein wenig leichter genommen hätte. Aber sie nahmen die eisstarrenden Wasserstraßen Feuerlands im Winter in Angriff, und das Wetter war schrecklich. Von den Steilhängen stürzten häufig große Eisschollen herab, und das Krachen hallte wie die Breitseite eines Kriegsschiffes in den einsamen Kanälen wider. „Der Anblick einer solchen Küste", schrieb Darwin, „reicht hin, einen Landbewohner eine Woche lang von Schiffbrüchen, Gefahr und Tod träumen zu lassen." Das Takelwerk gefror, und die Decks der *Beagle* waren mit Schnee bedeckt.

148

Oben: Von Kondoren angegriffene Viehherde. Unten: Die beiden Methoden der Kondorjagd: Anlocken mit Aas und Fangen in einer engen Umzäumung sowie Fang mit Seil und Schlinge.

Der Hafen von Valparaiso.

Sie brauchten einen vollen Monat für die Durchfahrt, und sogar dann hieß der Pazifik sie nicht eben herzlich willkommen; Stürme verfolgten sie auf ihrem ganzen Weg die chilenische Küste hinauf. Rowlett, der Zahlmeister, der älteste Mann an Bord (er war in den Mittdreißigern), war einige Zeit lang krank gewesen, und dieses rauhe und unwirtliche Teilstück der Reise war mehr, als er aushalten konnte. Es war erst einige Monate her, daß Hellyer auf den Falkland-Inseln ertrunken war, und für diese eng verschworene Gemeinschaft bedeutete es einen echten Kummer, jetzt einen weiteren Schiffsgefährten dahingehen sehen und barhäuptig an Deck stehen zu müssen, während FitzRoy den Gottesdienst abhielt, um dann den mit dem Union Jack umhüllten Leichnam in die kalte See zu senken.

Und so kreuzte denn schließlich am 22. Juli 1834 vor Valparaiso (dem Tal des Paradieses) ein düsteres und sturmgeschütteltes kleines Schiff auf. Aber die See war ruhig,

Blick auf die Anden von den Hügeln über der Bucht von Valparaiso aus, mit dem Gipfel des Vulkans Aconcagua zur Rechten.

endlich schien die Sonne, und nach acht Monaten ohne Berührung mit der Außenwelt — acht Monaten monotoner Ernährung, nasser Kleidung und ständigen Auf und Nieders des Decks — war es aufregend für sie, wieder eine zivilisierte Stadt zu Gesicht zu bekommen, besonders eine so schöne Stadt wie diese. Die weißen Häuser mit ihren flachen Dächern zogen sich inmitten von Bäumen und Flecken grünen Grases den Berghang hinauf, und dahinter ragte die gewaltige Hintergrundkulisse der Anden empor. Gute, kräftige Landgerüche stiegen von der Küste auf, und der Rauch der Schornsteine der Wohnhäuser verhieß wieder einmal frische Nahrung und den Anblick von Frauen. Briefe von Daheim erwarteten sie, der dritte Band von Lyells *Geology* war angekommen, und in den Paketen aus England waren sogar Darwins Wanderstiefel. Er verlor keine Zeit, das feuchtkalte Schiff zu verlassen und bei Richard Corfield Wohnung zu nehmen, einem alten Schulfreund, den er als Einwohner der Stadt

Maultierreise in den Anden.

wiedergetroffen hatte. Und dann saß er auch schon auf einem Maultier, um das Geheimnis der Anden zu lüften. Er war sechs Wochen unterwegs.

Über Darwins Reise in die Hochkordilleren — und er unternahm mehrere Exkursionen dorthin — liegt eine besonders sprühende und lebendige Atmosphäre. Natürlich liebte er das Klettern im Gebirge, die Anden aber hoben seine Begeisterung auf ihren Gipfelpunkt; die Einfälle drängten sich in seinem Kopf, eine Entdeckung führte zur nächsten; und er war für alles aufgeschlossen.

Er steht auf einer Felsspitze hoch über Valparaiso, um sich nichts anderes als nackte rote Felsen und die darüberschwebenden Kondore, und die Klarheit der Luft ist so überwältigend, daß Chile sich zu seinen Füßen wie eine Landkarte hinbreitet. Er kann die Masten der in der Bucht vor Anker liegenden Schiffe aus einer Entfernung von 26 Meilen sehen. Hinter ihm türmt sich ein „schönes Chaos von Berggipfeln". Es ist erhaben, „wie wenn man einen Chor aus dem Messias mit vollem Orchester hört. Ich fühlte mich glücklich, allein zu sein." In den Böen eines vom Pazifik aufsteigenden starken Sturmes führt er sicher sein Maultier, und sogar an den schwindelerregendsten Stellen und den schwankendsten Hängebrücken empfindet er keinerlei Unsicherheit. Sie sind in so großer Höhe, daß ihre Kartoffeln sieden, aber nicht kochen, und er muß sich der Erwärmung wegen nachts an seine beiden Führer schmiegen, aber die übliche Höhenkrankheit läßt ihn ungeschoren.

Es gibt ja so viel zu sehen: die Bergvögel, insbesondere den kleinen Tapaculo oder „Deck deinen Hintern zu", ein Vogel, der ständig mit aufgestelltem Schwanz umherhüpft, und den Turco, ein lächerliches Wesen, das auf stelzenartigen Beinen mit ungewöhnlicher Geschwindigkeit von einem Gebüsch zum anderen huscht; dann den Puma, der von den Hunden einen Baum hinaufgehetzt und zu Tode gebissen wird, aber keinen Schrei ausstößt; die Ratte, sehr zutraulich und im Überfluß vorhanden, die „hauptsächlich in Hecken lebt, ihren Schwanz ringelnd". Er sah etwas, was er für Rauch von irgendeinem großen Feuer hielt, das sich dann aber als Heuschreckenschwarm entpuppte, der mit einer Geschwindigkeit von zehn Meilen nordwärts flog. Dieser große, 2000 Fuß dichte Schwarm rauschte mit einem Geräusch vorbei, das dem Brausen des Windes in der Takelage eines Schiffes ähnelte, und Darwin kam den Bauern mit Schreien und dem Schwenken von Ästen zu Hilfe, in einer vergeblichen Anstrengung, sie zu vertreiben.

Vor allem aber ist es die Geologie der Bergketten, die ihn fesselt, und er macht zwei Entdeckungen, die seine Aufmerksamkeit auf sich lenken: in 12 000 Fuß Höhe (ca. 4000 Meter) stößt er auf ein Flöz mit fossilen Seemuscheln, und etwas niedriger auf einen kleinen Wald von schwarzweiß versteinerten Kiefern mit marinen Felsablagerungen im Umkreis. Jetzt endlich begann sich die „wunderbare Geschichte" zu entwirren. Diese Bäume hatten einst an den jetzt 700 Meilen entfernten Küsten des Atlantiks gestanden; sie waren unter die Wasseroberfläche gesunken und dann 7000 Fuß aufgeworfen worden. Ganz deutlich war dieser gesamte Bereich der südamerikanischen Halbinsel einst unter Wasser getaucht und erst in ganz jungen geologischen Zeiträumen wieder gehoben worden. Als die Anden sich auffalteten, wurden sie zunächst zu einer Reihe bewaldeter Inseln und dann zur zusammenhängenden Bergket-

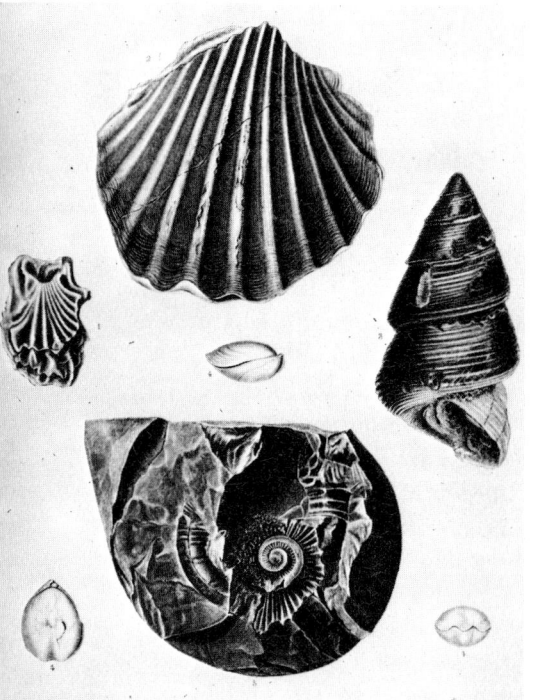

Links: Fossile Seemuscheln, in den Anden gefunden. Rechts: Der Tapaculo oder „Deck deinen Hintern zu" (Pteroptochos albicollis). *„Der harmlose kleine Vogel verdient diesen Namen ganz wohl; denn er trägt seinen Schwanz noch mehr als aufrecht, d. h. vorwärts nach dem Kopfe zu geneigt."*

te, deren kaltes Klima bei ihrer Entstehung alle Vegetation vertilgte. Diese Entwicklung war von Erdbeben und Vulkanausbrüchen begleitet gewesen, die als eine Art Sicherheitsventil wirkten.

Natürlich war nicht jedermann bereit, Darwin zu glauben. Einige Chilenen wollten wissen, was er da wohl zu tun glaubte, wenn er mit seinem kleinen Hammer in den Bergen herumstreifte. „Es ist nicht recht", sagte ein argwöhnischer alter spanischer Richter, *„hay un gato encerrado aqui* (hier ist eine Katze eingesperrt — da steckt doch etwas dahinter). Kein Mensch ist so reich, daß er Leute aussenden könnte, solches Zeug aufzulesen. Ich mag das nicht." Darwin antwortete ihm, indem er fragte, ob er nicht neugierig sei zu erfahren, wie die Erdbeben und Vulkanausbrüche zustande kämen, warum der Frühling manchmal heiß, manchmal kalt sei usw. Diese Fragen befriedigten und beschwichtigten die meisten Leute; manche aber, „wie einige in England, die ein Jahrhundert hinter ihrer Zeit zurück sind, hielten alle diese Nachforschungen für unnütz und unehrerbietig; und da war es denn eben ganz ausreichend, daß Gott die Berge so gemacht hatte." Und FitzRoy? Was würde er mit allen seinen biblischen Vorstellungen wohl dazu sagen? Gehobener Stimmung und von seinen Entdeckungen begeistert, brach Darwin nach Valparaiso auf.

154

Er kehrte zurück, um zur Kenntnis nehmen zu müssen, daß sich während seiner Ab-
wesenheit an Bord der *Beagle* gewichtige Dinge ereignet hatten und FitzRoy nicht
mehr in der Lage war, dies oder irgend etwas anderes auf vernünftige Weise zu diskutieren — er hatte halbwegs den Verstand verloren. Folgendes war passiert: ein Brief
von der Admiralität in London war eingetroffen, die sich rundheraus weigerte, die
Kosten des außerplanmäßigen Schiffes zu übernehmen; FitzRoy hatte ohne Order gehandelt, mußte alle Kosten selbst tragen, die zusätzlichen Seeleute, die er angeheuert
hatte, entlassen und das Schiff sofort verkaufen. Für jeden normalen Kommandanten
hätte das eine schwere Zurechtweisung bedeutet; für FitzRoy aber war es ein uner-
hörter und unverzeihlicher Anschlag auf seinen Stolz. Vielleicht hätte er ihn ausge-
halten, wenn er in guter Verfassung gewesen wäre, aber die Anspannung der letzten
sechs Monate der Überarbeitung und Gefahr zeichneten sich deutlich in seinem ma-
geren und abgehärmten Antlitz ab. Er hatte über die vielen Dinge nachgegrübelt, die
im Laufe der Reise schiefgelaufen waren; sein Plan der Christianisierung Feuerlands,
der Tod Rowletts, die endlosen Schwierigkeiten der Vermessung. Wahrscheinlich
hatten seine Auseinandersetzungen mit Darwin ihm ebenfalls zugesetzt, und dieser
letzte Schlag war jetzt zuviel für ihn. Die überstrenge Selbstkontrolle brach zusammen, Haß und Wut bekamen die Oberhand, und er ließ es zu, daß sein Geist blei-
schwer in nachtschwarze Verzweiflung abstürzte. Zweifellos gedachte er Kapitän Stokes', des vorigen Kommandanten der *Beagle*, der im Jahre 1828 Selbstmord begangen
hatte, wahrscheinlich in derselben Kabine, in der jetzt FitzRoy einen Großteil seiner
Zeit verbrachte. Er sei auf dem Wege, verrückt zu werden, erklärte er, dagegen war
nichts auszurichten; Geisteskrankheit lag als erbliche Belastung über der Familie, sein
Onkel Castlereagh hatte Selbstmord begangen, und er war auf demselben Wege. Er
mußte sein Amt niederlegen; Wickham sollte das Kommando übernehmen und das
Schiff direkt nach England heimsegeln.
Vergebens versuchte Bynoe ihn zu beruhigen, ihm zu versichern, daß er lediglich an
Übermüdung und Erschöpfung litt und daß ein wenig Ruhe ihn bald wiederherstellen
werde. Er war unnachgiebig; er sei nicht mehr länger in der Lage, das Kommando zu
führen.
Das war die Situation, als Darwin nach Valparaiso zurückkehrte, und er hielt sie für
verhängnisvoll. Er erlaubte sich einen Augenblick lang mit dem Gedanken an Heimreise zu spielen, „das angestrengte Entzücken der Vorwegnahme des langersehnten
Tages der Rückkehr". Aber die Reise gerade hier abzubrechen, wo sie von den ab-
scheulichen Gestaden Feuerlands in den Pazifischen Ozean entkommen waren —
nein, das war undenkbar. „Eine ganze Nacht versuchte ich mir das Vergnügen auszu-
malen, Shrewsbury wiederzusehen, aber die dürren Hochebenen Perus gewannen die
Oberhand." Er würde die *Beagle* verlassen und seine Forschungen in den Anden been-
den; ein Jahr oder zwei später würde er sich dann auf eigene Faust den Rückweg nach
England bahnen.
Es war Wickham, der die Lage meisterte. Ganz richtig schätzte er die Situation so ein,
daß, was FitzRoy wirklich bekümmerte, seine Unfähigkeit war, die Vermessung von
Feuerland zu Ende zu führen, wenn er mit nur einem Schiff zu operieren hatte. Also

legte Wickham FitzRoy dar, daß seine Befehle ihn keineswegs verpflichteten, zu jener gefährlichen Küste zurückzukehren; man erwartete lediglich von ihm, dafür so viel Zeit aufzuwenden, wie er erübrigen konnte, bevor er sich auf seine Kreuzfahrt durch den Pazifik machte. Hätte er selbst das Kommando, fuhr Wickham fort, käme es ihm nicht in den Sinn, nach Feuerland zurückzukehren; er würde den ursprünglichen Plan ausführen und auf der sehr viel angenehmeren Pazifikroute um das Kap der Guten Hoffnung nach England zurückkehren. FitzRoy habe also allen Grund, auch weiterhin das Kommando zu führen; er brauchte lediglich eine kurze Erholung an Land und würde sich dann viel besser fühlen, wenn er wieder auf See wäre.

Langsam ließ sich FitzRoy besänftigen — zweifellos fühlte er sich nach seinem Ausbruch um so besser —, und schließlich willigte er ein, das Kommando wieder zu übernehmen und die verbleibende Vermessungsarbeit der feuerländischen Küste fahrenzulassen. Es war übrigens nur gut, daß FitzRoy diese Entscheidung traf, denn die Mannschaft hatte von Feuerland genug, und eine Reihe von Matrosen trug sich mit dem Plan zu desertieren, wenn die *Beagle* wieder dorthin zurückkehren sollte.

Daraufhin wurde die *Adventure* zum erstaunlich guten Preis von £ 1400 verkauft und die *Beagle* erneut seeklar gemacht. Bedauerlicherweise empfand FitzRoy den Verlust der *Adventure* als starken Schlag: „Ich gestehe", sagte er, „daß sich meine eigenen Gefühle und mein Wohlbefinden in der Folge sehr veränderten — in einem Maße, daß sie von ihrer früheren Spannkraft und Gesundheit weit entfernt waren." Und das mag auch der Grund für die folgende Szene gewesen sein. Darwin war nach seiner Rückkehr aus den Anden ziemlich ernsthaft erkrankt; er selbst nahm an, es seien die Nachwirkungen eines elenden Rotweins, den er getrunken hatte; es muß sich aber um etwas Ernsthafteres gehandelt haben, vielleicht um den Biß der giftigen Benchuca-Wanze, und obwohl er in Corfields Haus sorgsam gepflegt und von Bynoe betreut wurde, der ihm Kalomel verschrieb, dauerte es doch mehr als einen Monat, bis er wieder auf den Beinen war. FitzRoy verschob die Abreise der *Beagle* wegen Darwin um zehn Tage und provozierte dann paradoxerweise einen Streit mit ihm.

Es war ein absurder Zwischenfall. FitzRoy gab zu bedenken, daß er, weil er und alle Offiziere in Valparaiso so großzügig behandelt worden waren, sich verpflichtet fühlte, „allen Einwohnern des Ortes eine große Party zu geben". Darwin zögerte; er meinte, das sei nicht wirklich erforderlich. FitzRoy brach in einen Wutanfall aus; ja, Darwin sei genau die Art Mensch, der zwar jeden Gefallen annähme, aber keinen erwidere. Darwin erhob sich wortlos und verließ das Schiff. Als er einige Tage später zurückkehrte, benahm sich der bereits auf dem Wege der Besserung befindliche Fitz-Roy, als sei nichts geschehen. Wickham aber hatte genug Ärger gehabt; er nahm Darwin beiseite und bedeutete ihm, nur ja aufzuhören, sich mit dem Kapitän anzulegen. „Verdammt noch einmal, Philosoph, ich wünschte, Ihr würdet Euch nicht mit dem Kapitän streiten; an dem Tag, wo Ihr das Schiff verließt, war ich todmüde, und er hielt mich fest und spazierte bis Mitternacht mit mir auf Deck herum, wobei er Euch die ganze Zeit beschimpfte."

Man fragt sich erstaunt, woran man hier eigentlich ist. Wurde der sanfte Darwin im Verlauf der Reise etwa aggressiver? War seine Heldenverehrung geschwunden? Zweifellos war er jetzt nicht mehr geneigt, FitzRoys kategorische Verlautbarungen über die Wahrheit der Schöpfungsgeschichte einfach hinzunehmen. In Valparaiso war er zum ersten Mal seit Beginn der Reise auf eine Gruppe gebildeter und intelligenter Männer gestoßen, die bereit waren, wissenschaftliche Probleme in einer aufgeschlossenen Art und Weise zu diskutieren, und das war eine große Erleichterung für ihn gewesen. Wenn er wollte, mochte FitzRoy auch weiterhin glauben, daß die Anden sich nie aus dem Meer erhoben hatten, daß die Berge immer dagewesen waren und die Flut einfach gekommen war und sie bedeckt hatte; aber das war Unsinn, er hatte den positiven Beweis in Händen, daß dem nicht so war. Überdies gab es noch andere Aspekte der Bibel, die fraglich waren. Vorerst hielt er diese Spekulationen klugerweise zurück, aber sie mehrten sich sehr stark, als sie zur Vermessung der chilenischen Küste südwärts segelten.

Am 21. November ankerten sie in der Bucht von San Carlos, der Hauptstadt der Insel Chiloë, und Darwin mietete wie gewöhnlich auf der Stelle Pferde, um das Land zu erforschen. Er ritt durch üppige grüne Wälder, über von Regenstürmen ausgewaschene und mit Holzklötzen gepflasterte Straßen und erreichte schließlich Castro, die alte Hauptstadt von Chiloë, „jetzt ein äußerst einsamer und verödeter Ort ... die Straßen und die Plaza waren aber mit schönem grünem Rasen überzogen, auf welchem Schafe weideten ... Kein einziges Individuum besaß weder eine Uhr noch eine Wanduhr; und ein alter Mann, von dem man meinte, er habe eine ordentliche Idee von Zeit, war dazu angestellt, nach Erraten die Kirchenglocke zu schlagen." Die Einwohner hatten gemischtes Blut in den Adern und waren zu drei Vierteln indianischer Abstammung, und obwohl sie hinreichend zu essen hatten, mangelte es ihnen doch auffallend an kleinen Luxusgütern; vor allem verlangten sie nach Tabak und boten bereitwillig als Entgelt für eine kleine Rolle eine Ente und ein Huhn an. Darwin traf in San Pedro wieder mit der *Beagle* zusammen und unternahm zusammen mit FitzRoy den Versuch, den Gipfel des Inselberges zu erklimmen. Aber der Wald war undurchdringlich. Immer wieder wurden sie von den scharfen Ästen zurückgetrieben, die ihnen Gesicht und Hände zerfetzten, ebenso von den sich an ihnen hinstreckenden Bambusrohren, die sie umgarnten wie Fische im Netz; der Boden war von einem Gewirr von absterbenden Bäumen bedeckt, so daß sie entweder auf Händen und Füßen unten kriechen oder sich gefährlich in den Gipfeln der Baumriesen weiterhangeln mußten. Manchmal berührten ihre Füße zehn Minuten lang den Boden nicht, und sie waren so weit davon entfernt — fünfzehn oder zwanzig Fuß —, daß die Matrosen im Scherz die Peilungen ausriefen. Schließlich gaben sie entmutigt auf und segelten, zerkratzt und zerschunden, nach Süden.

Ein weiterer Zwischenfall ereignete sich, als sie sich ihren Weg längs der wilden und öden Küste nahe Kap Tres Montes bahnten. Schlechtes Wetter trieb sie in einen kleinen Hafen, und mit Erstaunen sahen sie von Land aus etwas wie ein Notsignal zu ihnen herüberdringen. Ein Boot wurde ausgebracht und kam mit zwei Matrosen zurück, Angehörigen einer Mannschaft von insgesamt sechs, die vor fünfzehn Monaten von einem amerikanischen Walfangboot desertiert und seither hilflos die verlassene Küste auf und ab gewandert waren, ohne in der ganzen Zeit je auf die Spur eines

Der Platz von San Carlos auf der Insel Chiloë.

Menschen oder Tieres gestoßen zu sein, ausgenommen Wild und Nutrias. Der bemerkenswerteste Zug war, daß sie sich ein gutes Zeitgefühl bewahrt hatten und nur vier Tage vom korrekten Datum abwichen. Einer von ihnen war bei einem Sturz von einer Klippe zu Tode gekommen, die anderen fünf rettete die *Beagle*, und man fand sie nach einem Jahr der Ernährung von Robbenfleisch, Schaltieren und wilder Sellerie in besserer körperlicher Verfassung als fünf beliebige Matrosen an Bord der *Beagle*. Es war aber, wie Darwin schrieb, ein glücklicher Zufall, daß sie auf diese Weise gerettet wurden; hätte die *Beagle* sie nicht gefunden, „so hätten sie wandern können, bis sie alte Leute geworden wären, und wären dann an dieser rauhen Küste umgekommen."

Mit diesen Männern an Bord fuhren sie die Küste wieder aufwärts, hier und da ankernd, wo sich gute Häfen boten, und stießen so einmal auf eine große Herde von Robben; die „fest eingeschlafen aneinandergeschmiegt lagen, wie ebenso viele Schweine; aber selbst Schweine würden sich über ihren Unrat und über den von ihnen ausgehenden Gestank geschämt haben." Diese Robben erhoben sich, stürzten sich ins

Alte Kirche in Castro, der ursprünglichen Hauptstadt der Insel Chiloë.

Wasser und folgten der *Beagle*, wobei ihnen große Verwunderung und Neugier anzumerken war. Wenig später stieß das Schiff auf einen gewaltigen Schwarm von Sturmvögeln, von denen Hunderttausende Stunde um Stunde an ihnen vorbeiflogen. „Wenn ein Teil des Zuges sich auf das Wasser niederließ, wurde die Oberfläche schwarz, und ein Geräusch ging von ihm aus, wie von Menschen, die in der Entfernung sprechen."

Schließlich langten sie nach Wochen rauhen, stürmischen Wetters ohne jede Berührung mit der Zivilisation wieder bei der Insel Chiloë an und ankerten am 18. Januar 1835 zum zweiten Mal in der Bucht von San Carlos. In eben dieser Nacht sahen sie, hundert Meilen landeinwärts, den Vulkan Osorno ausbrechen. „Um Mitternacht beobachtete die Wache etwas wie einen großen Stern, der allmählich an Größe zunahm bis ungefähr um drei Uhr, wo er einen äußerst glänzenden Anblick darbot. Mit Hülfe eines Glases sah man, daß in beständiger Aufeinanderfolge mitten in einem großen blendenden roten Lichte dunkle Gegenstände in die Höhe geworfen wurden und niederfielen. Das Licht war hell genug, auf dem Wasser einen langen, glänzenden Reflex

Der Krater des Vulkans Antuco zu Beginn einer Eruption.

zu erzeugen ... Am Morgen wurde der Vulkan wieder ruhig." Sie waren sehr überrascht zu hören, daß die Vulkane Aconcagua in Chile, 480 Meilen nördlich, und der
noch einmal 2700 Meilen weiter nördlich gelegene Coseguina in derselben Nacht
ebenfalls ausgebrochen waren. Das alles war aber nur eine Ouvertüre zu dem, was
noch kommen sollte.

Ruinen in Concepcion nach dem Erdbeben. Ausschnitt aus einer Zeichnung von J. C. Wickham, dem Ersten Offizier der Beagle.

KAPITEL IX

Das Erdbeben

Fast auf den Tag genau vier Wochen später lag die *Beagle* vor der Stadt Valdivia an der chilenischen Südküste vor Anker, und am 20. Februar 1835 ging Darwin mit Covington zu einem seiner üblichen Beutezüge auf neue Proben an Land. Sie wanderten eine Zeitlang durch die Apfelplantagen und streckten sich dann auf dem Waldboden aus, um etwas auszuruhen. Plötzlich bewegte eine Brise die Bäume, und zugleich begann der Boden zu erzittern. Darwin und Covington sprangen auf die Füße, und obwohl es ihnen gelang aufzustehen, fühlten sie sich doch sehr schwankend und unsicher. „Ein schlimmes Erdbeben", schrieb Darwin später, „zerstört auf einmal unsere ältesten Assoziationen; die Erde, das wahre Sinnbild der Festigkeit, hat sich unter unseren Füßen wie eine dünne Kruste auf einer Flüssigkeit bewegt; — eine einzige Sekunde Zeit hat im Geiste ein fremdartiges Gefühl der Unsicherheit hervorgerufen, welches Stunden von Nachdenken nicht erzeugt haben würden." An Bord der *Beagle* war es, als hätte sich das Schiff einen Augenblick lang von seinen Ankern losgerissen und sei auf Grund gestoßen.

Das wirkliche Zentrum des Erdbebens lag jedoch weiter nördlich, und erst, als sie in den Hafen von Talcahuano einliefen, bemerkten sie das volle Ausmaß des Entsetzlichen, das sich ereignet hatte. Das gesamte Ufer war mit Trümmern übersät, so „als ob tausend Schiffe gestrandet wären". Zerborstene Säcke mit Baumwolle, tote Tiere, entwurzelte Bäume, Tische, Stühle, sogar die Dächer von Häusern lagen überall zerstreut, und große Felsbruchstücke waren auf die Uferböschungen gestürzt.

Die Menschen hatten nur wenige warnende Vorzeichen zu Gesicht bekommen; um zehn Uhr waren große Schwärme landeinwärts ziehender Seevögel gesichtet worden, und die Hunde im Hafen flüchteten sich auf die Hügel. Niemand hatte zu dieser Zeit aber viel auf diese Dinge geachtet, und um elf Uhr erhob sich jedenfalls die übliche Brise vom Meer her. Um elf Uhr vierzig begannen dann die Stöße, die sich innerhalb weniger Sekunden zu unglaublicher Heftigkeit steigerten. Es war eine merkwürdige Drehbewegung, die den Boden sich zu fußbreiten Spalten öffnen und wieder schließen ließ, und das Ganze wurde von einem krachenden Geräusch begleitet. Inzwischen zog sich das Meer aus der Bucht von Talcahuano zurück. Dort lagen eine Reihe von Segelschiffen vor Anker, drei große Walfänger, eine Bark, zwei Briggs und ein Schoner, die sämtlich kieloben in einem feuchten Grund aus Schlamm und fauligem Seetang zurückblieben. Die Menschen an Land hatten inzwischen höhergelegenes Gelände aufgesucht, in Erwartung einer großen Flutwelle, die denn auch dreißig Minuten nach dem ersten Erdstoß heranrollte. Unter schrecklichem Getöse erhob sich eine enorme Wasserwand — ein wandernder Berg — aus dem Meer und brandete in die Bucht. Auf den Schiffen kletterten die Matrosen in die Takelage und klammerten sich fest, um ihr nacktes Leben bangend, als die Woge vorbeizog und über die Stadt hereinbrach. Hier spülte sie alles Erdenkliche vor sich her, lose Spanten und ein Gewirr von allem möglichen Hab und Gut, ganze Häuser mit Möbeln darin, sogar die Pferde, Schafe und Rinder, die auf den Feldern gegrast hatten. Das alles wurde ins Meer hinausgetrieben, als die Woge zurückflutete, und die Schiffe in der Bucht wurden erneut auf Grund geworfen.

Und dann näherte sich eine zweite, noch größere Welle, die ebenfalls verebbte, aber nur, um einer dritten, wiederum größeren, Platz zu machen. Das Getöse der Wassermassen war entsetzlich. Verblüffend war die Art und Weise, wie die meisten Schiffe diesem Wirbelsturm standhielten. Sie kreiselten umeinander wie in einem Strudel, und obwohl einige kollidierten, brachen ihre Ankertaue nicht. Die *Colocolo*, ein chilenischer Schoner, fuhr zu der Zeit gerade in die Bucht ein und parierte die Wellen in tiefem Gewässer sicher aus. Ebenso eine Reihe kleinerer Boote, deren Eignern es gelungen war, rechtzeitig aufs Meer zu kommen, bevor die Wellen sich gebrochen hatten. Andere waren weniger glücklich. Ein 30-Fuß-Schoner, der nahezu fertiggestellt auf der Helling lag, wurde aufgehoben und inmitten der Ruinen der Stadt an Land geworfen. Ein Kindermädchen mit einem vier Jahre alten englischen Jungen, dem Sohn eines Seekapitäns, hoffte zu entkommen, indem sie sich in ein Ruderboot flüchtete, aber das Boot wurde gegen einen Anker geschmettert und entzweigeschnitten. Die Frau ertrank, und Stunden später wurde der Junge auf See treibend gefunden. Obwohl naß und in erbärmlichem Zustand, saß er doch aufrecht auf einem Wrackteil, an das er sich noch immer klammerte.

Draußen auf dem Ozean färbte sich das Wasser schwarz und schien zu kochen; an zwei Stellen schienen Rauchsäulen die Wasseroberfläche zu durchstoßen und verbreiteten einen äußerst unangenehmen schwefligen Geruch, der auf die Einwohner wirkte wie die Hölle selbst. Große Mengen von Fischen wurden vergiftet. Dann bildete sich ein Strudel, und es schien, als klaffte der Grund des Meeres auf und als strömte das Wasser in eine ungeheure Höhle darunter zusammen. Noch einige Tage später traten Ebbe und Flut mehrmals täglich auf.

Landeinwärts war die Stadt Concepcion in einem Zeitraum von sechs Sekunden zerstört worden. Auch hier hatte es nur wenige Vorzeichen gegeben; Frauen, die im Fluß Wäsche wuschen, sahen mit Erstaunen, daß das Wasser schlammig zu werden begann und ihnen mit großer Geschwindigkeit von den Knöcheln zu den Knien hinauf anschwoll. Die ersten Stöße waren nicht schwer, und die meisten Menschen hatten gerade noch Zeit, ihre Häuser zu verlassen, bevor die wirklichen Kataklysmen einsetzten — ein wahnsinniges Krachen und Bersten der Erde, das etwa zwei Minuten dauerte. Manche klammerten sich an Bäume, andere, die sich auf den Boden geworfen hatten, wurden wie Trapezakrobaten im Fangnetz hin und her geworfen. Geflügel flog kreischend umher, Pferde standen zitternd mit gesenkten Köpfen und steif ausgestreckten Beinen da und wurden mitsamt den Reitern im Sattel zu Boden geworfen. Wegen des Staubs und Rauchs, die die Luft erfüllten, war es unmöglich, deutlich zu sehen, was eigentlich vor sich ging, und was tatsächlich passierte, war unglaublich. Die zwei Meter dicken Mauern der Kathedrale barsten, und das Dach stürzte ein, ganze Straßenzeilen sanken um, und die Menschen, die wie wahnsinnig durch Staub und Feuer hasteten, riefen unaufhörlich nach Freunden und Verwandten, die unter den sich werfenden Schuttmassen begraben wurden. Die Hitze war erstickend, und jedem der aufeinanderfolgenden Erdstöße ging ein tiefes unterirdisches Grollen voraus. Diese Erdstöße setzten sich bei nachlassender Intensität in der nächsten Woche noch zwei- bis dreimal stündlich fort.

Als die *Beagle* in der Bucht von Talcahuano ankam, war alles bereits wieder ruhig; nur ein schrecklicher Gestank von verwesendem Fisch und Getier und verfaulendem Seetang erfüllte die Luft. FitzRoy und Darwin ritten nach Concepcion hinauf und sahen, daß kein einziges Haus stehengeblieben war; anstelle von Straßen gab es nur noch Ruinenfluchten. Viele Einwohner wohnten in Strohhütten, die den Stößen widerstanden hatten und die die Armen den Reichen jetzt zu exzessiven Preisen vermieteten. Wickham fertigte eine sehr gelungene Zeichnung der arg zerstörten Kathedrale an.

Es war nicht gerade der Zeitpunkt für kleine Triumphe, aber als sie so umherstreiften, war Darwin — fraglos mit einem gewissen Leuchten im Blick — in der Lage, FitzRoy zu zeigen, daß die Bodenhöhe über dem Meeresspiegel größer war als zuvor, nicht viel, lediglich einige Fuß, aber doch genug, um zu beweisen, daß das Land sich *tatsächlich* aus dem Meer erheben konnte; und wenn einige wenige Fuß, warum dann nicht 10 000? Warum nicht ganze Gebirge? Welche andere mögliche Erklärung gab es dafür, daß er hoch oben in den Kordilleren ganze Schichten mit Seemuscheln gefunden hatte?

Es war ein schlimmes Erdbeben gewesen, das schlimmste, an das die Menschen sich erinnern konnten; es hatte sich 400 Meilen längs der Küste fortgepflanzt und war vom gleichzeitigen Ausbruch einer Kette von Vulkanen begleitet gewesen. Konnte es nicht sein, überlegte Darwin, daß das Zentrum des Bebens ein brodelnder Kessel geschmolzenen Gesteins war und daß dieser Schmelztiegel sich von Zeit zu Zeit durch die erkaltete Erdoberfläche fraß und ausbrach? Mit Überzeugung konnte er jetzt endlich sagen: „Wir vermögen uns schwerlich dem Schluß zu verschließen, wie schrecklich er auch sein mag, daß (hier in Chile) ein großer See mit flüssiger Materie vom nahezu doppelten Ausmaß des Schwarzen Meeres unter einer dünnen Kruste festen Landes ausgebreitet liegt ... Nichts, nicht einmal der Wind, der weht, ist so unbeständig wie der Höhenpegel der Erdkruste." Es war ernüchternd, sich den Ausbruch dieses Erdbebens in England vorzustellen. Was lag dann an allen Begriffen von Königreich und Ruhm? Alle diese großen Städte, die ganze englische Kultur selbst, wären in einem Augenblick zunichte gewesen.

Aber weder Darwin noch FitzRoy waren derzeit dazu aufgelegt, miteinander zu streiten. Beide waren sie von dem, was sie gesehen hatten, erschüttert, und als sie die Ruinen durchstreiften und mit den Überlebenden sprachen, erfuhren sie viele faszinierende Dinge nicht nur über das Erdbeben selbst, sondern auch über die menschliche Natur. Die meisten Menschen glaubten, wie FitzRoy auch, daß das Unheil auf göttlichen Ratschluß zurückzuführen sei, wahrscheinlich als Strafe für die menschliche Verworfenheit. Andere redeten von einer alten Indianerin, die eine Hexe war; sie war beleidigt worden, als sie letzthin durch Concepcion kam, und hatte dafür Rache genommen, indem sie die Krateröffnungen der Vulkane durchstach und öffnete, und so war

165

es zu dem Erdbeben gekommen. Die Zahl der Toten, weniger als hundert, wäre, wie Darwin erfuhr, unermeßlich viel größer gewesen, wären die Leute nicht daran gewöhnt gewesen, auch beim geringsten Stoß sofort aus ihren Häusern zu stürzen, und sie hielten die Türen immer offen, für den Fall, daß sie bei einem Erdbeben blockierten. Aber selbst diese unsichere Lebensweise hatte sie nicht dazu bewegen können, sich einen anderen Wohnort zu wünschen; sie hatten jetzt vor, ihre Häuser genau so wiederaufzubauen, wie sie vorher gewesen waren.

In Talcahuano waren die Diebe sehr aktiv gewesen. Während das Erdbeben noch wütete und die Menschen ringsum starben, strichen diese Ungeheuer in den Ruinen herum und hielten nur inne, um sich zu bekreuzigen und ‚Misericordia' zu rufen, wenn ein neuer Stoß sich ereignete. In Concepcion andererseits hatte sich das Unheil im Sinne einer mächtigen Nivellierung der sozialen Unterschiede ausgewirkt; da Arme und Reiche gleichermaßen alles verloren hatten, was sie besaßen, waren sie eher geneigt, freundlicher miteinander umzugehen. Da jetzt aber alles vorbei war, waren sie der Meinung, das einzige, ohne das sie durchaus nicht auskommen könnten, sei Geld. Ein Großteil der Valuta der beiden Städte war vernichtet worden. Wenn Kapitän Fitz-Roy nach Valparaiso hinaufsegelte und Hilfe und Unterstützung herbeiholte — würde er ihnen freundlicherweise soviel Geld mitbringen, wie er nur konnte?

Auch an Bord der *Beagle* hatte das Erdbeben seine Auswirkungen gehabt. Es reinigte die Luft. Wo zuvor düstere Mißstimmung und die Rede von Abmusterung und Desertion gewesen war, begann jetzt jedermann vom Kapitän abwärts sich sein Glück vor Augen zu führen und zuversichtlicher dreinzublicken. Darwin beschäftigte sich intensiv mit seiner Geologie. Eine Weile blieb er bei dem gastfreundlichen Corfield, als er nach Valparaiso zurückkehrte, und im März 1835 machte er sich wieder in die Berge auf. Diese Reise erwies sich in der Tat als sehr hart. Er beabsichtigte, die Kordilleren auf der höchsten und gefährlichsten Route über den Portillo-Paß bis nach Mendoza zu überqueren. Er nahm zwei Führer, zehn Maultiere und eine *madrina* mit — eine Stute mit einer Glocke um den Hals —, „eine Art Stiefmutter der ganzen Herde". Stunde um Stunde ritten sie im eiskalten Wind und hielten nur inne, wenn Darwin mit seinem Geologenhammer in der Hand auf Felsen kletterte, in diesen großen Höhen mühsam nach Atem ringend. Auf den Bergkämmen war die Luft so dünn, daß sogar die Maultiere alle fünfzig Meter stehenbleiben mußten; die Chilenen empfahlen Zwiebeln als Gegenmittel gegen die Atemnot, Darwin aber meinte, ein guter Fundort von fossilen Muscheln sei seine beste Medizin. Nachts schliefen sie auf dem nackten Erdboden. Aber die Belohnung war doch groß: „Die Gipfel, bereits im hellen Sonnenlicht liegend, tauchten durch Lücken in den Nebelwolken in gewaltiger Höhe auf ... weitschweifender Rundblick ohne jede Wolkenbeeinträchtigung." Das Jahr war bereits weit vorgeschritten; sie trafen auf Gruppen von Männern, die Viehherden von den höhergelegenen Kordillerentälern herabtrieben, und dieses Anzeichen des herannahenden Winters spornte sie „mehr an, als für die geologische Arbeit zuträglich war". Es ist ein Beweis für Darwins derzeitige außerordentlich gute körperliche Verfassung, daß er nach der Rückkehr von der vierundzwanzigtägigen Exkursion sagte: „Nie habe ich größeres Vergnügen an einer solchen Reisezeit gehabt."

Die Kathedrale von Concepcion nach dem Erdbeben. Ausschnitt aus einer Zeichnung von J. C. Wickham. „Die Seite, welche nach Nord-Osten zu stand, bot einen großen Haufen von Ruinen dar, aus deren Mitte Türgewände und Balkenwerk emporragten, als ob es auf einem Strome schwämme."

Abb. der Seiten 168 und 196: Die Uspallata-Kette, nördlich von Mendoza, „wird von der Haupt-Cordillera durch eine lange schmale Ebene oder durch ein Becken getrennt, wie die in Chile so häufig erwähnten, aber höher gelegen ... sie ist aber von einem vollständig verschiedenen Ursprung: sie besteht aus verschiedenen Arten submariner Lava mit vulkanischen Sandsteinen und anderen merkwürdigen, sedimentären Ablagerungen abwechselnd ..."

Guanta im Tal von Coquimbo am Fuße der Kordilleren.

Einige Wochen später brach er erneut auf, diesmal auf der Küstenstraße, nach Coquimbo und Copiapo in einer Entfernung von 500 Meilen, wo ihn FitzRoy verabredungsgemäß mit der *Beagle* aufnehmen sollte. Einmal mehr war er besorgt wegen des Geldes, das er ausgab. Es hatte sechzig Pfund gekostet, die Anden zu überqueren, und jetzt mußte er erneut Wechsel über hundert Pfund ausstellen. Schuldbewußt schrieb er seiner Schwester Susan: „Ich glaube fest, daß ich sogar mitten auf dem Mond Geld ausgeben könnte." Wieder mietete er sich Führer und kaufte Pferde und Maultiere, aber diesmal gelang es ihm, sie nach Beendigung der Reise für nur zwei Pfund weniger zu verkaufen, als er selbst dafür bezahlt hatte. Mit seinen Führern — den chilenischen *guasos* — kam er ziemlich gut aus, mochte sie jedoch nicht so wie die Gauchos der Pampas: „Der *gaucho* mag ein Halsabschneider sein, aber er ist ein Ehrenmann; der *guaso* ist ein ganz gewöhnlicher Bauernbursche."

Nach einer Reisewoche längs der Küste begann ihn das dürre Ödland zu langweilen, und er wandte sich landeinwärts in Richtung der Bergwerksgebiete, wo unter primitivsten und unwirtschaftlichsten Bedingungen gelbe Pyritschichten abgebaut wurden. Darwin mit seinen liberalen Prinzipien war entsetzt angesichts der Lage in diesen Minen; die Arbeiter, *apires* oder Lasttiere genannt, waren denn auch tatsächlich nichts anderes. Sie trugen Lasten bis zu 200 Pfund, wobei sie einen Großteil des Weges an

Maultiertreiber am Lagerfeuer.

stark eingekerbten Holzpfählen hochkletterten, die in einer Zickzacklinie den Schacht hinaufführten. In der Regel durften diese Lastträger nur dann zum Atemholen innehalten, wenn die Mine über 200 Meter tief war. Diese Leute trugen durchschnittlich zwölf Lasten am Tag, d. h. etwa 2400 Pfund, aus Tiefen von 80 Metern und mehr empor, und überdies wurde von ihnen verlangt, das Erz auszubrechen, wenn sie an die Oberfläche kamen. Und doch war Darwin erstaunt, sie trotzdem offensichtlich gesund und zuversichtlich zu finden. Ihre Kleidung war bizarr: lange Hemdblusen aus dunkelgefärbtem Wollflausch mit einem Lederschurz, der um die Hüften mit einer hellfarbigen Schärpe befestigt war, weite Hosen und eine enganliegende scharlachrote Kappe. Eines Tages stieß er auf einen Trupp von Leichenträgern; vier Männer trugen den Körper in schnellem Trab, und nach zweihundert Metern wurden sie von vier anderen abgelöst, die inzwischen auf Pferden vorausgeeilt waren. „So rückten sie vor, indem sie sich gegenseitig mit lauten Schreien ermutigten; insgesamt bildete die Szene ein höchst merkwürdiges Begräbnis."

Anfang Juni war er auf dem Weg hinunter nach Copiapo und durchquerte dabei so unfruchtbares und ödes Land, daß es für die Pferde nicht das geringste Futter gab. Eines Tages ritten sie zwölf Stunden ohne Pause, fanden aber noch immer kein geeignetes Futter; die Pferde waren seit fünfundfünfzig Stunden unversorgt, und es war schmerzlich, ihnen zusehen zu müssen, wie sie die Pflöcke annagten, an denen sie angebunden waren. In diesem Teil des Landes fiel nur einmal in zwei oder drei Jahren Regen, und die Menschen waren gänzlich von den Schneestürmen in den Hochanden über ihnen abhängig; ein guter Schneefall versorgte sie mit Wasser für ein Jahr. Am 22. Juni erreichte Darwin schließlich Copiapo, und nach einer weiteren kurzen Reise in die Berge traf er wieder mit der *Beagle* zusammen, die daraufhin nach Peru in See stach.

Diesmal war FitzRoy nicht an Bord; er war seinerseits auf Abenteuer ausgezogen. Während Darwin in den Kordilleren unterwegs war, hatte die *Beagle* ihre Vermessung der chilenischen Küste vorangetrieben. Mehrere Ereignisse hatten dazu beigetragen, FitzRoy wieder zu verjüngen. Er war geschäftig und fühlte sich ohnehin immer wohler, wenn er auf See war. Dann hatte die Admiralität in London, die sich zweifellos bewußt wurde, daß sie ihm etwas zu hart begegnet war, sich entschlossen, ihm mit einer Geste entgegenzukommen. Als die *Beagle* von ihrer zweiten Reise nach Concepcion zurückkehrte und in Valparaiso einlief, erhielt FitzRoy die Nachricht, daß er befördert worden war; aus London war eine Botschaft des Inhalts eingetroffen, daß er dem Range nach vom Kapitänleutnant zum Kapitän zur See aufgestiegen sei. Natürlich zeigte er keine große Bewegung; er beklagte lediglich, daß Wickham und Stokes nicht auch befördert worden waren, aber es war deutlich, daß nichts auf Erden ihm hätte mehr gefallen können.

Und daran schloß sich der ihn neu belebende Zwischenfall mit der *Challenger*. Das war ein englisches Kriegsschiff, das in einem Sturm vor Arauco, südlich von Concepcion, Schiffbruch erlitten hatte; und nach Valparaiso war die Nachricht gekommen, daß ihr Kapitän Seymour und die Mannschaft in einer sehr wilden Gegend gestrandet seien und viel Unbill von den dortigen Eingeborenen zu ertragen hätten. Es war die Aufgabe von HMS *Blonde*, des übergeordneten Kriegsschiffes am Standort, zur Rettung auszulaufen, aber sein Kommandant, ein älterer Admiral, legte großes Widerstreben an den Tag; er sagte, es gefiele ihm überhaupt nicht, im Winter eine Leeküste anzulaufen.

Nun wollte es der Zufall, daß der gestrandete Kapitän Seymour ein alter Freund der FitzRoys war, und FitzRoy mochte ihn nicht so im Stich gelassen sehen. Er ging an Bord der *Blonde*, führte eine heftige Auseinandersetzung mit dem Admiral und sagte, daß das Gerede über die Gefährlichkeit der Küste samt und sonders Unsinn sei und man sofort lossegeln müsse. Und er behielt die Oberhand; Leutnant Wickham das Kommando der *Beagle* auf dem Wege nach Copiapo überlassend, brach er mit der *Blonde* südwärts auf, wobei er selbst als Lotse diente. Sie gingen in der Bucht von Concepcion vor Anker, und er machte sich landeinwärts auf den Weg, um die hundert Meilen entfernt gestrandete Mannschaft der *Challenger* zu finden.

Es war eine gefährliche Reise, die einige Tage dauerte; da war das Problem, die richtigen Spuren zu finden; da gab es irreführende Flußläufe, wenig Verpflegung und die ständige Gefahr eines Indianerangriffs. Die Pferde ermüdeten, und FitzRoy war fortgesetzt verpflichtet, seine eigenen zu verkaufen und sich zu exorbitanten Preisen neue einzuhandeln; manchmal weigerten sich die Eigner sogar, sich von ihnen zu trennen,

Chilenische Bergleute mit ihren breiten Schärpen und Scharlachkappen. „Da sie Wochen lang in den wüstesten Orten zusammenleben, von wo sie nur an Festtagen nach den Dörfern herabsteigen, gibt es keine Art von Exzessen oder Ausschweifungen, welche sie nicht darböten."

173

Blick auf Lima von See aus Richtung Callao.

weil ein schnelles Pferd das einzige Mittel war, einem Angriff der Indianer zu entgehen. Eines Tages trafen sie auf eine Gruppe von Chilenen, die die alarmierende Nachricht verbreiteten, daß sich dreitausend Indianer zusammengefunden hätten, von denen man einen Angriff auf die chilenische Grenze erwartete; sie hatten von dem Schiffswrack gehört und waren jetzt auf dem Wege gewesen, die Mannschaft auszuplündern, als sie zufällig auf einen hilfsbereiten Indianerstamm stießen, der sie zurücktrieb. FitzRoy hastete weiter. Als er die schiffbrüchige Mannschaft schließlich erreichte, fand er, daß alle bis auf zwei noch am Leben, aber viele erkrankt waren und die Vorräte dahinschwanden. Sie hatten sich einige Meilen vom Wrack entfernt ein befestigtes Lager gebaut, die Zelte waren jedoch von einer Mäuseplage heimgesucht worden, und jede Stunde mußten Hunderte davon getötet werden. Die Männer wurden aufrührerisch und meuterten. FitzRoy und Kapitän Seymour berieten bis tief in die Nacht, und im Morgengrauen des folgenden Tages hastete FitzRoy zur *Blonde* zurück, um Hilfe zu holen. Schließlich wurden die Männer nach Coquimbo transportiert, wo ein Schiff auf sie wartete, das sie nach England zurückbrachte.

Das alles wirkte auf FitzRoy sehr belebend. Vielleicht war es etwas bedauerlich, daß er es für notwendig hielt, dem zögernden Admiral zu sagen, er gehöre vor ein Kriegsgericht, woraufhin der Admiral einen großen Wutanfall bekommen hatte; aber FitzRoy, scheint es, zuckte nicht mit der Wimper. Nachdem er seine Pflicht getan und seine Auffassungen in aller Deutlichkeit dargelegt hatte, kehrte er in ausgezeichneter Verfassung zur *Beagle* zurück, die inzwischen (August 1835) in Callao in Peru angekommen war. „Der Kapitän", schrieb Darwin nach Hause, „ist wieder ganz er selbst."

Beinahe vier Jahre war es jetzt her, seitdem sie England verlassen hatten, und alle sehnten sich nach Hause. Bereits vor drei Monaten — anderthalb Jahre bevor er tatsächlich heimkehren sollte — hatte Darwin an Susan geschrieben: „Ich habe mich noch nicht fest entschlossen, ob ich die erste Nacht, wenn ich mit dem *Wonder* (der Schnellpost) ankomme, im *Löwen* verbringen werde oder Dich zu nachtschlafender Zeit stören soll; alles andere aber ist absolut genau geplant. Alles, was mit Shrewsbury zusammenhängt, wird vor meinem geistigen Auge immer größer und schöner." Er ärgerte sich ein wenig, als FitzRoy nach Lima hinaufsegelte, um einige alte Seekarten und nautische Papiere zu überprüfen, die seiner Meinung nach für die Vermessung Südamerikas von Wichtigkeit sein konnten. Um ihn jedoch zu beruhigen, schrieb FitzRoy ihm eine positiv aufmunternde Notiz: „Murren Sie bitte nicht. Die Verspätung wird eingeholt werden. Diesmal ist Gutes ohne jede Beimischung von Bösem geschehen, ergo, ich bin glücklicher als gewöhnlich." Auch Darwin reiste nach Lima, fand das Land jedoch uninteressant, mit Ausnahme des zuvor bereits erwähnten Aspekts — „alles wird durch Damen, schön wie Nixen, in den Schatten gestellt."

Inzwischen hatte er aber wirklich eine kurze Ruhepause nötig. Er hatte sich auf seinen verschiedenen Inlandreisen nach dem Erdbeben hart ins Zeug gelegt, von morgens bis abends sein Maultier geritten, seine Mahlzeiten am Lagerfeuer zubereitet und im Freien auf dem nackten Boden geschlafen. Sein Fünfhundertmeilenritt von Valparaiso nach Copiapo hinauf war durchaus kein Spaziergang, den irgendein anderer auf der *Beagle* ihm leichthin nachgemacht hätte, und er selbst räumte ein, daß es, sah man von seinem Interesse für die Geologie des Landes ab, „glattes Märtyrertum" gewesen sei. Er war so oft morgens mit Flohbissen aufgewacht, daß er sie inzwischen für eine Naturgegebenheit hielt. Ebenso war er von einem durchaus schädlicheren Insekt als dem Floh gebissen worden: beim Ritt durch die Kordilleren erwähnt er, daß er eines Nachts einen „Anfall der Benchuca" zu erdulden hatte. Man hält die Benchuca-Wanze heute für den Überträger der Chagas-(Schlaf-)Krankheit, und diese unheilvollen Bisse können durchaus einer der Gründe für den schlechten Gesundheitszustand gewesen sein, mit dem Darwin für den Rest seines Lebens geschlagen war. Er fing und hielt sich eine dieser Wanzen, ein großes, schwarzes, flügelloses Insekt von etwa drei Zentimetern Länge, und studierte sie monatelang. Auf den Tisch gelegt, „streckte, trotzdem Leute rings herum waren, wenn ihm ein Finger dargeboten wurde, das kühne Insekt sofort seinen Rüssel hervor, machte einen Angriff und sog, wenn es gestattet wurde, Blut." Die Wunde verursachte keinen Schmerz, aber innerhalb von zehn Minuten verwandelte sich das Insekt von einer flachen Form wie eine

Oblate in eine runde, aufgeblähte Kugel. Ein Biß hielt es vier Monate lang am Leben, „aber nach den ersten vierzehn Tagen war es völlig bereit, noch ein Mal zu saugen". Darwin war jetzt befriedigt, daß er alles getan hatte, was hinsichtlich der Erforschung der Geologie der Berge möglich war. Er wandte seine Aufmerksamkeit einmal mehr jener anderen und umfassenderen Frage zu, die er fortgesetzt im Hinterkopf mit sich herumtrug: den Pflanzen und den Lebewesen der Erde. Woher waren sie gekommen? Wie waren die verschiedenen Spezies hervorgebracht worden? Auf dem Wege die chilenische Küste herauf war er in der Lage gewesen, einiges neue und wertvolle Material dazu zusammenzutragen. Da war beispielsweise der Fuchs, den er auf der Insel Chiloë gesehen hatte. Das kleine Tier hatte sich so intensiv in die Beobachtung der Manöver der *Beagle* in der Bucht versenkt, daß es ihm gelungen war, ihm in den Rükken zu gelangen und es mit seinem Geologenhammer auf den Kopf zu treffen. Es erwies sich als eine ganz unterschiedliche und unbekannte Art. Dann waren da die Mäuse auf den der Küste vorgelagerten Inseln. Wie waren sie dorthin gekommen? War es denkbar, daß Eulen oder Habichte lebende Mäuse auf dem Festland gefangen und sie dann zu ihren Jungen in den Nestern auf den Inseln gebracht hatten und einige dieser Mäuse entkommen waren, die dort Kolonien gegründet hatten? Weiter gab es das Problem des primitiven Urmenschen: er grübelte auch darüber nach.

In Callao („ein schmutziger, schlecht gebauter, kleiner Hafenort", nach Darwins Meinung bewohnt von einer „verderbten, trunkenen Sorte Leute") blieb er an Bord, während er auf die Rückkehr FitzRoys aus Lima wartete. Er arbeitete seine Notizen auf, packte seine Proben ein (der Fuchs war für das *British Museum* bestimmt) und las Bücher über den Pazifischen Ozean. „Das ruhige Leben an Bord des Schiffes", schrieb er seiner Schwester Susan, „und die guten Mahlzeiten haben mich doppelt so dick und glücklich gemacht wie vor einigen Monaten."

Endlich setzten sie am 7. September 1835 wieder Segel und stießen direkt in den offenen Pazifik vor, wo ihre erste Landung auf jener kleinen Inselgruppe vor sich ging, die als die Galapagos oder Encantadas, die verzauberten Inseln, bekannt ist.

Der Fuchs von Chiloë (Canis fulvipes), *den Darwin durch einen Schlag mit seinem Geologenhammer tötete.*

KAPITEL X

Die Galapagos-Inseln

Nach Tahiti waren die Galapagos-Inseln die berühmteste aller Inselgruppen im Pazifischen Ozean. Sie waren im Jahre 1535 von Fray Tomas de Berlanga, Bischof von Panama, entdeckt worden und jetzt im Besitz von Ecuador, das immerhin einige 500 Meilen entfernt liegt. Bereits in den dreißiger Jahren des 19. Jahrhunderts versorgten sich dort etwa sechzig bis siebzig Walfänger, in der Mehrzahl amerikanische, jedes Jahr mit „Erfrischungen". Sie füllten ihre Wassertanks aus den Quellen, fingen Schildkröten als Fleischvorräte (galapagos ist das spanische Wort für Schildkröten) und fragten in der Post Office Bay (Post-Bucht) nach Briefschaften, wo am Strand eine Art Briefkasten eingerichtet war. Jeder Kapitän eines Walfängers entnahm ihm diejenigen Briefe, von denen er glaubte, er könne für ihre Beförderung und Zustellung sorgen. Herman Melville stattete den Galapagos-Inseln an Bord der Acushnet einen Besuch ab, und zwar nicht lange nach der Ankunft der Beagle, und die „verhexten Encantadas" sind bei ihm Bestandteil der Saga vom weißen Wal. „Kaum mehr als Reptilienleben findest du", schrieb Melville, „der vordringlichste Lebenslaut hier ist das Zischen."

Abgesehen von ihrer praktischen Brauchbarkeit gab es wenig, was die Galapagos-Inseln empfahl; sie waren keine üppigen und schönen Eilande wie die der Tahiti-Gruppe, sie lagen (und liegen noch heute) weitab der üblichen Wasserstraßen im Bereich wechselhafter Strömungen und waren lediglich von einer Handvoll politischer Gefangener bewohnt, die von der ecuadorianischen Regierung dort ausgesetzt worden waren. Der Ruf dieser Inseln gründete sich auf einen einzigen Aspekt: sie waren unendlich fremdartig, anders als jede andere Insel der Welt. Niemand, der sie je besuchte, konnte sie wieder vergessen. Für die Beagle waren sie lediglich eine Zwischenstation wie jede andere auf einer langen Reise, für Darwin aber weitaus mehr, denn hier geschah es, und auf die unerwartetste Weise — ganz wie jemand einen plötzlichen inspirierten Einfall haben kann, während er mit dem Zug oder Auto fährt —, daß er eine zusammenhängende Auffassung von der Evolution des Lebens auf unserem Planeten zu entwickeln begann. Um es mit seinen eigenen Worten auszudrücken: „Wir scheinen daher in beiden Beziehungen, sowohl im Raume als in der Zeit, jener großen Tatsache — jenem Geheimnis aller Geheimnisse —, dem ersten Erscheinen neuer lebender Wesen auf der Erde, nähergebracht zu werden."

Für die Mannschaft der Beagle hatten die Inseln dagegen anfangs durchaus nichts Irdisches an sich; sie sahen eher aus wie die Hölle. Das Schiff langte bei der Insel Chatham (San Cristobal), der am weitesten östlichen der ganzen Gruppe, in einer frischen Brise an, und sie sahen eine Küste aus entsetzlichen schwarzen Lava-Felsen, die durcheinandergewürfelt, aufgetürmt und zerklüftet herumlagen, als seien sie selbst ein versteinertes stürmisches See-Stück. Kaum wuchs irgendwo etwas Grünes; das

Riesenschildkröten auf den Galapagos-Inseln (Testudo nigra). „Diese ungeheuren Reptilien in dieser Umgebung von schwarzer Lava, blattlosen Sträuchern und großen Kaktus erschienen meiner Phantasie wie irgendwelche vorsündflutlichen Tiere. Die wenigen trübe gefärbten Vögel kümmerten sich um mich nicht mehr als die großen Schildkröten."

dünne, skelettartige Buschholz sah aus, als sei es vom Blitz zerspalten worden, und auf den zerschrundenen Felsen krochen abstoßende Eidechsen umher. Sogar die Kokospalme, jenes Emblem der Südsee, fehlte hier. Darüber ein niedriger, schwüler Wolkenhimmel und ein Wald von kleinen Vulkankegeln, die wie Schornsteinzylinder aufragten und Darwin an die Eisengießereien seines heimischen Staffordshire erinnerten. Es lag sogar ein schwacher Rauchgeruch in der Luft. „Ein Küstenstrich für ein Pandämonium", lautete FitzRoys Kommentar. „Die höllischen Gestade..."

Und doch machten sie gute Beute, als die *Beagle* am 15. September in St. Stephen's Harbour vor Anker ging. Haie, Schildkröten und tropische Fische tauchten überall im Wasser auf, und die Matrosen verloren wenig Zeit, ihre Angeln über die Reling auszuwerfen. „Dieser Sport machte alle Besatzungsmitglieder sehr fröhlich", schrieb Darwin. „Lautes Gelächter und das schwere Klatschen von Fischen (an Deck) sind auf beiden Seiten zu vernehmen." Mehrere amerikanische Walfänger operierten in der Nähe, und besonders einer davon, die *Science,* ein großes Schiff mit nicht weniger als neun Beibooten, lenkte den Expertenblick FitzRoys auf sich. Er bezeichnete sie als „bemerkenswert schön", als sie majestätisch vorbeisegelte.

Eine Abteilung landete auf dem schwarzen Sand, der so heiß war, daß er ihnen trotz ihrer schweren Stiefel die Füße versengte. Sie fanden den Strand mit kleinen karrenähnlichen Geräten übersät, die die Männer der Walfänger benutzten, um die gewaltigen Schildkröten zu den Booten hinunterzubefördern, und die große Menge von herumliegenden Schildkrötenpanzern war ein deutlicher Beweis für die Massaker, die da angerichtet wurden. FitzRoy sah große Rückenschilde, die dazu benutzt worden waren, junge Pflanzen in einer Art plumpem Garten zu schützen — anstelle von Blumentöpfen. Mr. Stokes beobachtete einige Schildkröten, die sich offensichtlich damit vergnügten, „in dem lehmigen Erdreich in der Nähe einer Quelle herumzuprusten und sich zu suhlen". Einige davon waren so groß, daß sie, wenn sie auf ihren vier elefantenartigen Beinen standen, mit ihren Köpfen die Brust eines Mannes erreichen konnten. Diese Schildkröten wogen bis zu 500 Pfund und mehr, und eine, die Darwin ausmaß, war etwa 2,70 Meter dem Gesamtumfang nach und 1,40 Meter der Rückenlänge nach groß. Die eigentümlichen Eidechsen der Inseln (in Wirklichkeit waren es Leguane) gingen dem Menschen schwerfällig aus dem Wege und verkrochen sich in ihren Erdlöchern.

Die *Beagle* kreuzte mehr als einen Monat lang in den Gewässern der Galapagos-Inseln, und immer, wenn sie eine interessante Stelle erreichten, schickte FitzRoy eine Bootsbesatzung zur Erkundung an Land. Auf die Narborough-Insel (Fernandina) kamen die Schildkröten nachts, um ihre Eier im Sand abzulegen, und zwar zu Tausenden; sie legten sechs Eier in jedes Loch. Auf der Charles-Insel (Santa Maria) gab es eine kleine Siedlung von zweihundert Strafgefangenen, die Zuckerrohr, Bananen und Getreide auf dem Hochplateau anbauten. Die Gruppe aber, der unser Interesse gilt, war die, die auf der James-Insel (San Salvador) abgesetzt wurde. Hier landeten Darwin, Covington, Bynoe und zwei weitere Matrosen mit einem Zelt und Lebensmittelvorräten, und FitzRoy versprach, Ende der Woche wieder vorbeizukommen und sie abzuholen. Darwin besuchte auch andere Inseln, sie unterschieden sich jedoch nicht

sehr von der James-Insel, und so lassen sich seine sämtlichen Erfahrungen wohl zu
Recht auf diese eine außerordentliche Woche verkürzen. Sie schlugen ihr Zelt am
Strand auf, breiteten ihre Schlafdecken und ihre Vorräte aus und begannen sich dann
umzusehen.

Die im Wasser lebende Eidechse erwies sich bei näherer Betrachtung als mehrere Fuß
langer Miniaturdrache, hatte ein großes klaffendes Maul und Beutel darunter und einen langen abgeplatteten Schwanz — „schwarze Kobolde", wie Darwin sie nannte.
Sie schwärmten zu Tausenden herum; wo immer er auf sie traf, brachten sie sich ei-
lends in Sicherheit, und sie waren von sogar noch tieferem Schwarz als der abstoßende schwarze Fels, auf dem sie lagen. Alles an diesen Leguanen war seltsam. Sie bewegten sich nie mehr als zehn Meter landeinwärts; entweder lagen sie am Strand in der
Sonne oder schlängelten sich ins Wasser, wo sie sofort zu hervorragenden Schwim-
mern wurden, die sich mit vollkommener Leichtigkeit und Schnelligkeit durch eine
schlangenartige Bewegung des Körpers und des seitlich abgeplatteten Schwanzes vor-
wärtsbewegten, die Beine bewegungslos und dicht zusammengefaltet an den Seiten.
Im klaren Wasser konnte man sie dicht am Boden dahinkriechen sehen, und sie vermochten sehr lange unter Wasser zu bleiben; ein Matrose warf eine dieser Echsen mit
einem schweren Stein beschwert ins Wasser, und als er sie eine Stunde später heraus-
zog, war sie noch immer völlig lebendig und zappelte. Sie nährten sich von Seegras,
ein Umstand, den Darwin und Bynoe bekräftigten, als sie mit Hilfe von Bynoes
chirurgischen Instrumenten ein Exemplar sezierten und den Mageninhalt prüften.
Und doch entwickelten diese Meertiere, wie manche Seeleute, wenn man sie plötzlich
erschreckte, ein Widerstreben vor dem Wasser. Darwin ergriff eine Echse beim
Schwanz und warf sie in einen tiefen Tümpel, den die Flut in den Felsen zurückgelassen hatte. Sofort kehrte sie wieder an Land zurück. Wieder und wieder warf er sie ins
Wasser, und wieder und wieder suchte sie festen Boden zurückzugewinnen. Ganz
gleich, was er tat, das Tier wollte einfach nicht im Wasser bleiben, und Darwin war
gezwungen, daraus zu schließen, daß es offenbar die Haie fürchtete und, wenn von
irgend etwas bedroht, instinktiv an Land flüchtete, wo es keine Feinde hatte. Ihre
Brutzeit war im November, wo sie ihre Paarungsfarben anlegten und sich mit ihren
Harems umgaben.

Die anderen Lebewesen an der Küste waren auf wenn auch unterschiedliche Weise
ebenso seltsam: flugunfähige Kormorane, Pinguine und Robben — beides Kaltwas-
ser-Lebewesen, die ganz „unplanmäßig" hier in diesen tropischen Gewässern lebten
— und eine Scharlachkrabbe, die den Echsen auf der Jagd nach Zecken über den Rükken kroch.

Mit Covington landeinwärts gehend, stieß Darwin auf einige verstreute Kakteen, und
daran fraßen gerade einige ungeheuer große Schildkröten. Sie waren nahezu taub
und bemerkten die beiden Männer erst, als sie Augenkontakt mit ihnen aufgenommen
hatten. Dann zischten sie laut und zogen die Köpfe ein. Diese Tiere waren so groß
und schwer, daß es unmöglich war, sie anzuheben oder sie auch nur auf die Seite zu
legen — Darwin und Covington versuchten es —, und sie konnten mühelos einen
Menschen tragen. Darwin setzte sich auf eine und fand, das sei ein sehr wackeliger

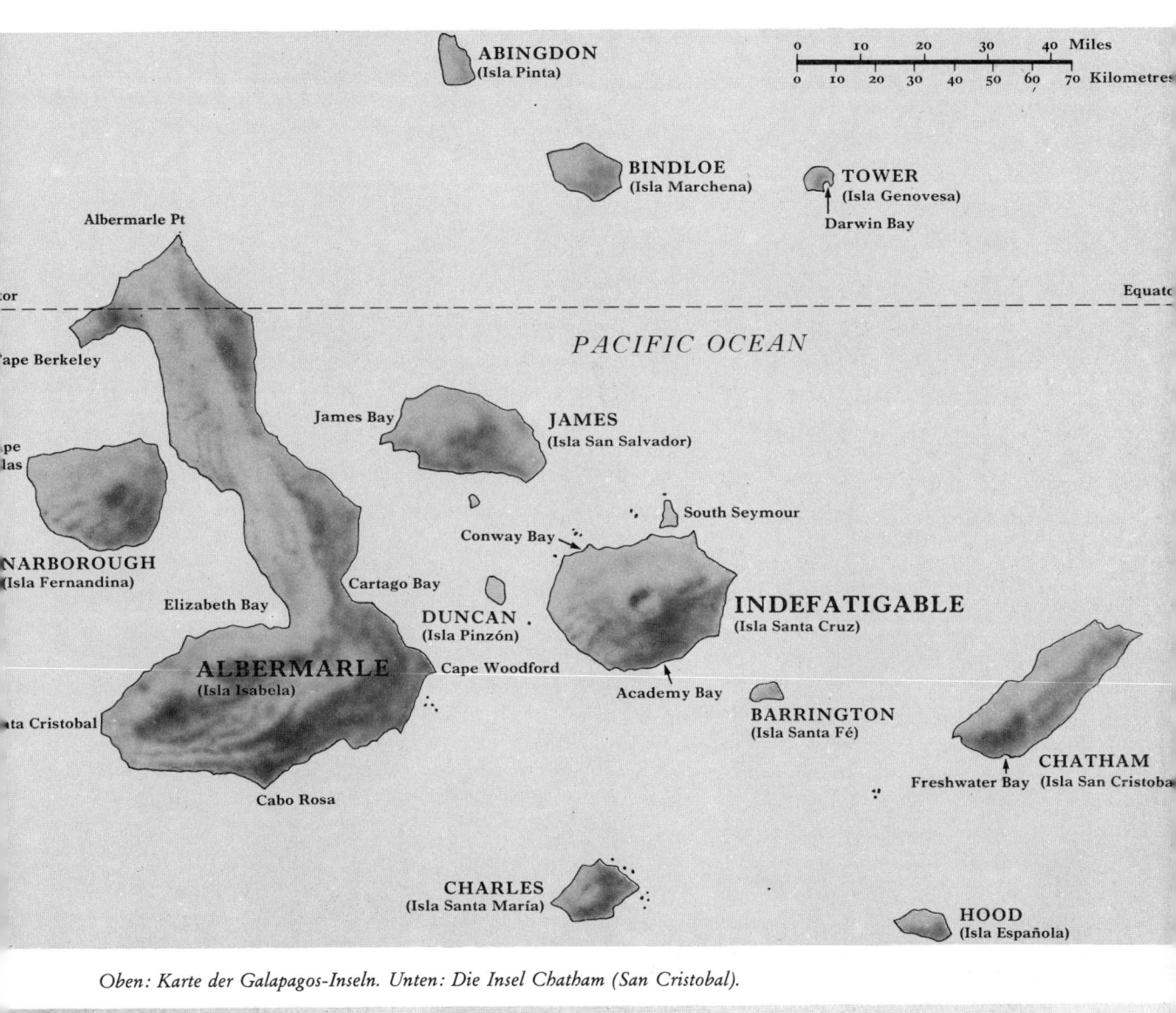

ABINGDON
(Isla Pinta)

0   10   20   30   40 Miles
0 10 20 30 40 50 60 70 Kilometres

BINDLOE
(Isla Marchena)

TOWER
(Isla Genovesa)

Darwin Bay

Albermarle Pt

Equato~~r~~

Cape Berkeley

PACIFIC OCEAN

James Bay

JAMES
(Isla San Salvador)

Cape
~~las~~

South Seymour

Conway Bay

NARBOROUGH
(Isla Fernandina)

Cartago Bay

Elizabeth Bay

DUNCAN
(Isla Pinzón)

INDEFATIGABLE
(Isla Santa Cruz)

ALBERMARLE
(Isla Isabela)

Cape Woodford

Academy Bay

~~a~~ta Cristobal

BARRINGTON
(Isla Santa Fé)

CHATHAM
(Isla San Cristoba~~l~~)

Cabo Rosa

Freshwater Bay

CHARLES
(Isla Santa María)

HOOD
(Isla Española)

Oben: Karte der Galapagos-Inseln. Unten: Die Insel Chatham (San Cristobal).

Der Meer-Leguan (Amblyrhynchus cristatus). *„Es ist ein häßlich aussehendes Geschöpf von einer schmutzig schwarzen Färbung, dumm und träge in seinen Bewegungen. Die gewöhnliche Länge eines völlig erwachsenen Tieres ist ungefähr ein Yard, aber es gibt einige selbst von vier Fuß Länge.“*

182

Sitz, aber er behinderte die Gangart der Schildkröte in gar keiner Weise; er rechnete aus, daß sie etwa sechzig Meter in zehn Minuten oder 360 Meter pro Stunde zurücklegte, was ungefähr eine Meile pro Tag ausmachte — „wobei wir eine kurze Zeit dem Tier zum Fressen unterwegs gestatten".

Die Schildkröten waren zu einer Frischwasserquelle in höhergelegenem Gelände unterwegs, und an dieser Stelle liefen breite Trampelpfade aus verschiedenen Richtungen zusammen. Darwin und Covington sahen sich bald inmitten einer seltsamen Prozession in zwei Richtungen stehen, bei der manche Tiere bergauf, andere bergab krochen, alle aber zielstrebig vorrückten und nur gelegentlich innehielten, um an einem Kaktus herumzuknabbern. Diese seltsame Prozession setzte sich Tag und Nacht ohne Unterlaß fort und schien so schon seit unvordenklichen Zeiten vor sich zu gehen.

Als sie höher kamen, fanden sich die beiden Männer in gänzlich verschiedenem Gelände; Wolken steigerten den Feuchtigkeitsgehalt der Luft, und es gab große, mit Farnkraut, Orchideen, Flechten und Moosen bedeckte Bäume. An der Quelle selbst kehrte eine Reihe von Schildkröten gelassen zurück, nachdem sie sich sattgetrunken hatten, während andere mit ausgestreckten Köpfen gierig dem Wasser zustrebten. „Wenn die Schildkröte an der Quelle ankommt, so taucht sie, ohne Rücksicht auf irgendwelche Zuschauer zu nehmen, ihren Kopf bis über die Augen ins Wasser und verschluckt gierig, ungefähr zehn Mal den Mund voll in einer Minute". Sie tranken und tranken, so als tränken sie nicht für einen Tag, sondern für einen Monat, und so war es denn auch.

Die Männchen ließen sich von den Weibchen leicht durch ihren größeren Umfang und ihre längeren Schwänze unterscheiden; in der Paarungszeit stößt das Männchen ein rauhes Brüllen oder Bellen aus, das man noch in einer Entfernung von hundert Metern hören kann. „Das Weibchen", schreibt Darwin, „braucht seine Stimme niemals."

Die gewaltigen Tiere waren ganz wehrlos. Walfänger sammelten sie zu Hunderten ein, um ihre Schiffe zu verproviantieren, und auch Darwin hatte keinerlei Schwierigkeit, drei junge Exemplare einzufangen, die später an Bord der Beagle gebracht und lebend nach England mitgenommen wurden. Natürliche Gefahren spielten ihnen ebenfalls übel mit; die aasfressenden Habichte stürzten sich auf die kleinen Schildkröten, sobald sie nur aus dem Ei geschlüpft waren, und gelegentlich stieß Darwin auf den Kadaver irgendeines Monstrums, das aus Altersschwäche den Weg verfehlt hatte und eine Felsklippe hinuntergestürzt war. Überall auf der Insel lagen leere Panzer herum. Gebratenes Schildkrötenfleisch, entdeckte Darwin, war eine gute Mahlzeit, insbesondere wenn man die Tiere so zubereitete, wie er es die Gauchos mit den Armadillos hatte tun sehen — nämlich im eigenen Panzer.

Ein anderes Phänomen war der Land-Leguan. Er war beinahe so groß wie der Meer-Leguan — ein Exemplar von vier Fuß Länge (1,20 Meter) war durchaus nichts Ungewöhnliches — und sogar noch häßlicher; die Tiere hatten einen von Kopf bis Schwanz reichenden Stachelkamm und einen orange-gelben und ziegelsteinroten Panzer, der aussah, als seien ihnen von ungeschickter Hand Farbkleckse aufgeklatscht worden. Sie nährten sich von den zehn Meter hohen Kakteen und kletterten dabei ziemlich hoch, um an die saftigeren Bissen heranzukommen; immer schienen

Matrose mit Bootshaken zum Umdrehen der Schildkröten.

sie gefräßig zu sein. Als Darwin einer Gruppe von ihnen ein Stück Kaktus zuwarf, fielen sie darüber her und zerrten und zogen daran und entrissen es sich gegenseitig, wie es Hunde tun, die sich um einen Knochen streiten. Ihre Höhlen waren so zahlreich, daß Darwin ständig mit dem Fuß in irgendeine trat, wenn er über Land ging, und sie konnten die Erde mit erstaunlicher Geschwindigkeit umwühlen, wobei sie zuerst Vorder- und Hinterbeine der einen, dann der anderen Körperhälfte benutzten. Sie hatten scharfe Zähne und ein allgemein bedrohliches Aussehen, schienen aber nie beißen zu wollen. „In ihren Bewegungen faul und halb torpid", krochen sie langsam vorwärts, Schwanz und Beine auf dem Erdboden nachschleppend, und hielten oft für eine kur-

Der Land-Leguan (Amblyrhynchus demarlii). „Wie ihre nächsten Verwandten, die marine Art, sind sie häßliche Tiere, unten von einer gelblich orangenen, oben von einer bräunlich roten Färbung ... Wenn sie nicht erschreckt sind, kriechen sie langsam vorwärts und ziehen dabei ihre Schwänze und ihre Bäuche auf dem Boden hin. Sie bleiben oft stehen und träumen eine oder zwei Minuten vor sich hin mit geschlossenen Augen und mit auf dem heißen Boden ausgestreckten Hinterbeinen.“

ze Verschnaufpause inne. Darwin beobachtete eines Tages eine so lange, bis der halbe Körper vergraben war, und zog sie dann am Schwanz heraus. Eher überrascht als wüten, warf sich das Tier herum und stierte Darwin indigniert an, so als wollte es sagen: „Was heißt dich denn mich am Schwanze ziehen?“ Aber es griff ihn nicht an. Gekocht gaben diese Eidechsen ein weißes Fleisch, das diejenigen ganz gern mochten, deren Magen sich, wie Darwin schreibt, „über alle gewöhnlichen Vorurteile hinwegsetzt“.

Auf der James-Insel zählte Darwin sechsundzwanzig Arten von Landvögeln, die sämtlich dem Archipel eigentümlich und nirgendwo anders zu finden waren. „Auch den Vögeln habe ich viel Aufmerksamkeit geschenkt“, schrieb er an Henslow, „die ich für sehr merkwürdig halte“. Sie waren unglaublich zahm. Da sie nie gelernt hatten, den Menschen zu fürchten, betrachteten sie Darwin einfach als ein weiteres großes und harmloses Tier und saßen reglos in den Büschen, wann immer er vorbeikam. Einmal

185

stieß er mit dem Flintenlauf einen Falken vom Zweige eines Baumes hinunter. Eine Spottdrossel flog herbei und trank aus der Schale einer Schildkröte, die er in der Hand hielt, und an den Tümpeln konnte er mit einem Stock oder sogar mit der Hand so viele Tauben und Finken erwischen, wie er nur wollte. Er zitierte eine von Cowley im Jahre 1684 niedergeschriebene paradiesische Beschreibung: „Die Turteltauben waren so zahm, daß sie sich oft auf unseren Hüten und Armen niederließen, so daß wir sie lebendig fangen konnten: sie fürchteten den Menschen nicht." Leider mußte Cowley fortfahren und schreiben: „... bis zu der Zeit, wo einige Leute aus unserer Gesellschaft nach ihnen schossen, wodurch sie scheuer gemacht wurden". Im gleichen Jahr merkte auch Dampier an, daß ein Mann auf einem Morgenspaziergang mühelos sechs oder sieben Dutzend dieser Tauben töten könne. Auf der Charles-Insel sah Darwin einen Jungen mit einer Rute in der Hand an einer Quelle sitzen; damit schlug er die Tauben und Finken tot, die zum Trinken herbeiflogen; der Junge erzählte ihm, das sei seine ganz einfache Gewohnheit, sich sein Mittagessen zu verschaffen. Die Vögel schienen die Gefahr, in der sie schwebten, nie zu bemerken. „Wir können aus diesen Tatsachen schließen", schrieb Darwin, „welches Gemetzel die Einführung irgend eines neuen Raubtieres in einem Lande verursachen muß, ehe die Instinkte der eingeborenen Bewohner sich der List oder der Kraft des fremden Ankömmlings angepaßt haben."

Aber zu der Zeit lebten die meisten tierischen Bewohner der Galapagos-Inseln noch friedlich zusammen. Darwin sah einen Finken ganz unbesorgt am einen Ende eines Kaktusstückes picken, dessen anderes eine Echse verspeiste, und im oberen, grüneren Teil der Insel fraßen Leguane und Schildkröte gemeinsam von denselben Beerensträuchern.

So verstrich eine zauberhafte Woche, und Darwins Gläser füllten sich mit Pflanzen, Schaltieren, Insekten, Eidechsen und Schlangen. Der Garten Eden hatte vermutlich nicht so ausgesehen wie diese Landschaft hier; dennoch lag über der Insel eine Atmosphäre von Zeitlosigkeit und Unschuld, die Natur war in einem Zustand des Gleichgewichtes mit sich selbst, und der einzige wirkliche Störenfried hier war der Mensch. Eines Tages wanderten sie längs der Küste zu einem Krater, der einen vollkommen kreisrunden See umschloß. Das Wasser war nur einige Zentimeter tief und stand auf einem Grund aus glänzendem weißen Salz. Das Ufer war mit einem Saum von hellen grünen Pflanzen bedeckt. An dieser idyllischen Stelle hatte vor kurzem die meuternde Mannschaft eines Walfängers ihren Kapitän ermordet, und der Schädel des Ermordeten lag noch immer am Boden.

Die Walfänger waren jedoch nicht immer so blutrünstig wie hier, und Darwin und Bynoe waren in der Tat sehr dankbar, als ein amerikanisches Schiff die Insel besuchte und ihnen drei Wasserbehälter überließ, die sie dringend benötigten, dazu einen hochwillkommenen Sack mit Zwiebeln. „Außerordentliche Zuvorkommenheit der Yankeys", schrieb Darwin in sein Tagebuch.

Aber die *Beagle* konnte nicht so lange verweilen, wie Darwin es sich gewünscht hätte. „Es ist das Geschick der meisten Reisenden, sobald sie entdeckt haben, was an irgendeiner Lokalität das Interessanteste ist, von derselben eiligst fortgetrieben zu werden."

Der Galapagos-Falke (Craxirex galapagoensis), *von John Gould.*

Wieder an Bord, begann er unverzüglich mit der Durchmusterung seiner Proben und war sofort von einer wichtigen Tatsache beeindruckt: die Mehrzahl davon waren eigentümliche Spezies, die nur hier auf diesen Inseln und nirgends sonst zu finden waren, und das galt von den Pflanzen ebenso wie von den Reptilien, Vögeln, Fischen, Schaltieren und Insekten. Zwar ähnelten sie sicherlich anderen Spezies in Südamerika, waren aber gleichzeitig auch gänzlich verschieden davon. „Es war mir äußerst überraschend, von neuen Vögeln, neuen Reptilien, neuen Schaltieren, neuen Insekten, neuen Pflanzen umgeben zu sein, und doch in zahllosen unbedeutenden Einzelheiten des Baues, und selbst im Tone der Stimme und dem Charakter des Gefieders der Vögel die temperierten Ebenen Patagoniens oder die heißen Wüsten des nördlichen Chile lebhaft vor meine Augen gebracht zu sehen."

Er machte eine weitere Entdeckung: die Spezies unterschieden sich von Insel zu Insel, obwohl manche Inseln nur fünfzig oder sechzig Meilen voneinander entfernt lagen. Seine Aufmerksamkeit wurde auf diesen Vergleich zuerst durch die Spottdrosseln gelenkt, die auf verschiedenen Inseln geschossen worden waren; dann aber bedeutete ihm Mr. Lawson, ein Engländer, der auf dem Archipel das Amt eines Vize-Gouverneurs ausübte, daß er auf den ersten Blick erkennen könne, von welcher Insel eine Schildkröte käme. So hatten die Schildkröten von der Insel Albemarle (Isabela) eine andere Art von Panzer als die von Chatham, und beide unterschieden sich wiederum von denen der James-Insel.

Bei den kleinen Finken waren diese Differenzen sogar noch ausgeprägter. Sie sahen wenig anziehend aus und stießen trockene, unmusikalische Laute aus; alle hatten kurze Schwänze, bauten Nester mit Dächern und legten rosagesprenkelte weiße Eier, vier bei einer Brut. Ihre Gefiederfarbe variierte innerhalb bestimmter Grenzen: von Lavaschwarz bis Grün, entsprechend ihrem jeweiligen Standort. (Es waren nicht nur die Finken, die so eintönig gefiedert waren; mit Ausnahme eines gelbbrüstigen Zaunkönigs und eines scharlachgetüpfelten Fliegenschnäppers hatte kein Vogel die gewöhnliche auffallende Färbung der Tropen). Aber die Zahl der verschiedenen Finkenarten und die Variabilität der Schnabelformen verblüffte Darwin. Auf einer Insel hatten sie dicke Schnäbel zum Aufknacken von Nüssen und Samenkörnern entwickelt, auf einer anderen war der Schnabel schmaler, um das Fangen von Insekten zu ermöglichen, und auf einer dritten war er an das Fressen von Früchten und Blumen angepaßt. Da war sogar eine Vogelart, die gelernt hatte, wie man einen Kaktusstachel dazu benutzt, Maden und Larven aus Löchern herauszupicken.

Offensichtlich hatten die Vögel herausgefunden, daß auf den verschiedenen Inseln verschiedene Ernährungsbedingungen für sie herrschten, und sich über ungezählte Folgen von Generationen entsprechend angepaßt. Die Tatsache, daß sie, im Vergleich zu anderen Vögeln, sich untereinander derart stark unterschieden, legte die Vermutung nahe, daß sie als erste auf die Galapagos-Inseln gekommen waren; eine — wahrscheinlich ungemein lange — Zeit waren sie möglicherweise ohne Futter- und Territorialrivalen geblieben, und das hatte ihnen erlaubt, sich in Richtungen zu entwickeln, die ihnen sonst verschlossen gewesen wären. Beispielsweise entwickeln sich Finken normalerweise nicht zu spechtähnlichen Typen, weil sie bei der Nahrungssuche ohne-

Oben: Ein Beispiel für großschnäbelige Finken (Geospiza strenua). Unten: Größenvergleichsskizzen der Schnäbel von vier Arten von Galapagos-Finken.

Abb. der Seiten 190 und 191: Die Insel Albemarle, „eine einzigartige Masse von Vulkanausschüttungen".

hin recht effizient und spechtartig vorgehen, und wenn ein kleiner Inlandspecht bereits auf den Galapagos-Inseln verbreitet gewesen wäre, so ist es höchst unwahrscheinlich, daß der spechtähnliche Fink sich überhaupt je entwickelt hätte. Ähnlich hatten der nußfressende, der insektenfressende und der frucht- und blumenfressende Fink sämtlich ungestört ihre beste Anpassungsmethode entwickeln können. Die Isolierung hatte den Ursprung neuer Arten begünstigt.
Irgendwo lag hier ein großes Prinzip verborgen. Natürlich erfaßte Darwin nicht sofort und auf einmal alle Implikationen; beispielsweise erwähnt er die Finken in der ersten veröffentlichten Ausgabe seines Reisejournals nur kurz, während das Thema ihrer Verschiedenheit und Modifikationsbreite in seiner Theorie der natürlichen Zuchtwahl zu einem der schlagendsten Argumente wurde. Aber schon damals muß er gemerkt haben, daß er auf der Schwelle zu einer bemerkenswerten und aufrüttelnden Entdeckung stand. Bis zu diesem Augenblick hatte er sich der landläufigen Überzeugung von der Erschaffung unveränderlicher Spezies nie offen widersetzt, obwohl er insgeheim durchaus Zweifel daran gehabt haben mag. Aber hier auf den Galapagos-Inseln, angesichts der Existenz verschiedener Arten von Spottdrosseln, Schildkröten und Finken auf verschiedenen Inseln, verschiedener Arten der *gleichen* Spezies, war er gezwungen, die grundlegendsten zeitgenössischen Theorien in Frage zu stellen. Und nicht nur das; wenn die Ideen, die jetzt in seinem Kopf durcheinanderwirbelten, sich

Zu den nachfolgenden Bildtafeln:

193 Im Südpazifik vorkommende Arten des Petersfisches.

194 Ein Maori-Häuptling mit dem federgeschmückten Umhang seines Ranges.

195 Grabmal für die Tochter eines Maori-Häuptlings.

196 u. 197 *Wiedersehen mit Tahiti,* von William-Hodges.

198 Kopf eines Neuseeländers mit Tätowierungen.

199 Oben: Der Hafen von Papeete, Tahiti.
Unten: Dawes Point in Sydney. Aquarelle von Conrad Martens.

200 Kopf eines australischen Ureinwohners.

201 Oben: Einfahrt nach Port Jackson. Unten: Hobart auf Tasmanien.

202 u. 203 *Bibellesung an Bord,* von Augustus Earle.

204 Oben: Das Schnabeltier *(Ornithorhynchus anatinus).*
Unten: Der heute ausgestorbene Emu von King Island *(Dromiceius diemenianus).*

205 Oben: Seebarsche *(Plectropomidae)* vom King George's Sound.
Unten: Australisches Seelöwenjunges *(Neophoca cinerea).*

206 Das kurzschwänzige oder Großfuß-Känguruh *(Setonix brachyurus).*

207 Australische und mauretanische Tintenfische *(Sepiadariidae).*

208 Muscheln und Schnecken, von George Sowerby. 1. *Murex brassica;* 2. *Conus interruptus;* 3. *Conus coccineus;* 4. und 6. *Murex vitulinus;* 5. *Conus cylindraceus.*

1. 5. Doris violacée (NOUV.-HOLLANDE)   8. 11. Doris galonnée (ILE-DE-FRANCE)
4. 7. Doris orangée (NOUV.-HOLLANDE)   12. 15. Doris sale (ILE-DE-FRANCE)

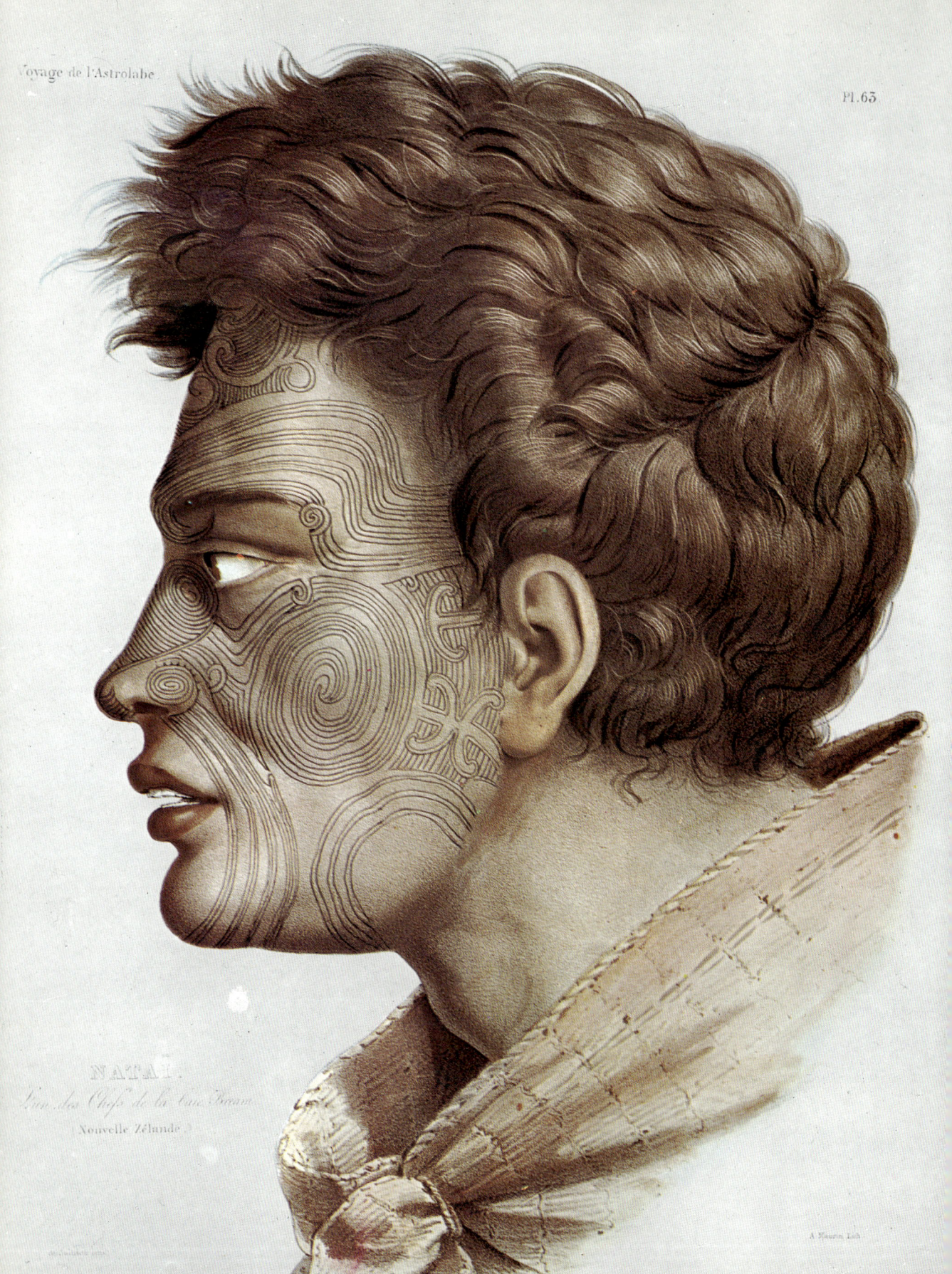

Pl. 63

NATAI.
L'un des Chefs de la baie Bream
(Nouvelle Zélande)

A. Maurin, lith.

Pesanne de grandeur N:6

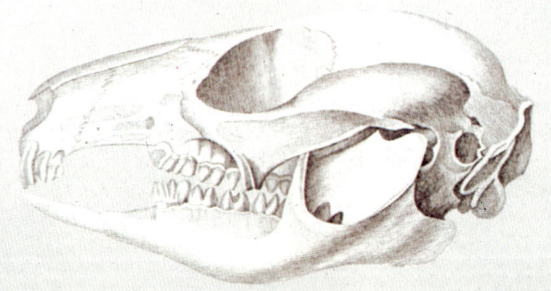

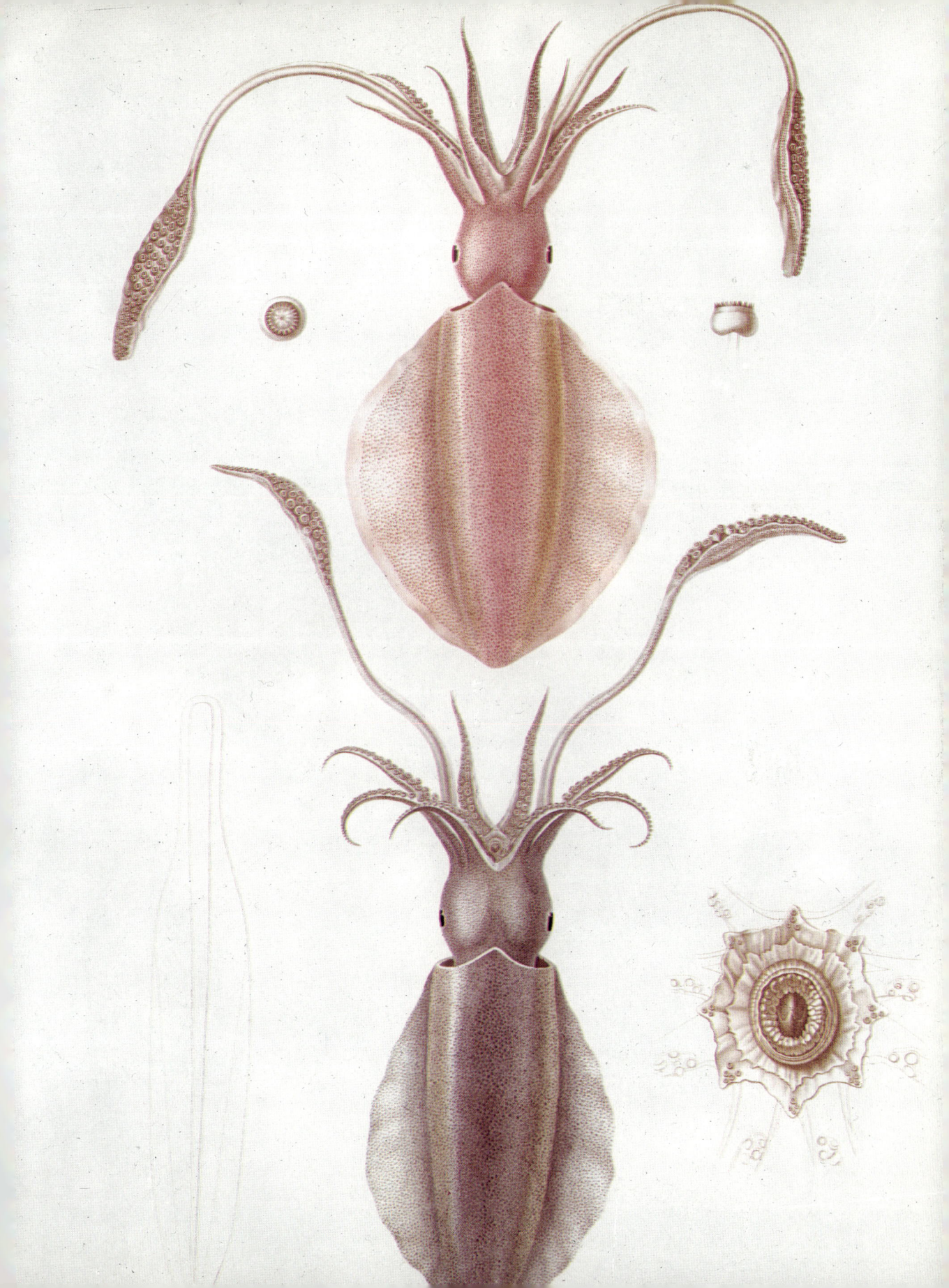

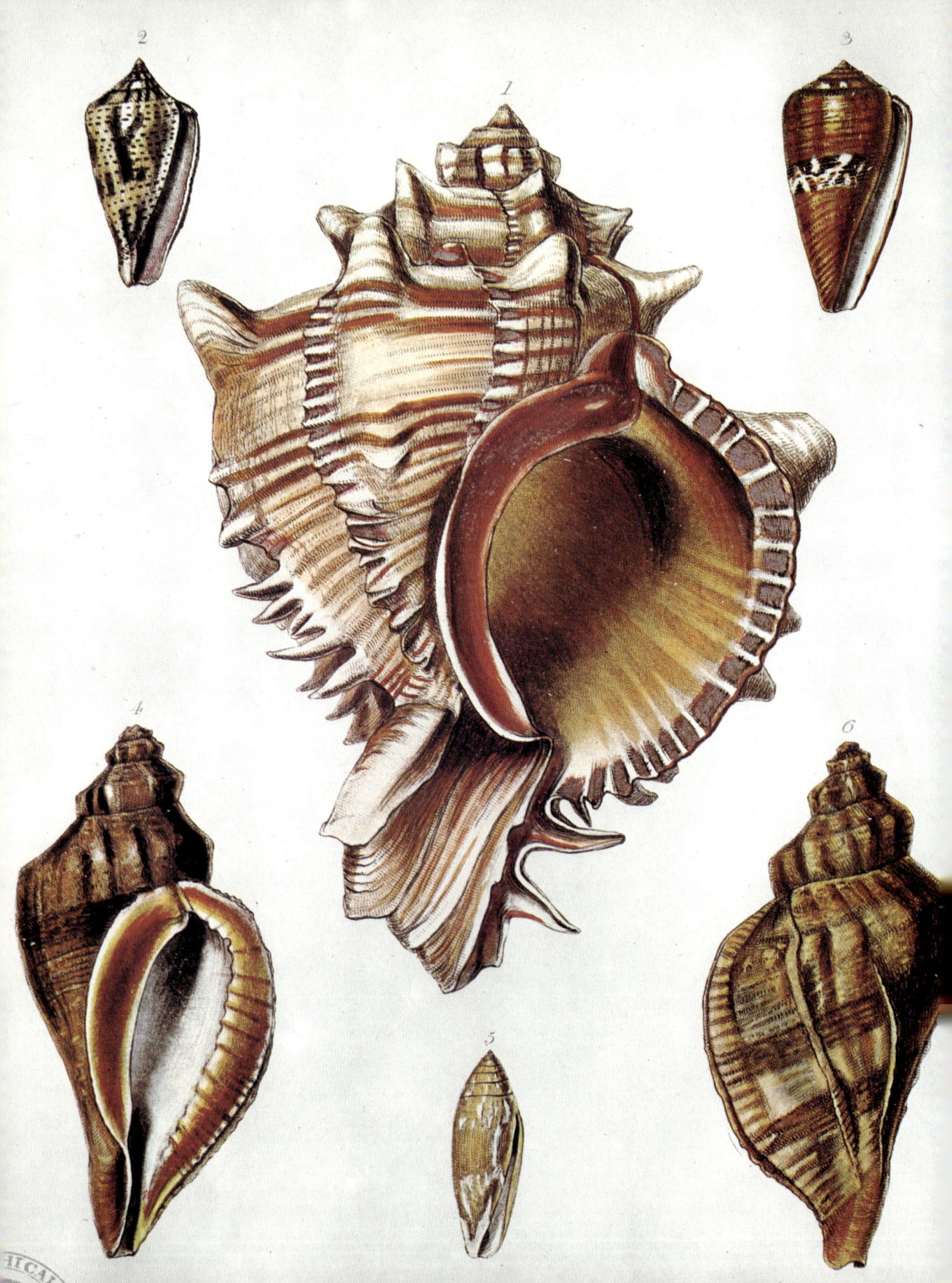

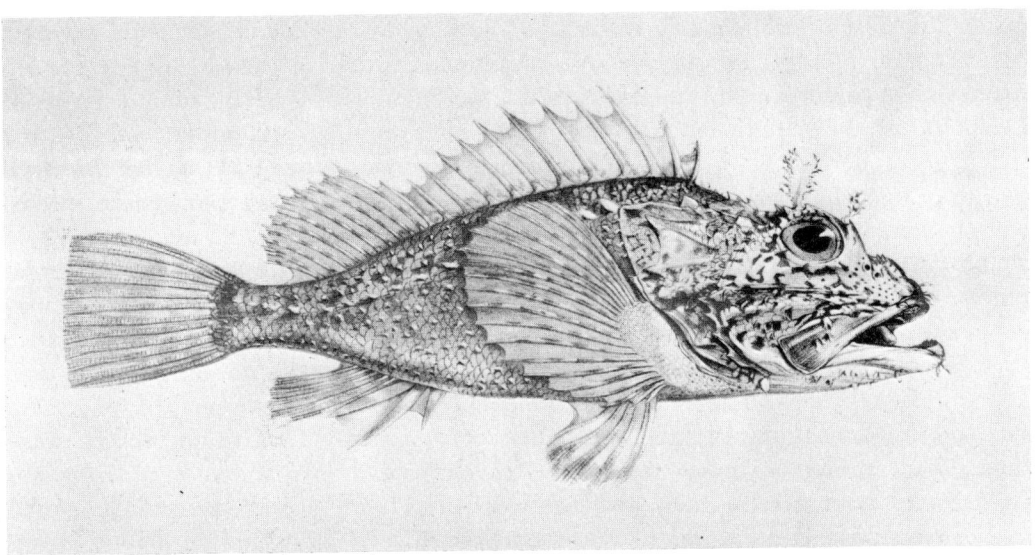

Fisch von den Galapagos-Inseln, Scorpoena histrio.

als richtig erwiesen, dann mußten alle allgemein gebilligten Theorien über den Ursprung des Lebens auf Erden revidiert werden, und auch die Schöpfungsgeschichte selbst — die Geschichte von Adam und Eva und der Sintflut — würde sich als wenig mehr denn als abergläubischer Mythos erweisen. Es würde Jahre der Forschung und Nachprüfung dauern, bis irgend etwas wirklich bewiesen wäre, aber in der Theorie wenigstens schienen sich alle Teile des Puzzles bereits zusammenzufügen.

Er wird schwerlich versäumt haben, seine Vorstellungen auch FitzRoy vorzutragen, wenn auch in vorsichtiger, spekulativer Art und Weise, und wenn man den späteren Briefwechsel der beiden Männer verfolgt, ist es durchaus möglich, sich ihre Auseinandersetzung im Rückblick vor Augen zu führen, durchaus möglich, sich die beiden in ihrer engen Kabine vorzustellen oder — wenn man will — in einer ruhigen Nacht auf dem Achterdeck, als sie die Galapagos-Inseln hinter sich gelassen hatten und sich ihre Ideen mit dem Feuer junger Männer vortrugen, die einander leidenschaftlich zu überzeugen und zur absoluten Wahrheit vorzudringen versuchen.

Darwins These war ganz einfach die folgende: Die Welt, wie wir sie kennen, wurde nicht in einem einzigen Augenblick „erschaffen", sondern hatte sich aus etwas unendlich Primitivem entwickelt und war noch immer in Veränderung begriffen. Hier auf diesen Inseln bot sich ein wunderbarer Beweis für das, was sich ereignet hatte. Erst in jüngster Zeit waren sie durch eine vulkanische Eruption aus dem Meer gehoben worden, wie sie sie auch in Chile gesehen hatten, und anfangs herrschte auf ihnen keinerlei Leben. Dann kamen die Vögel und brachten von ihren Streifzügen Samen mit, vielleicht in ihrem Dung, möglicherweise auch nur in dem an ihren Fängen haftenden Schmutz. Andere Samenarten waren meerwasserresistent und wurden vom südamerikanischen Festland herangetrieben. Im Wasser treibende Baumstämme konnten die ersten Eidechsen herübergetragen haben. Die Schildkröten mochten selbst aus dem Meer stammen und sich dann hier zu Landtieren entwickelt haben. Und jede Spezies paßte sich nach der Ankunft an die Nahrungsbedingungen — Pflanzen und tierisches Leben — an, die sie auf den Inseln vorfand. Alle, die das versäumten, und alle, die sich gegen andere nicht verteidigen konnten, starben aus. Eben das war das Schicksal der gewaltigen Lebewesen gewesen, deren Knochen sie in Patagonien entdeckt hatten; sie waren von Feinden überwältigt und vernichtet worden. Alle lebenden Wesen waren diesem Prozeß unterworfen gewesen. Der Mensch hatte überlebt und triumphiert, weil er geschickter und aggressiver war als seine Rivalen, obwohl er anfangs ein primitives Geschöpf gewesen sein mußte, primitiver als die Feuerländer, primitiver sogar noch als die Affen. In der Tat, es war durchaus möglich, daß alle Formen von Leben auf der Erde von einem gemeinsamen Vorfahren abstammten.

FitzRoy muß angenommen haben, das alles sei blasphemischer Unsinn, weil es in offenem Widerspruch zur Bibel stand; der Mensch, so war dort eindeutig zu lesen, war vollkommen erschaffen worden, als Ebenbild Gottes, und auch alle verschiedenen Arten, Pflanzen wie Tiere, waren getrennt erschaffen worden und hatten sich nicht verändert. Einige waren einfach ausgestorben, das war alles. Er ging sogar so weit, das Problem der variierenden Finkenschnäbel zur Stützung seiner eigenen Theorie heranzuziehen: „Dies scheint eine jener bewunderungswürdigen Maßnahmen der Unendlichen Weisheit zu sein, aufgrund derer jedes erschaffene Ding an den Platz angepaßt wird, für den es gedacht war."

FitzRoy war im weiteren Fortgang der Reise in seinen biblischen Auffassungen immer strenger geworden. Er glaubte, daß es bestimmte Dinge gäbe, die zu verstehen wir nicht bestimmt sind; die Erklärung der Ursprungsquelle des Universums mußte ein Geheimnis bleiben, das allen wissenschaftlichen Nachforschungen trotzte. Inzwischen war Darwin jedoch zu weit vorgedrungen, um noch fähig zu sein, derartiges fraglos hinzunehmen; er konnte nicht einfach bei der Bibel stehenbleiben, er mußte über sie hinausgehen. Der zivilisierte Mensch war dazu bestimmt, die vitalste aller Fragen — „Woher bin ich gekommen?" — weiterzufragen und seinen Nachforschungen zu folgen, wohin immer sie ihn führen mochten. Vielleicht führten sie ihn ja sogar näher zu Gott, als jeder Akt blinden Glaubens das je konnte.

Diese Auseinandersetzung sollte kein Ende haben. Sie war in der Tat eine Vorwegnahme des Zusammenstoßes oppositioneller Auffassungen — der wissenschaftlichforschungsorientierten und der religiös-konservativen —, der fünfundzwanzig Jahre später bei jener heftigen Auseinandersetzung in Oxford stattfinden sollte. Für den Augenblick konnten die beiden Männer nicht mehr tun, als sich ihrer Nicht-Übereinstimmung zu versichern; Darwin wird seine Auffassungen sicherlich nicht allzu bestimmt vorgetragen haben, und zwischen den beiden jungen Männern blieb fraglos ein Großteil ihrer persönlichen Wertschätzung bestehen. Die Zukunft sollte sie weit voneinander entfernen, aber hier und jetzt waren sie beisammen und noch immer voneinander abhängig. Die Reise selbst trug dazu bei, ihre Differenzen vorerst beiseite zu legen und zu vertagen.

KAPITEL XI

Auf der Rückreise

Die *Beagle* war jetzt ein hochgemutes Schiff. Sie war auf der Rückreise. Im Passat-wind des tropischen Pazifiks eilte sie mit einer täglichen Durchschnittsgeschwindig-keit von 150 Meilen dahin. Durch eine glückliche Fügung waren sie unmittelbar vor der Abreise von den Galapagos-Inseln mit einem kleinen Schoner von Guayaquil zu-sammengetroffen, der einen ganzen Sack Post für sie an Bord gehabt hatte. Sie ver-fügten über frisches Fleisch; achtzehn lebende Schildkröten lagen rücklings auf dem Achterdeck. FitzRoy verwandte seine Zeit darauf, seinen Bericht über die Reise nie-derzuschreiben. „Der Kapitän wird von Tag zu Tag ein glücklicherer Mensch; er blickt jetzt voller Vertrauen auf die Arbeit, die vor ihm liegt." Darwin war emsig in seiner Kabine beschäftigt, die jetzt zu einem wahren Miniaturlaboratorium geworden war, beinahe schon, wie man sagen möchte, zu einem naturkundlichen Museum; je-der Winkel war mit in Gläsern konservierten Schlangen und Insekten vollgepfropft, und er saß an seinem Tisch, fast schon genauso, wie er für den Rest seines Lebens sit-zen sollte, mit seinem Mikroskop, seinen Sektionsinstrumenten und dem Notizbuch vor sich.

Darwin, jetzt beinahe sechsundzwanzig Jahre alt, hatte sich dem Aussehen nach ver-ändert, seit sie vor sechs Jahren Plymouth verlassen hatten; er war rundlicher gewor-den, sein Kopf war massiger, und in seinem Gebaren lag mehr Sicherheit und Autori-tät. Seine Studien nahmen ihn jetzt vollständig gefangen. „Nachts konnte ich kaum schlafen bei dem Gedanken an meine Tagesarbeit", hatte er Susan geschrieben. Er kümmerte sich nicht mehr darum, irgendwelche Beutetiere zu schießen oder aus dem Meer zu fischen — das alles oblag jetzt Covington. Auch war er äußerlich etwas schä-biger geworden. Nach und nach waren die eleganten Westen und feinen weißen Hem-den, die er mit an Bord gebracht hatte, gestopft, geflickt und schließlich weggeworfen worden. Jetzt war er eher wie ein Seemann zurechtgemacht.

Der Löwenanteil der Arbeit der *Beagle* war getan — sie hatte lediglich noch ihre Kette chronometrischer Messungen rund um die Welt zu vervollständigen —, und so herrschte an Bord eine weniger zweck- und arbeitsorientierte Atmosphäre; eher der entspannte Schlendrian einer Kreuzfahrt als der Ernst einer wissenschaftlichen For-schungsreise, und vor sich hatten sie nur noch eine lange Reihe ereignisloser Wochen auf See, mit angenehmen Landaufenthalten in Tahiti, Neuseeland und Australien als eingestreuten Intervallen.

Sie brauchten fünfundzwanzig Tage, immer vor dem stetigen Passatwind laufend, um die 3200 Meilen von den Galapagos-Inseln nach Tahiti zurückzulegen, und am 15. November 1835 ankerten sie, wie es Kapitän Cook sechsundzwanzig Jahre vor ihnen getan hatte, in der Matavai-Bucht. Sofort waren sie von Dutzenden von Kanus um-ringt, und als sie in Port Venus landeten — erneut: was für Erinnerungen an Cook —,

Die Matavai-Bucht auf Tahiti, wo die Endeavour *im Jahre 1769 geankert hatte.*

wurden sie von einer Menge glücklicher, lachender Männer, Frauen und Kinder begrüßt. „Reizendes Tahiti!", rief Darwin aus. Er war ganz und gar davon entzückt. Er fand die Insel schön und ihre Bewohner gastfreundlich: „In dem Ausdruck ihres Gesichts liegt eine Milde, welche sofort die Idee eines Wilden verbannt." Ganz überraschend aber war er von den Frauen enttäuscht: „Sie stehen den Männern in allen Beziehungen bei weitem nach ... Die meisten Männer sind tätowiert, und die Verzierungen folgen den Krümmungen der Körperlinien in einer so graziösen Weise, daß sie eine sehr elegante Wirkung hervorbringen. Ein sehr häufiges, in seinen Details abänderndes Muster ist in etwa der Laubkrone eines Palmbaums ähnlich. Es entspringt von der Mittellinie des Rückens und schlängelt sich graziös um beide Seiten des Körpers. Der sich mir aufdrängende Vergleich mag etwas phantastisch erscheinen, aber mir kam es vor, als sei der Rumpf eines in dieser Weise verzierten Mannes wie der Stamm

Sowohl Darwin als auch FitzRoy waren vom Aussehen der Frauen von Tahiti enttäuscht, und Darwin war der Meinung, sie „schienen irgend etwas, was sie gut kleidet, selbst noch mehr zu bedürfen als die Männer".

eines edlen Baumes, welchen eine zarte Schlingpflanze umgebe. Bei vielen der älteren Leute sind die Füße mit kleinen Figuren bedeckt, die so angeordnet sind, daß sie einer Socke ähnlich sind ... Die Frauen sind in derselben Weise tätowiert wie die Männer und sehr gewöhnlich auch an ihren Fingern."

Im Morgengrauen des nächsten Tages, bevor die Mannschaft der *Beagle* noch Zeit zum Frühstück gefunden hatte, wurde das Schiff von Kanus umzingelt, und wenigstens zweihundert Eingeborene schwärmten an Bord. Jeder davon hatte etwas zum Verkaufen mitgebracht, zumeist Muscheln, aber jetzt waren sich alle bereits des Wertes des Geldes bewußt und nicht mehr an Nägeln und alten Kleidern interessiert. Die meisten Männer kannten ein paar englische Worte, „und mit Hilfe dieses Umstandes in Verbindung mit Zeichen konnte eine Art lahmer Konversation unterhalten werden." Einer der Tahitier, dem Darwin irgendein belangloses kleines Geschenk über-

213

Der Brotfruchtbaum (Artocarpus altilis), *„der durch seine großen glänzenden und tief fingerförmig geteilten Blätter so in die Augen fällt".*

reicht hatte, brachte ihm ein Gegengeschenk aus heißen, gerösteten Bananen, eine Ananas und einige Kokosnüsse, und Darwin war von dieser „passenden Aufmerksamkeit" so angetan, daß er den Mann und einen seiner Gefährten engagierte, ihn als Führer auf einer dreitägigen Exkursion in die Berge zu begleiten.

Schwerlich läßt sich etwas vorstellen, das seinen gefährlichen und sorgsam geplanten Exkursionen in den südamerikanischen Bergen weniger ähnelte. Darwin hatte seinen beiden Führern aufgetragen, Lebensmittelvorräte und Kleidung mitzubringen; sie antworteten jedoch, in den Bergen gebe es genug zu essen, und als Kleidung reiche ihre Haut durchaus hin. Und tatsächlich fanden sie sich abseits der bewohnten Gegenden mit größter Leichtigkeit und Bequemlichkeit zurecht. Als sie innehielten, um für ein Nachtlager zu sorgen, bauten die beiden Tahitier in wenigen Minuten eine hervorragende Hütte aus Bambusstäben mit einem Dach aus Bananenblättern auf; sie sprangen in einen Tümpel und „folgten, wie die Ottern die Augen offenhaltend, den Fischen in ihre Höhlen und Winkel und fingen sie auf diese Weise." Sie bereiteten köstliche Mahlzeiten aus Fischen und Bananen, indem sie sie mit schmalen grünen Paketen aus Blättern umwickelten, die sie zwischen zwei Schichten heißer Steine rösteten, und sie selbst genossen sie ebenso mit hemmungslosem Vergnügen. „Nie sah ich irgendwelche Menschen auch nur annähernd so viel essen."

Darwin war erzählt worden, daß die Tahitier eine mürrische, in steter Furcht vor den Missionaren lebende Rasse geworden seien, fand das aber entschieden unwahr. „Anstatt daß Mißvergnügen das verbreitetste Gefühl ist, dürfte es schwierig sein, in Europa aus einer Menge Menschen auch nur halb so viele heitere und glückliche Gesichter herauszulesen." Und doch war da ein kleiner vielsagender Zwischenfall. Oben in den Bergen bot er seinen Führern aus seiner mitgeführten Branntweinflasche zu trinken an, „von welcher mir Bescheid zu tun, sie nicht abschlagen konnten; so oft sie aber ein wenig davon tranken, legten sie ihre Finger an den Mund und sprachen das Wort ‚Missionär' aus." Wie man sich vorstellen kann, eine Art Beschwörung, um ihr Gewissen zu beruhigen.

Am Sonntag führte FitzRoy eine Abteilung Matrosen zum Gottesdienst in die Kirche von Papeete, der Hauptstadt der Insel; Mr. Pritchard, der leitende Missionar der Insel, waltete bei diesem Gottesdienst selbst seines Amtes, den er erst auf Tahitisch, dann auf Englisch hielt, und die Kirche war mit „sauberen, ordentlichen Leuten" gefüllt. Nachher kehrten sie zu Fuß zur Matavai-Bucht zurück, durch Haine von Bananen, Kokosnüssen, Orangen und glänzenden Brotfruchtbäumen.

Eine von FitzRoys Aufgaben auf Tahiti war die, von der regierenden Königin Pomare Entschädigung für ein kleines englisches Schiff zu verlangen, das die Tahitier vor zwei Jahren geplündert hatten; man hatte sich zuvor bereits über die Entschädigungssumme geeinigt, aber das Geld war nicht angekommen. Es wurde eine Parlamentssitzung abgehalten, bei der alle Häuptlinge versammelt waren. „Im übrigen kann ich gar nicht stark genug ausdrücken", schrieb Darwin, „wie allgemein unser Erstaunen über den äußerst gesunden Menschenverstand, die Mäßigung, Offenheit und sofortige Entschließung war, welche von allen Seiten dargeboten wurden ... Die Häuptlinge und das Volk beschlossen zu subskribieren und die fehlende Summe zu vervollständi-

215

Oben: Ansicht von Tahiti, in der Nähe der Matavai-Bucht, von Conrad Martens. Unten: Inneres einer tahitischen Hütte. „Von schlanken, in Form einer länglichen Ellipse in den Boden geschlagenen Pfählen wird ein sehr leichter und eleganter Dachstuhl aus ‚purau' gestützt. Dieser Dachstuhl trägt das niedrige, aber weit reichende Dach, und darauf ruht das eigentliche Binsendach aus Pandanus-Blättern."

Königin Pomare von Tahiti, „eine große, plumpe Frau, ohne irgendwelche Schönheit, Grazie oder Würde. Sie hat nur eine königliche Eigentümlichkeit: nämlich eine vollkommene Unbeweglichkeit des Ausdrucks unter allen Umständen, und noch dazu eines ziemlich mürrischen."

217

gen ... zeitig am nächsten Morgen wurde ein Buch ausgelegt, und das gab dieser sehr merkwürdigen Szene von Loyalität und anständiger Gesinnung einen vollkommen würdigen Abschluß." Nach Beendigung der Diskussion versammelten sich mehrere Häuptlinge um FitzRoy und befragten ihn nach den internationalen Bräuchen und Gesetzen in bezug auf Schiffe und Fremde, und die Sitzung endete damit, daß Fitz-Roy Königin Pomare für denselben Abend zu einem Besuch an Bord der *Beagle* einlud. Er hatte bereits eine Audienz bei ihr gehabt und sie dort in einer Hütte in großer Schlichtheit lebend gefunden, mit nur wenig Aufwand und Stil und nur von einigen schlechtgekleideten Mädchen bedient. Die Zeremonie hatte lediglich aus einem Händedruck bestanden, und FitzRoy fand sie traurig und reizlos, „eine große, unbeholfene Frau." Dennoch wurde sie, als sie an Bord der *Beagle* kam, mit großem Zeremoniell empfangen; vier Boote wurden zum Abholen nach ihr ausgeschickt, die Rahen wurden bemannt, und die Matrosen entboten ihr ein dreifaches Hoch, als sie an Bord kam. Nach dem Essen bot FitzRoy ein Feuerwerk, und die Matrosen sangen ihre Gesänge. An einer bestimmten Stelle brachen sie in ein komisches, ziemlich lärmendes Lied aus, aber der Dolmetscher beeilte sich, es als einen „Meer-Gesang" zu erklären. Die Königin nahm alle diese Aufmerksamkeitsbeweise mit dem „Ausdruck vollkommener Unbeweglichkeit" hin, blieb aber bis nach Mitternacht an Bord.

Am nächsten Tag, dem 26. November, setzte die *Beagle* Segel und nahm Kurs auf Neuseeland. Sie waren mehr als drei Wochen lang auf See. „Man muß notwendigerweise über diesen großen Ozean gesegelt sein", schrieb Darwin, „um seine ungeheure Ausdehnung zu begreifen. Indem man sich Woche auf Woche schnell vorwärtsbewegt, sieht man nichts als denselben blauen, unendlich tiefen Ozean ... Der Meridian der Antipoden war gleichfalls bereits überschritten ... (sie) rufen uns alte Erinnerungen an kindische Zweifel und Wunder ins Gedächtnis zurück. Erst noch vor wenig Tagen sah ich dieser luftigen Markscheide als einem bestimmt erkennbaren Punkt auf unserem Wege heimwärts entgegen; jetzt sehe ich aber, daß dieselbe wie alle derartige Ruhepunkte unserer Phantasie wie Schatten sind, welche man, wenn man sich vorwärtsbewegt, nicht fassen kann." Man schrieb den 21. Dezember 1835, als sie in die Insel-Bucht einliefen, oben in der Nordost-Ecke der Nordinsel von Neuseeland.

Der erste Blick auf die Gegend war nicht sehr eindrucksvoll. Kleine viereckige Dörfer und ordentlich ausschauende Häuser reichten bis zum Meeresstrand herab; sie gehörten den englischen Siedlern, die hier englische Landhausgärten mit Rosen, Geißblatthecken und Heckenrosen auf diesem fremden Boden neu zu gestalten versucht hatten. Darwin spürte plötzlich ein stechendes Gefühl des Heimwehs nach den richtigen englischen Gärten. In der Bucht lagen drei Walfänger vor Anker, dennoch herrschte eine Atmosphäre von Stumpfsinn und Inaktivität; nur ein einziges Kanu kam längsseits der *Beagle* — „ein merkwürdiger und nicht sehr angenehmer Kontrast gegen das freudige und stürmische Willkommen auf Tahiti." Als sie an Land kamen, empfanden sie diesen Gegensatz sogar noch unangenehmer. Die eingeborenen Neuseeländer schnitten im Vergleich zu den Tahitiern in jeder Weise schlecht ab; Darwin ging sogar so weit zu sagen, „daß der eine ein Wilder, der andere ein zivilisierter Mensch ist." Sie waren äußerst schmutzig, und die Vorstellung, sich überhaupt einmal zu wa-

218

schen, schien ihnen nie in den Sinn zu kommen; die meisten von ihnen waren in schmutzstarrende wollene Decken gehüllt, und ihre Gesichter waren vollständig mit einem komplizierten Muster von Tätowierungen bedeckt, das ihnen einen unangenehmen Ausdruck verlieh. Sie waren mürrisch und wenig gastfreundlich. Nur eines erregte an ihnen Darwins Neugier; ihre Gewohnheit, die Nasen aneinander zu reiben, wenn sie sich begrüßten. Das Reiben dauerte länger als ein normaler Händedruck und wurde von einem „leisen, gemütlichen Grunzen" begleitet. Mit Interesse konstatierte er den seltsamen Mangel an zeremonieller Distanz zwischen Herrn und Knecht; obwohl der Häuptling die Macht über Leben und Tod seines Untergebenen hatte, rieb dieser Untergebene doch die Nase mit jedem, dem er begegnete, entweder vor oder nach seinem Herrn, ohne jede Rücksicht auf die Regeln des gesellschaftlichen Vorrangs.

Der einzige Lichtblick war für Darwin bei seinem Neuseeland-Aufenthalt sein Besuch von Waimate, einer Siedlung, die fünfzig Meilen von der Insel-Bucht entfernt von Missionaren angelegt worden war. Er fuhr zunächst mit dem Boot und reiste dann zu Fuß weiter, durch desolates, unbewohntes, von Farnkräutern überwuchertes Land streifend, und war überglücklich, als er schließlich bei einem englischen Farmhaus mit gutbestellten Feldern, Zuchttieren und sogar einer Mühle anlangte; das Ganze offenbar „wie durch einen Zauberstab hierhergeschafft". Seine Sehnsucht nach England wurde immer größer, insbesondere dann, als er die Eingeborenen der Mission eine Partie Kricket spielen sah. Die Ordentlichkeit und das gesunde Aussehen dieser Eingeborenen beeindruckte ihn um so heftiger, wenn er sie mit dem Schauspiel verglich, das er zu Gesicht bekommen hatte, als er ein Dorf besuchte, in dem vor kurzem die Heidin gebliebene Tochter eines Häuptlings gestorben war. Ihr Leichnam war aufrecht zwischen zwei Kanus innerhalb einer hellrot gestrichenen Einzäunung aufgestellt worden, die mit den hölzernen Bildnissen der heimischen Götter geschmückt war. Ihre Verwandten hatten sich um die Einzäunung versammelt, heulten und zerfetzten sich Arme, Körper und Gesicht — „die alten Weiber sahen schrecklich schmutzig, widerwärtig aus."

Ein bestimmter Brauch der Eingeborenen war zu tief verwurzelt, als daß die Missionare ihn hätten unterdrücken können: die allgemeine Gewohnheit des Tätowierens. Als ein berühmter Tätowierkünstler von der Südinsel zur Farm kam, versuchten die Frauen der Missionare die weiblichen Hilfskräfte dazu zu überreden, sich nicht tätowieren zu lassen, aber sie sagten: „Wir müssen wirklich wenn auch nur einige wenige Linien auf unseren Lippen haben; sonst würden, wenn wir alt werden, unsere Lippen zusammenschrumpfen, und dann würden wir so sehr häßlich aussehen."

Seine Erfahrungen mit den Missionaren hier und mit denen, die er auf Tahiti getroffen hatte, erweckten bei Darwin ein Interesse, das bis an sein Lebensende währen sollte, und dies war ein Aspekt, den er mit FitzRoy gemeinsam hatte, der ebenfalls ein fanatischer Proselytenmacher war. Noch auf See schrieben sie im folgenden Jahr zusammen ein Pamphlet, das sie gemeinsam unterzeichneten und in dem die Regierung zu größerer Unterstützung der Missionsgesellschaften im Pazifik gedrängt wurde; es war zu der Zeit fertig, als sie in Kapstadt zwischenlandeten, und wurde im September

Kopf eines Neuseeländers. „Die Linien auf dem Gesicht sind keine ... willkürlichen, von der Laune einzelner Individuen oder der Phantasie des Ausführenden, der die Tortur vornimmt, erfundene oder erweiterte Zeichen; sie
sind vielmehr heraldische Ornamente, Unterscheidungsmerkmale, die für die Eingeborenen von Neuseeland weitaus einsichtiger und sinnvoller sind als unsere eigenen Wappen für die meisten von uns ..."

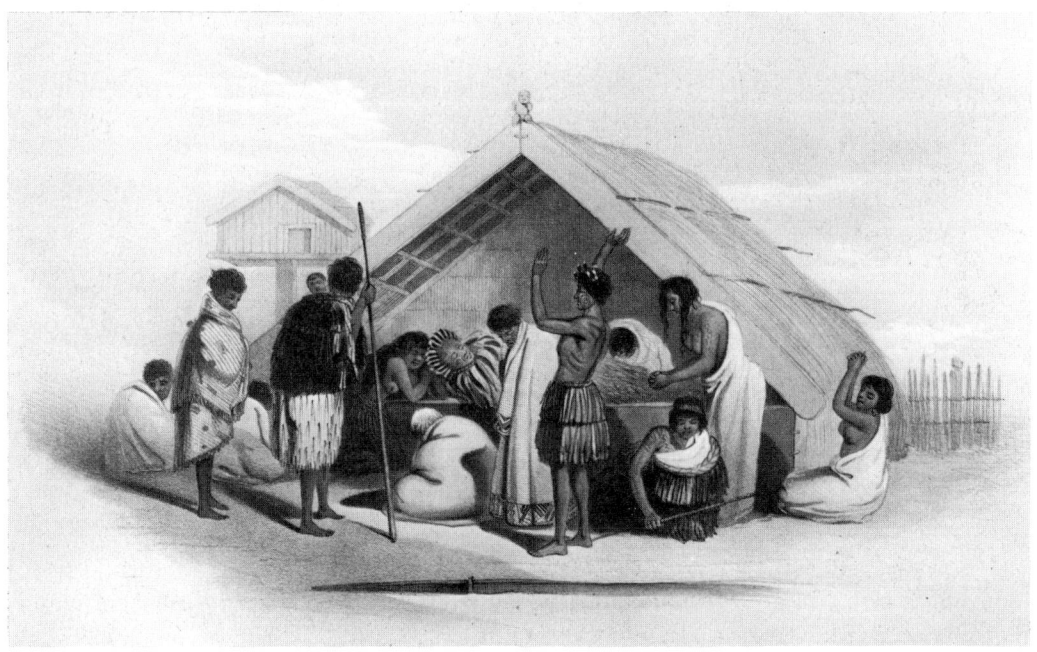

Oben: Die Zeremonie des ongi *oder Nasenreibens: „Mein Begleiter stand neben ihnen, brachte bei einer nach der anderen seine Nasenwurzel rechtwinklig auf die ihre und fing nun zu drücken an. Dies dauerte im Ganzen etwas länger als ein herzliches Schütteln der Hände bei uns; und ebenso wie wir die Stärke des Drucks beim Handgeben verschieden sein lassen, so machen sie es auch beim Nasendrücken." Unten: Trauerklage am Leichnam eines Häuptlings.*

221

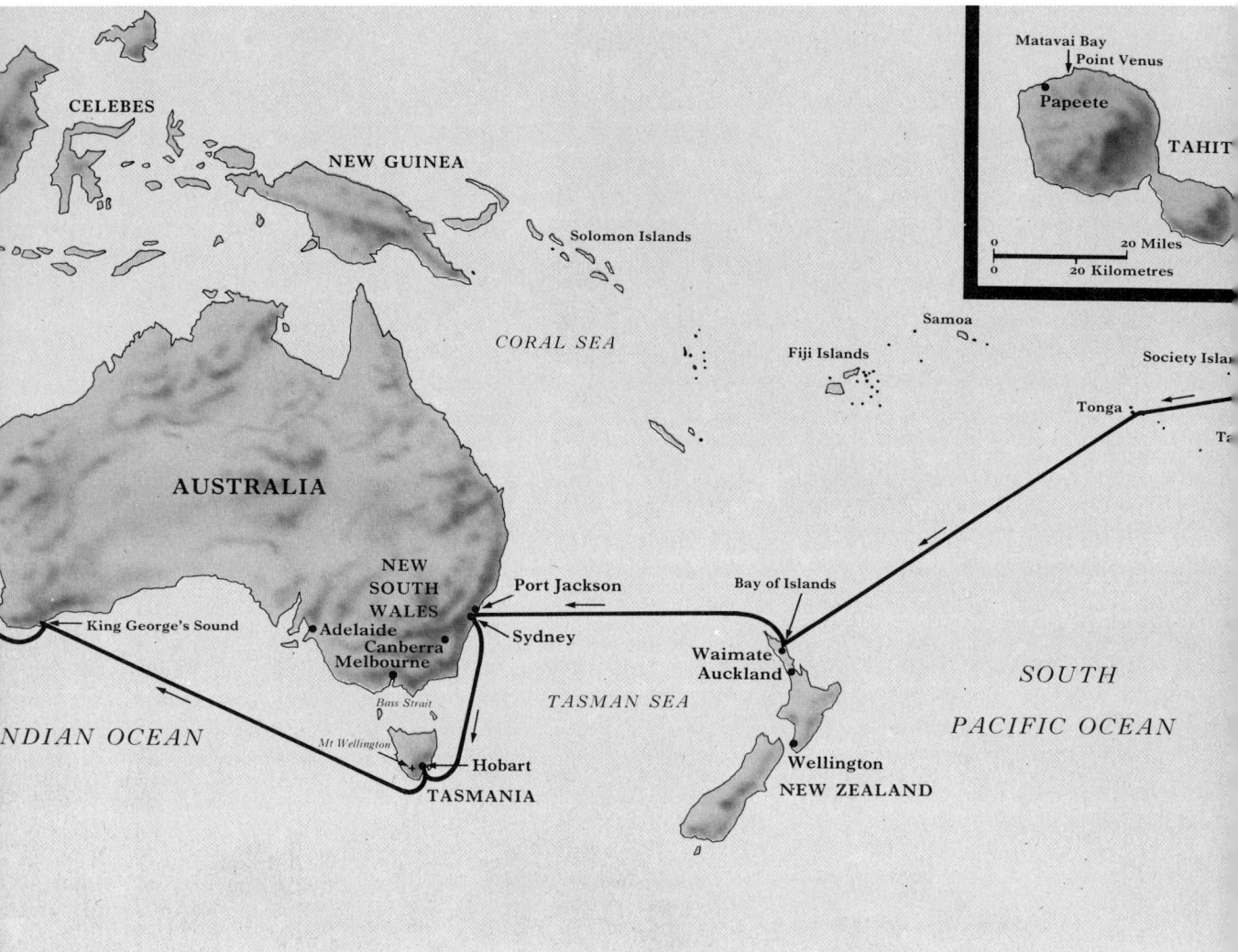

Karte von Australien, Ozeanien und dem Pazifischen Ozean.

1836 im *South African Christian Recorder* publiziert, eine der ersten Veröffentlichungen, die Darwins Namen trägt.

Während seines kurzen Aufenthaltes in Neuseeland erfuhr Darwin von der einstigen Existenz eines gigantischen prähistorischen Vogels, des Moa *(Dinornis robustus).* Über dieses angsteinflößende Geschöpf, das bis zu dreieinhalb oder vier Meter groß werden konnte, war wenig bekannt; es sollte angeblich jedoch in relativ neueren Zeiten ausgestorben sein. Es war eine jener seltsamen Anomalien in der Natur, ein flug-

Missionssiedlung in der Nähe der Insel-Bucht.

unfähiger Vogel; in Erinnerung an den flugunfähigen Kormoran der Galapagos-Inseln kam Darwin zu dem Schluß, daß der Gebrauch und das Vorhandensein von Flügeln im Falle von Vögeln und Insekten, die auf Ozeaninseln beheimatet waren, ein Nachteil sein mochte, wenn ihnen ein plötzlicher Sturm unter die Schwingen fahren und sie aufs Meer hinaustreiben konnte.

Neun Tage auf Neuseeland waren genug, und am 30. Dezember brach die *Beagle* nach Australien auf. „Ich glaube, wir sind alle glücklich, Neuseeland zu verlassen",

schrieb Darwin in sein Tagebuch, „es ist kein angenehmer Aufenthaltsort. Den Eingeborenen fehlt jene anziehende Einfachheit, die auf Tahiti zu finden ist, und der größere Teil der Engländer dort ist wirklicher Abfall der Gesellschaft."

Zwei Wochen später, am 12. Januar 1836, trieb eine sanfte Brise sie in die Hafenein-
fahrt von Port Jackson. Sie waren erstaunt angesichts der Größe der Stadt Sydney,
der geräumigen weißen Steinhäuser, der Windmühlen und der allgemeinen Atmosphäre von Wohlstand. Ein Morgen Land im Zentrum der Stadt war soeben für
£ 12 000 verkauft worden — „ein bewundernswertes Land, wenn man da zu Reichtum
kommen will; man muß bloß Schafzüchter werden, und ich glaube, man *muß* dann geradezu wohlhabend werden." Seinem gewöhnlichen Brauch folgend, mietete Darwin
sich einen Mann und zwei Pferde und machte sich landeinwärts auf. Die Straßen waren
ausgezeichnet, größtenteils dank der Arbeitstrupps in Ketten — Sträflingsabteilungen,
die unter der Obhut bewaffneter Wärter zu arbeiten hatten —, es gab jedoch nur wenige Reisende, ausgenommen gelegentlich einen Ochsenkarren, der mit Wolleballen beladen war. Nach den geliebten tropischen Wäldern Südamerikas fand er die Euka-
lyptuswälder mit ihrem fahlen Laubwerk und ihrem in Fetzen hängenden Rindenbe-
wuchs trostlos und schäbig; „jede Seite der Straße wird von verkümmerten Bäumen der
hier nie fehlenden Eukalyptus-Familie gesäumt", schrieb er geringschätzig. Sie spende-
ten keinen Schatten, ein großer Nachteil, da er bei einer Temperatur von 48° C reiste
und bei einem Wind, der so wirkte, als sei er „über ein Feuer" hingefahren. Auf dem
Rückweg gab es ein angenehmes Zwischenspiel in einem großen Landhaus außerhalb
von Sydney, wo er einer Schar „hübscher, damenhafter australischer Mädchen" begegnete — „auf entzückende Weise unsren englischen ähnlich."

Australien aber interessierte ihn nicht wirklich; er empfand die landschaftliche Szenerie als monoton und hatte eine Abneigung gegen die gesellschaftlichen, auf Sträflings-
arbeit gegründeten Zustände; wie abstoßend, meinte er, von einem Mann bedient zu
werden, der vielleicht am Tag zuvor wegen irgendeines belanglosen Vergehens ausge-
peitscht worden war und keinen Rechtsbeistand hatte. Er sah die Sträflinge ihr Leben
in Unzufriedenheit und Unglück dahinschleppen, während die Siedler nur darauf bedacht waren, Reichtum zusammenzuscharren. Nichts, überlegte er, würde ihn zwin-
gen zu emigrieren, als „die dringendste Notwendigkeit".

Nein, die Neue Welt war nichts für Darwin. Aber die alte, die urzeitliche Welt der
Dunkelheit der Eingeborenen und prähistorischen Tiere — das war etwas anderes.
Weit davon entfernt, so vollkommen herabgewürdigte Wesen zu sein, als die sie dargestellt worden waren, fand er die Eingeborenen gutgelaunt und zuvorkommend, sogar bewunderswert in den ihnen vertrauten Künsten des Spurenlesens und Speerwer-
fens. Aber er merkte nur zu deutlich, daß sie keine Zukunft mehr hatten. „Wo nur
immer der Europäer seinen Fuß hingesetzt hat, scheint der Tod den Eingeborenen zu
verfolgen", schrieb er, sich damit zum deutlichen Echo Kapitän Cooks machend. Sie
nahmen bereits rapide an Zahl ab und wurden zu Fremden und Ausgestoßenen im eigenen Lande. „Es ist sehr merkwürdig, in dieser Weise mitten in einem zivilisierten
Volke eine Gruppe harmloser Wilder zu sehen, die umherwandern, ohne zu wissen,
wo sie die Nacht schlafen werden." Verstörender noch war die Tatsache, daß die Ein-

Ein Eingeborener. FitzRoy war beeindruckt von der „Spindeldürre ihrer Körper, die völlig ohne alles Fett und beinahe ohne Fleisch zu sein schienen ..."

geborenen diese Behandlung ohne Protest hinzunehmen schienen; sie waren nur zu dankbar für die kleinen Hilfeleistungen, die sie vom weißen Mann erhielten: die gelegentliche Erlaubnis zur Benutzung seiner Jagdhunde, Abfall aus seinen Schlachthäusern, ein wenig Milch von seinen Kühen.

Bei den Tieren war es dasselbe. Er ging auf Känguruhjagd und ritt stundenlang in der brütenden Hitze, sah aber den ganzen Tag lang kein einziges Känguruh, nicht einmal einen wilden Hund. „Noch vor wenigen Jahren schwärmten in diesem Teile des Landes wilde Tiere; jetzt aber ist der Emu bis auf eine weite Entfernung hin zurückgetrieben und das Känguruh ist selten geworden. Für beide ist das englische Windspiel sehr verderblich geworden. Es mag vielleicht noch lange dauern, ehe diese Tiere vollständig ausgerottet sind, aber ihr Schicksal ist bestimmt." Eine Glückssträhne hatte er jedoch: er sah mehrere Schnabeltiere in einem Fluß tauchen und spielen. „Sicherlich ist es ein äußerst merkwürdiges Tier."

Alles in allem aber war Darwin durchaus nicht unglücklich darüber, Australien zu verlassen. Das Heimweh hatte ihn mittlerweile zu überwältigen begonnen; er sehnte sich nur noch nach England. Er war tief enttäuscht gewesen, als er erfahren mußte, daß ihn in Sydney keine Briefe erwarteten. Die letzten direkten Nachrichten, die er von seiner Familie hatte, waren dreizehn Monate alt. An seine Schwestern schrieb er: „Ich gestehe, daß ich nie ein Kauffahrteischiff habe aufbrechen sehen, ohne die höchst gefährliche Neigung verspürt zu haben, Hals über Kopf mit loszufahren ... Es reizt mich nichts anderes mehr zu schreiben, als Euch wieder und wieder zu sagen, wie ich mich sehne, wieder ruhig in Eurem Kreise zu sitzen ... Ich bin entschlossen und ganz sicher, daß die Landschaft von England zehnmal schöner ist als alles, was wir gesehen haben ... Ich habe ein ständiges Sehnen, ein Gefühl, wie es ein Gefangener empfinden mag ... Ich möchte am liebsten von morgens bis abends ein ständiges tiefes Brummen ausstoßen." Und an Henslow: „O welches Maß an Sehnsucht, das ich habe, wieder einmal ruhig zu leben, mit keinem einzigen neuen Gegenstand in meiner Nähe. Niemand kann sich das vorstellen, der nicht 5 lange Jahre in einer Brigg mit zehn Kanonen rund um die Welt gewirbelt ist."

Es sollte noch neun lange Monate dauern, bevor er die Heimat erreichte, aber sie waren jetzt wenigstens auf dem Wege. Ende Januar segelte die *Beagle* nach Hobart auf Tasmanien, eine Sechstagereise. Darwin nahm die Gelegenheit wahr, von Hobart aus den Mount Wellington zu besteigen, eine harte, fünfeinhalb Stunden dauernde Bergtour, wie er selbst einräumte. Wieder war er angesichts der Behandlung der Eingeborenen beunruhigt, die damals sämtlich von ihren angestammten Wohnsitzen vertrieben und auf eine Insel in der Baßstraße deportiert worden waren, „eine sehr grausame Maßnahme." Von Tasmanien ging die Reise zum King George's Sound, wo sie sich acht Tage aufhielten: „Wir haben während unserer ganzen Reise keine langweiligere und uninteressantere Zeit verlebt", ausgenommen die glückliche Gelegenheit, Zeuge einer Tanzzeremonie des Stammes der Weißen Kakadu zu werden. „Es war eine außerordentlich rohe barbarische Szene, und nach unserer Idee ohne irgendwelchen Sinn; wir beobachteten aber, daß die schwarzen Frauen und Kinder es mit dem größten Vergnügen beobachteten ... Da war ein Tanz, welcher der Emu-Tanz genannt wurde, bei welchem jedermann seinen Arm in einer eigentümlich gebogenen Art wie den Hals jenes Vogels ausstreckte ... Bei einem anderen Tanz ahmte ein Mann die Bewegung eines in den Wäldern grasenden Känguruh nach, während ein anderer herankroch und nun darstellte, wie er es mit dem Speer treffe. Wenn beide Stämme sich zum Tanz vereinigten, zitterte der Boden unter der Schwere ihrer Tritte, und die Luft erklang von ihrem wilden Geschrei ... Auf dem Feuerlande haben wir viele merkwürdige Szenen des Lebens der Wilden gesehen, aber ich glaube niemals eine, wo die Eingeborenen so aufgeräumt und so vollständig guter Laune waren."

226

Oben: Der Känguruh-Tanz. Unten: Ein anderer Eingeborenentanz, der darin bestand, „daß sie entweder nach der Seite oder nach Indianerart hintereinander auf einen freien Fleck liefen und den Boden, wie sie zusammen marschierten, mit großer Gewalt stampften".

Aber dies war die letzte Begegnung mit Australien. Am 14. März ließ die *Beagle* den King George's Sound hinter sich, und dieses eine Mal erlaubte sich Darwin ein kleines Stück Rhetorik: „Lebe wohl, Australien, Du bist ein aufblühendes Kind und wirst zweifellos einmal eine große Fürstin des Südens sein: Du bist aber zu groß und ehrgeizig zur Liebe und noch nicht groß genug zum Respekt. Ich verlasse Deine Ufer ohne Kummer und Bedauern."

Das Frühjahr 1836 sah die *Beagle* den Indischen Ozean in Richtung der Kokos- (oder Keeling-)Inseln durchqueren. Wenn die Galapagos-Inseln dem äußeren Anschein nach wie die Hölle ausgesehen hatten, so die Kokos-Inseln wie der Himmel; die dunkle Meeresdünung brach sich an Korallenriffen, Tölpel, Fregattenvögel und Seeschwalben flatterten über den Kokospalmen und den weißen Sandstränden, und in den smaragdgrünen Wassern der Lagunen konnten sie ganze Gärten farbenprächtiger Korallenbänke sehen. Im hellen Mondlicht tanzten und sangen die Malaienfrauen für die Matrosen auf dem Strand. Tagsüber badete und angelte die Mannschaft. Sie sprangen den in den Lagunen schwimmenden Schildkröten auf den Rücken und ritten sie ans Ufer, oder sie tauchten vom Meeresboden große Muscheln herauf, die so groß waren, daß sie sich über dem Bein eines Mannes schließen und ihn so lange festhalten konnten, bis er ertrunken war. Darwin unternahm mehrere kleine Landexkursionen mit FitzRoy, und sogar der prosaische FitzRoy geriet angesichts der Merkwürdigkeiten, die sie zu Gesicht bekamen, ins Staunen: eine kokosnußfressende Krabbe, ein korallenfressender Fisch, Hunde, die sich Fische fingen, Muscheln, die zu gefährlichen Menschenfallen wurden, und sogar Ratten, die sich ihre Nester auf den Wipfeln hoher Palmen einrichteten. Darwin beobachtete die Vögel: Tölpel in ihren „rohen Nestern, mit einem dummen, aber ärgerlichen Ausdruck"; Idioten *(noddies),* „dumme, kleine Geschöpfe, wie es ihr Name ausdrückt", und die kleinen, schneeweißen Seeschwalben mit ihren großen schwarzen Augen, die wenige Meter über ihren Köpfen schwebten: „Es gehört nur wenig Einbildung dazu, um sich vorzustellen, daß ein so leichter und zarter Körper von irgendeinem wandernden feenartigen Geiste bewohnt wird."

Da waren weiter gewaltige Krabben, die sich von heruntergefallenen Kokosnüssen nährten. Sie waren mit zwei starken Scheren ausgerüstet, um die Rindenfasern abzuziehen, unter denen sich die drei Keimlöcher befinden. Das getan, beginnt die Krabbe mit ihren schweren Scheren auf eines der Keimlöcher einzuhämmern, dreht sich dann herum und zieht mit Hilfe ihrer hinteren, schmaleren Scheren das Fleisch heraus: ein wunderbares Beispiel dafür, wie eine Spezies sich ihrer Umwelt anpaßt. „Ich glaube, dies ist eines der merkwürdigsten Beispiele von Instinkt, von dem ich je gehört habe, gleicherweise aber auch ein äußerst merkwürdiges Beispiel von Anpassung des Baues zwischen zwei anscheinend so weit im Naturhaushalt von einander stehenden Gegenständen wie eine Krabbe und eine Kokos-Palme." Die Inselbewohner ihrerseits gewannen aus dem fetten Schwanz der Krabben Öl, und zwar bis zu dreiviertel Liter aus einer einzigen Krabbe.

Auf den Kokos-Inseln löste Darwin auch ein anderes Problem, das ihm schon lange im Kopf herumgegangen war. Damals an der chilenischen Küste hatte er sich die Vor-

Mount Wellington auf Tasmanien, den Darwin bestieg, aber wenig pittoresk fand. Insgesamt waren Darwin und FitzRoy von der Szenerie von Neuseeland und Australien enttäuscht.

stellung zurechtgelegt, daß, wenn die Erdkruste gehoben werden konnte, sie auch in der Lage war, sich zu senken, und daß, während die Anden sich aufgeworfen hatten, der Meeresgrund des Pazifischen Ozeans allmählich abgesunken war. Bereits im Oktober 1835, auf dem Wege von den Galapagos-Inseln nach Tahiti, hatte er eine Anmerkung zu den Korallen-Inseln gemacht: „... und wir sahen mehrere der merkwürdigsten Ringe von Korallen-Land, gerade über den Wasserspiegel hervorragend, welche Lagunen-Inseln genannt worden sind ... Diese niedrigen hohlen Korallen-Inseln stehen in gar keinem Verhältnis zu dem ungeheuren Ozean, aus dem sie sich ganz plötzlich erheben; und es erscheint wunderbar, daß solch schwache Eindringlinge nicht von den allmächtigen und nie ermüdenden Wellen jenes großen, fälschlich ,Stillen' genannten, Ozeans überwältigt werden."

229

Jetzt war die Zeit gekommen, Lyells Theorie auf die Probe zu stellen, daß die Korallen-Atolle die von Korallen überkrusteten Ränder von untergegangenen Vulkankratern darstellen. Darwin glaubte, daß der Korallen-Polyp, jenes kleine Lebewesen, das die Riffe in den tropischen Gewässern aufbaut, einiges Licht auf dieses Problem werfen würde. Der Korallen-Polyp konnte in keiner größeren Tiefe als etwa 40 Meter leben, und es war immer behauptet worden, daß er sich in der Nähe der Festlandküste oder im Unkreis von Vulkaninseln niederlassen müsse. Angenommen aber, hatte er sich gefragt, man fände, daß diese Riffe sehr tief hinabreichen und alle Korallen unterhalb der 40-Meter-Marke abgestorben wären — wäre das nicht ein Beweis dafür, daß der Meeresgrund allmählich abgesunken war und der Korallen-Polyp mit seiner Sinkgeschwindigkeit schrittgehalten hatte, indem er seine Riffe bis an die Wasseroberfläche hochbaute? Das war eine Theorie, die er jetzt der Nachprüfung unterziehen konnte.

Er fuhr in einem kleinen Boot zusammen mit FitzRoy zum äußeren Riff hinaus und unternahm an der steilen Außenseite des Keeling-Atolls zahlreiche Tiefenmessungen. Sie fanden heraus, daß bis zur 40-Meter-Marke der präparierte Talg auf der Unterseite des Senkbleis mit Eindrücken von lebenden Korallen hochkam, dabei aber vollkommen rein geblieben war; mit zunehmender Tiefe wurden die Eindrücke im Talg immer weniger, bis es schließlich offenkundig wurde, daß der Meeresboden aus einer Schicht glatten Sandes bestand. Das legte für Darwin die Vermutung nahe, daß Korallenbildungen das Endprodukt von Äonen langsamer Wechselwirkungsprozesse waren: der Auffaltung einer Insel durch unterseeische Vulkantätigkeit, der Kolonisierung ihrer Uferböschungen durch Myriaden von Korallen-Polypen und schließlich

Die drei Stadien der Korallenentwicklung, an Längsschnittzeichnungen ein und derselben Insel veranschaulicht. In dem Maße, wie die Insel absinkt, entwickelt sich das Saum-Riff zu einem Barrieren-Riff und, wenn die Insel selbst unter den Meeresspiegel sinkt, zu einem Atoll.

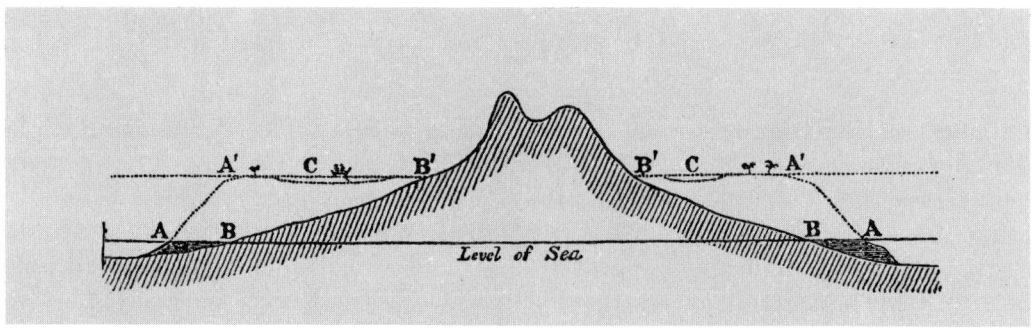

AA. Äußere Ränder des Strand-Riffs, am Meeresspiegel. BB. Die Ufer der umsäumten Insel.
A'A'. Äußere Ränder des Riffs, nach seinem während einer Senkungsperiode nach oben gerichteten Wachstum, jetzt in eine Barre verwandelt mit Inselchen auf ihr. B'B'. Die Ufer der jetzt ringförmig eingeschlossenen Insel.
CC. Lagunen-Kanal.
NB. — In diesem und dem folgenden Holzschnitt konnte das Sinken des Landes nur durch ein scheinbares Steigen des Meeresspiegels dargestellt werden.

des allmählichen Absinkens der Insel ins Meer. Er entwickelte die Unterscheidung von drei verschiedenen Erscheinungsformen von Korallenbildungen: Atolle, Kanal- oder Barrieren-Riffe und Strand- oder Saum-Riffe, sämtlich Bestandteile ein und desselben, sich über Millionen von Jahren erstreckenden Evolutionsprozesses. Das Wachstum der Korallen mußte mit der Bodensenkung darunter schritthalten und somit zuerst ein Barrieren-Riff und dann ein Atoll bilden — „steinerne Berge, welche durch die Tätigkeit verschiedenartiger sehr kleiner und zarter Tiere aufgehäuft worden sind." Er errechnete, daß die Entstehung eines Atolls nicht weniger als eine Million Jahre in Anspruch nahm. Als Beweis für die Absenkung des Bodens führte er auf allen Seiten der Lagune unterminierte und umstürzende alte Kokospalmen auf dem Keeling-Atoll an. „An einer Stelle sah ich die Grundpfeiler eines Schuppens, von denen die Bewohner versicherten, daß sie vor sieben Jahren gerade oberhalb der Flutgrenze gestanden haben, welche aber jetzt täglich von jeder Flut bespült werden." Das war eine dramatische und glänzende Demonstration seiner Theorie der Unbeständigkeit der Erdoberfläche.

Das Frühjahr 1836 war nun schon weit vorgerückt, und schließlich konnten sie nun doch wirklich fühlen, daß sie auf der Heimreise waren. „Nie hat es ein Schiff so voller heimwehkranker Helden gegeben wie die *Beagle* ... Der Kapitän prescht weiter zügig und mit forscher Fahrt voran." Wenn das Wetter schön war, machte sich Darwin eifrig daran, seine Aufzeichnungen zu ordnen, und zum ersten Mal entdeckte er, daß er Schwierigkeiten hatte, seine Ideen zu Papier zu bringen. Er war jedoch guten Mutes. FitzRoy war ebenfalls den ganzen Tag mit Schreiben beschäftigt, und die Mannschaft ließ es sich mit dem guten Vorrat an Kokosnüssen, Geflügel, Kürbissen und Schildkröten wohlsein, den die Beagle auf den Kokos-Inseln an Bord genommen hatte. Am 29. April erreichten sie Mauritius, eine Insel, die „mit dem Ausdruck der vollkommensten Eleganz geschmückt" war. Darwin hielt sich einige Tage bei Kapitän Lloyd auf, dem Vorstand des gesamten Vermessungswesens, der ihn, ziemlich überra-

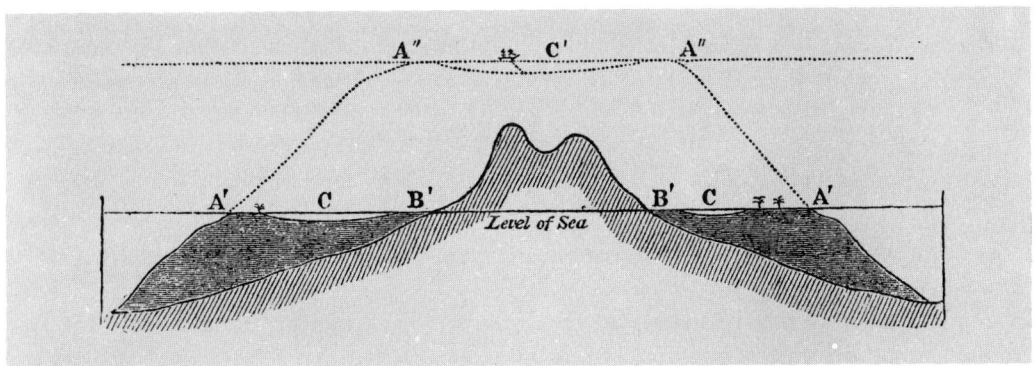

A'A'. Äußere Ränder des Kanal-Riffs am Meeresspiegel, mit kleinen Inseln auf ihm. B'B'. Die Ufer des eingeschlossenen Landes. CC. Der Lagunen-Kanal.
A"A". Äußere Ränder des Riffs, jetzt in ein Atoll verwandelt. C'. Die Lagune des neuen Atolls.
NB. — In bezug auf den wahren Maßstab sind die Tiefen sowohl des Lagunen-Kanals als der Lagune bedeutend übertrieben.

Port Louis, die Hauptstadt von Mauritius. Nach seiner Enttäuschung angesichts der Landschaft von Australien und Ozeanien fand Darwin, daß „die Insel von diesem Gesichtspunkt aus die durch die vielen wohlbekannten Beschreibungen ihrer wundervollen Szenerie gemachten Erwartungen" erfüllte.

schend, auf dem Rücken seines eigenen Elefanten, des einzigen auf der Insel, an Bord zurückbringen ließ.

In den nächsten beiden Monaten umrundeten sie das Kap der Guten Hoffnung; sie gerieten in rauhe Witterung, und es war abzusehen, daß ihre Chancen, England vor Ende des Sommers zu erreichen, sich minderten; sie machten nur eine kurze Zwischenlandung in Kapstadt, langten aber erst am 8. Juli in St. Helena an. Darwin mußte sich damit abfinden, daß er frühestens im Oktober zu Hause sein würde. Er hatte das Reisen überhaupt gründlich satt: „Es gibt kein Land, das jetzt für uns noch

St. Helena. „Es ist eine merkwürdige kleine Welt, die noch einmal in sich selbst eingeschlossen ist; der bewohnbare Teil ist von einem breiten Ring schwarzer, desolater Felsen umgeben, so als wäre die umfassende Barriere des Ozeans nicht ausreichend gewesen, diesen kostbaren Ort zu schützen.“

irgendeine Anziehung hat, es sei denn von achtern gesehen.“ Die fünf Tage, die sie auf St. Helena verbrachten, wurden für ihn nur durch die Spaziergänge erträglich, die er unternahm; er bezog innerhalb einer Steinwurfweite von Napoleons Grab Wohnung und durchstreifte die Insel von morgens bis abends: „Mir machte dieses Umherschweifen mehr Spaß als irgend etwas, was ich seit langem getan hatte.“ Auf der Insel Ascension, „die sich in der Tat mit einem kolossalen, in der brillantesten Ordnung gehaltenen Schiff vergleichen läßt“, bekam er endlich Post von zu Hause, und einer der Seinen erzählte ihm brieflich, daß Professor Sedgwick gesagt habe, er, Charles Darwin, „sollte einen Platz unter den führenden Wissenschaftlern einnehmen." Diese Nachrichten — und der Anblick der Vulkanfelsen von Ascension — befeuerten erneut seine alte Begeisterung für die Geologie. „Nachdem ich diesen Brief gelesen hatte, kletterte ich beschwingten Fußes über die Berge und ließ das Vulkangestein unterm Schwung meines Geologenhammers erklingen."

Es war jetzt beinahe Ende Juli und ein bitterer Schlag, als FitzRoy den Entschluß faßte, den Rückweg über Südamerika zu nehmen, um den Kreis seiner chronometrischen Messungen rund um die Erde vervollständigen zu können. „Dieses Vorrücken im Zickzack-Kurs ist sehr schmerzlich; es hat meinen Gefühlen den letzten Schlag versetzt. Ich verabscheue, ich hasse das Meer und alle Schiffe, die darauf segeln. Und doch glaube ich, daß wir England in der zweiten Oktoberhälfte erreichen werden." In Wirklichkeit war die Lage sogar besser als hier beschrieben. Sie ankerten lediglich einige Tage in Bahia und Pernambuco, und am 19. August ließen sie Südamerika zum letzten Mal hinter sich. Der Wind war ihnen günstig, und sechs Wochen später lief die sturmzerzauste kleine *Beagle* zum Abschluß ihrer Reise in den Ärmelkanal ein.

Es war ein Sonntag, und in strömendem Regen hielt FitzRoy seinen letzten Gottesdienst an Bord, um Gott für ihre glückliche und unversehrte Heimkehr zu danken. Wenigstens in dieser Hinsicht konnte Darwin ihm inbrünstig beipflichten; er brannte darauf, zu seiner Familie und seinen Verwandten in *Maer Hall* heimzukommen. „Am 2. Oktober erreichten wir die Küste von England, und in Falmouth verließ ich die *Beagle*, nachdem ich beinahe fünf Jahre an Bord des guten kleinen Schiffes gelebt hatte."

Köpfe von Eingeborenen von Neuseeland und King George's Sound; von FitzRoy gezeichnet.

KAPITEL XII

Die Auseinandersetzung in Oxford

Darwin verlor keine Zeit und machte sich unverzüglich auf den Heimweg. Sobald die *Beagle* im Hafen von Falmouth vertäut war, eilte er an Land und nahm die erste Post-kutsche nach Shrewsbury, wo er zwei Tage später, am 4. Oktober, ankam. Es war je-doch bereits ziemlich spät nachts, als die Kutsche in die Stadt einfuhr, und trotz sei-ner brennenden Ungeduld, nach Hause zu kommen und seine Familie wiederzusehen, war er doch zu zartfühlend, vielleicht auch zu diszipliniert, auch nur daran zu den-ken, sie zu so später Stunde aufzustören. Er verbrachte die Nacht in einem Gasthof und tauchte am nächsten Morgen unangekündigt in *The Mount* auf, als sein Vater und seine Schwestern sich gerade zum Frühstück hingesetzt hatten. Inmitten der lau-ten Willkommensrufe wandte Dr. Darwin sich seinen Töchtern zu und sagte: „Schaut an, die Form seines Kopfes ist ganz verändert."

Ein Vorfall machte Charles ungeheures Vergnügen. Er ging in den Hof und rief sei-nen Hund, genau so, wie er es früher allmorgendlich zu tun gewohnt war. Der Hund kam herbei und sprang ihm auf ihrem üblichen Spazierweg voraus, ohne mehr Aufre-gung oder Gefühlsüberschwang zu zeigen, als sei es gestern gewesen — und nicht vor fünf Jahren —, daß sie zum letzten Mal zusammen ausgegangen waren.

Beinahe unverzüglich schrieb Darwin an seinen Onkel Josiah Wedgwood: „Der Kopf schwirrt mir vor so viel Wonne." Und seine Cousine Emma äußerte: „Wir werden schon ganz ungeduldig beim Warten auf Charles' Ankunft."

Darwin sah auch das Schiff wieder; im Mai 1837 schrieb er: „Heute habe ich der *Beagle* einen Besuch abgestattet. Sie segelt in einer Woche nach Australien. Es schien mir unglaublich seltsam, das kleine Schiff zu sehen und dabei zu denken, daß *ich* nicht zur Mannschaft gehören soll. Wäre da nicht die Seekrankheit, ich hätte keiner-lei Bedenken, wieder mit aufzubrechen."

Er brach dennoch nie wieder mit auf; es ist beinahe kaum zu glauben, aber Darwin, der ein Alter von dreiundsiebzig Jahren erreichte, hat die Grenzen Englands nie wie-der hinter sich gelassen. Das lag vor allem und weitgehend daran, daß das Leben die-ses abenteuerlustigen und anscheinend robusten jungen Mannes seit 1838, obwohl er doch erst neunundzwanzig Jahre alt war, von Krankheit verdüstert war. Im Jahre 1842 unternahm er eine kurze Reise nach Wales: „Diese Exkursion war ... das letzte Mal, daß ich je kräftig genug war, Berge zu erklettern oder lange Märsche zu unter-nehmen." Sein Sohn Francis schrieb in seinen Erinnerungen an seinen Vater: „Es ist ein hervortretender Zug in seinem Leben, daß er für nahezu vierzig Jahre nicht einen Tag gekannt hat, in dem er gesund wie ein gewöhnlicher Mensch gewesen wäre." Das Wesen dieser seiner Kränklichkeit ist nie deutlich erhellt worden; die schrecklichen Anfälle von Seekrankheit, an denen er während der Reise zu leiden hatte, mögen da-bei eine Rolle gespielt haben. Einige Ärzte, die sich auf den ziemlich mißbilligend-kri-

Darwin im Jahre 1853. Kreidezeichnung von Samuel Lawrence.

tischen und autoritären Charakter von Darwins Vater berufen, haben die Vermutung geäußert, daß seine Kränklichkeit psychosomatischen Charakter hatte; andere waren der Meinung, er habe sich beim Biß jener Benchuca-Wanze, mit der er in Südamerika experimentierte, tatsächlich die Chagas-Krankheit zugezogen. Wahrscheinlich ist Julian Huxleys Antwort die sinnvollste: daß er nämlich an einer Kombination von psychoneurotischen Symptomen und irgendeiner Infektion (möglicherweise wiederum jener Chagas-Krankheit) litt, die er sich auf der Reise zugezogen hatte. Was immer es gewesen sein mag: es läßt sich nicht an Darwins Worten zweifeln, wenn er 1871 sagte: „Ich verbringe keinen Tag und keine Nacht ohne viele von Beschwerden verdüsterte Stunden."

Im Jahre 1836 aber stürzte er sich, aus den beengten Räumlichkeiten der *Beagle* entlassen, frischweg in eine solch leidenschaftliche Aktivität, daß er überhaupt keine Zeit hatte, an seine Gesundheit zu denken. Die beiden folgenden Jahre waren die aktivsten seines Lebens. Er machte sich daran, seine gewaltigen Probensammlungen zu klassifizieren, wobei er ständig zwischen Cambridge, London und Shrewsbury hin und her eilte. Anfangs war es schwierig, Fachleute zu finden, die ihm dabei zur Hand gingen: „Ich habe keine großen Fortschritte mit den bedeutenden Männern gemacht; ich finde sie, wie Sie mir ja schon sagten, sämtlich mit ihren eigenen Arbeiten überhäuft", schrieb er einen Monat nach seiner Rückkehr an Henslow. Henslow selbst aber — und auch Lyell — ermutigten ihn unentwegt, und ihrer beider Einfluß war es denn auch zu verdanken, daß er einen Zuschuß von £ 1000 für ein fünfbändiges Werk über die Zoologie der *Beagle*-Reise bekam, das er herausgab, und daß er schließlich zum Sekretär der „Geologischen Gesellschaft" von London bestellt wurde. Darüber hinaus schrieb er emsig an seinem *Journal of the Voyage of the Beagle,* das zuerst 1839, als dritter Teil des dreibändigen Berichts über die Landvermessungsreise von HMS *Adventure* und HMS *Beagle,* veröffentlicht wurde.

Im Jahre 1837 nahm Darwin in der Nähe seines Bruders Erasmus in London Wohnung, und Ende Januar 1839 heiratete er seine Cousine Emma, die jüngste Tochter von Josiah Wedgwood, seinem Lieblingsonkel Jos. Emma war eine bezaubernde Frau, ein Jahr älter als Darwin, intelligent, fröhlich und sehr musikalisch; sie hatte bei Chopin Klavierunterricht gehabt. Ihre Tante, Madame Sismondi, sagte von ihr, sie „ginge lachend und heiter durchs Leben", und obwohl das nicht ganz wahrscheinlich klingt, wenn man bedenkt, daß sie zehn Kinder und einen Gatten hatte, der ständig invalid und kränklich war, so war sie doch ganz offensichtlich eine hervorragende Frau. Nur wenige Ehemänner können, wie Darwin dreißig Jahre später, schreiben: „Ich kann mit Fug und Recht behaupten, daß ich sie in meinem ganzen Leben kein Wort habe aussprechen hören, das ich lieber ungesagt gesehen hätte." Ihn beschrieb sie ihrerseits als den „offensten, aufrichtigsten Menschen, den ich je gesehen habe, und jedes seiner Worte bringt seine wirklichen Gedanken zum Ausdruck. Besonders zärtlich und sehr liebevoll geht er mit seinem Vater und mit seinen Schwestern um, er ist vollkommen sanftmütig und besitzt einige unbedeutendere Eigenschaften, die beträchtlich zum Glück des Partners beitragen — etwa seine Tierliebe." Sie fand es unmöglich, sich in seine Arbeit einzumischen, und hielt es nicht einmal für interessant, seine Experimen-

Down House, von der Rückseite aus gesehen. „Es ist indessen kein ganz so geheim gelegener Ort, wozu ihn der Verfasser eines Artikels in einer deutschen Zeitschrift macht, welcher sagt, daß mein Haus nur auf einem Maultierpfade zu erreichen sei!"

Erasmus Alvey Darwin. Zeichnung von George Richmond. „Er war äußerst angenehm, und sein Witz erinnerte mich oft an den in den Briefen und Werken von Charles Lamb."
Emma Darwin. Nach einem Porträt von George Richmond. Als Darwin vor der Entscheidung stand, zu heiraten oder nicht zu heiraten, schrieb er auf einem Blatt Papier an sich selbst: „Stelle Dir nichts anderes vor als ein hübsches, sanftes Weib auf einem Sofa vor einem guten Feuer, und vielleicht Bücher und Musik — vergleiche das mit der erbärmlichen Realität von Gt Malboro' St. [36, Great Marlborough Street, wo er seine Wohnung gefunden hatte] Heirate — Heirate — Heirate."

te zu beobachten, schützte andererseits aber auch nie ein solches Interesse vor. Als sie einmal zusammen einen wissenschaftlichen Vortrag besuchten, sagte er zu ihr: „Ich fürchte, das ist sehr ermüdend für dich." „Nicht mehr als alles andere auch", antwortete sie. Er zitierte diesen Ausspruch gewöhnlich mit Vergnügen; ganz offensichtlich verstanden sie einander vollkommen.

Als Jungverheiratete wohnten die Darwins in der Gower Street in London; 1842 aber konnte Charles die Belastungen eines Lebens in der Stadt nicht mehr ertragen, und so zogen sie nach Down House in Kent um, sechzehn Meilen außerhalb von London. Anfangs fuhr Charles noch zwei oder drei Mal wöchentlich in die Stadt, in der Hoffnung, nur ja nicht zu einem „Saukerl aus Kent" zu werden; bald aber fand er sogar das zu anstrengend, und allmählich richtete er sich in einer Tagesroutine ein, die sich für den Rest seines Lebens nicht mehr ändern sollte. Die Stunden seiner wissenschaftlichen Arbeit standen unveränderlich fest: von 8 bis 9 Uhr 30 und 10 Uhr 30 bis mittags; dann hielt er sein „Tagewerk" für getan. Die Niederschrift seiner Materialien war für ihn der schlimmste Teil; er hielt das für eine anspruchsvolle und mühselige Arbeit. Der Rest seiner Zeit verging mit Spaziergängen, Ausritten, Ausruhen, Nachdenken, der Beantwortung von Briefen und langen Stunden der Lektüre. „Wenn ich das Verzeichnis von Büchern durchsehe, die ich gelesen und exzerpiert habe", schrieb er später, „bin ich von meinem Fleiß ganz überrascht." Seine Bibliothek wuchs stark an, war aber vor allem eine Hand- und Arbeitsbibliothek; für Bücher an sich hatte er kein Gespür, und wenn er ein umfangreiches Buch studierte, so riß er es manchmal in zwei Teile auseinander, um es besser handhaben zu können. So vergingen die Alltage und Sonntage, jeder mit seinen festgelegten Phasen von Arbeit und Erholung.

Diese Periode seines Lebens war von kurzfristig-dringlichen Arbeiten ausgefüllt: der Herausgabe von fünf Bänden der *Zoology of the Beagle,* der Arbeit an einem Aufsatz über die Korallenriffe, der ihn zwanzig harte Monate kostete, und der endlosen Revision und Korrektur seiner Arbeitsmaterialien aus der Zeit der *Beagle*-Reise. Der Verleger John Murray las das *Journal,* als es 1839 erschien, und merkte sofort, daß es, abgesehen von seinem wissenschaftlichen Wert, eines der besten Reise- und Abenteuerbücher war, die je geschrieben worden waren. Er brachte sich in den Besitz der unverkauft liegengebliebenen Auflage, ließ ein paar Buchblöcke einbinden und verschickte sie an einige einflußreiche Freunde. Als er gewahr wurde, daß sie von dem Buch ebenso begeistert waren wie er selbst, kaufte er das Copyright für £ 150 und brachte 1845 eine Neuauflage heraus. Von da an erlebte das Buch ständig steigende Verkaufszahlen und wurde schließlich in aller Welt übersetzt und veröffentlicht. Darwin war entzückt: „Der Erfolg dieses meines ersten literarischen Kindes schmeichelt meiner Eitelkeit mehr als der meiner anderen Bücher."

Im Jahre 1846 glaubte er, mit dem gesamten *Beagle*-Komplex nun endlich fertig zu sein. Im Oktober schrieb er an Henslow: „Sie können sich nicht vorstellen, wie erfreut ich war, meine gesamten *Beagle*-Materialien aufgearbeitet zu haben … seit meiner Rückkehr sind nun zehn Jahre verstrichen, und Ihre Worte, die ich für unsinnig hielt, haben sich bewahrheitet, daß man nämlich die doppelte Anzahl von Jahren für die Beschreibung als für die Sammlung und Beobachtung brauchen werde." In Wirklichkeit war doch noch ein Problem von der Reise übriggeblieben, nämlich das der winzigen Cirripedien oder Entenmuscheln, die nicht mehr als nagelkopfgroß waren, und das Studium und die Klassifikation dieser Spezies nahmen die nächsten acht Jahre von Darwins Leben in Anspruch.

Seine Arbeit breitete sich vor ihm jetzt mit immer umfassenderen Horizonten aus. Er hatte ja so viele Einfälle und interessierte sich für nahezu alles. Er studierte Schafe, Rinder, Schweine, Hunde, Katzen, Geflügel, Pfauen, Kanarienvögel, Goldfische, Regenwürmer, Bienen und Seidenspinner ebenso wie Blumen und Gemüsepflanzen. Insbesondere experimentierte er mit Tauben und war Mitglied zweier Taubenzüchtervereine. Die Männer nannten ihn „Squire" (Junker), und er nahm, in Wolken von Tabaksrauch gehüllt, an ihren Zusammenkünften teil. Einer seiner Taubenzüchterkollegen schrieb über eine bestimmte Taubenart: „Wenn es denkbar wäre, daß alle Adeligen und hohen Herren einmal das erstaunliche Maß von Trost und Vergnügen kennenlernten, wie es der Almond- oder Mandel-Tümmler bereitet …, so wäre sicher kein Adeliger oder hoher Herr mehr ohne eigenen Taubenschlag." Darwin stimmte vollständig mit ihm überein: „Die Taubenzucht ist ein majestätisches und vornehmes Unterfangen und, wenn Sie auch das Gegenteil behaupten mögen, dem Falter- oder Schmetterlingssammeln weit überlegen."

Er hatte eine große Vorliebe für das Experiment — „ich bin so lange nicht zufrieden, wie ich es nicht ausprobiert habe" — und eine besondere Schwäche für etwas, das er

Das neue Arbeitszimmer in Down House.

„Narren-Experimente" nannte; einmal bat er beispielsweise seinen Sohn Francis, sein Fagott dicht an den Blättern einer schallempfindlichen Pflanze zu spielen; er brannte darauf zu erfahren, ob sie zu den Klängen vibrierte.

Man ist nicht allzu bereitwillig geneigt zu glauben, daß die Annehmlichkeiten des viktorianischen Familienlebens tatsächlich so idyllisch waren, wie es die Biographen glauben machen wollen. In Darwins Fall besteht daran jedoch kein Zweifel; Eltern, Kinder, Verwandte, Freunde und Bekannte — alle haben an der Offensichtlichkeit eines echten Familienglücks keinen Zweifel gelassen. Maria Edgeworth beschreibt Charles' „strahlend zuversichtliche Ausgeglichenheit". Ein anderer Besucher schrieb, daß Charles, „auch wenn er sehr unpäßlich ist, doch gesellig und herzlich bleibt".

„Mehr als jede andere Frau, die ich gekannt habe, machte sie das Leben *angenehm*", sagte Mrs. Huxley von Emma. Darwin brachte seinen Kindern eine ganz außergewöhnliche Zuneigung entgegen und behandelte sie mit einer Wärme und Freundlichkeit, die sie ihm niemals vergaßen. Das war zu einem gewissen Teil vielleicht eine Gegenreaktion auf die autoritäre Behandlung, die er von seinem eigenen Vater erfahren hatte; jedenfalls ging er mit ihnen von Anfang an als unabhängigen menschlichen Wesen um, in jenen Tagen eine seltene Art und Weise des Verkehrs mit Kindern. Die Darwins hatten zehn Kinder, von denen sieben die frühe Jugend überlebten, und keines hatte auch nur die leiseste Furcht vor dem Vater. Im Alter von vier Jahren versuchte eines, ihn mit einem Sixpence-Stück zu bestechen, während seiner Arbeitsstunden mit ihnen zu spielen. Wenn ein Kind krank war, so konnte man es mit großer Wahrscheinlichkeit „zum Trost und zur Gesellschaft" auf dem Sofa in seinem Arbeitszimmer gebettet finden.

Er schrieb die reizendsten und warmherzigsten Briefe; als sein ältester Sohn Willy im Rugby ein gutes Ergebnis erzielte, meinte er: „Mein lieber alter Willy, seit langer Zeit hat mir nichts mehr so viel Vergnügen gemacht wie der Empfang Deines Briefes mit den *ausgezeichneten* Neuigkeiten heute morgen ... Wir sind so überaus glücklich zu hören, daß Du zufrieden und wohlauf bist ... Ich denke bei meinem Morgenspaziergang oft an Dich." Und an seinen Sohn George, als der zum zweitbesten Mathematiker in Cambridge erklärt wurde: „Mein guter alter Junge ... Wieder und wieder gratuliere ich Dir ... Du hast mir die Hand erzittern lassen, so daß ich nur mit Mühe schreiben kann." Er war beim Tode seiner zweiten Tochter Anni zugegen, als sie im Alter von zehn Jahren in Malvern starb (Emma konnte an der Beerdigung nicht teil-

Weißfleck- (links) und Kropftauben. Zeichnungen in Down House.

nehmen, weil sie mit ihrem neunten Kind schwanger war), und noch fünfundzwanzig Jahre später traten ihm die Tränen in die Augen, wenn er nur an sie dachte.

Die Darwins waren eine vergleichsweise wohlhabende Familie. Als sein Vater starb, erbte Charles eine Jahresrente von £ 5000. Seinen Kindern gegenüber ging er mit Geld sehr freizügig um; am Ende eines jeden Jahres stellte er eine Gewinn- und Verlustrechnung auf und verteilte den Überschuß unter ihnen.

Von Familienbesuchen abgesehen, nahm Darwin wenig Urlaub von seiner Arbeit; die einzigen Unterbrechungen traten ein, wenn er mehrere Wochen jährlich verreisen mußte, um sich seiner „Wasser-Kur" zu unterziehen, das einzige, was seine gesundheitliche Verfassung zu bessern schien. In dem Maße, wie seine Arbeit tiefer und tiefer von ihm Besitz ergriff, schwanden seine anderen Interessen dahin und begannen ihn sogar aktiv zu irritieren. Im Jahre 1876 schrieb er, er könne „es nicht ertragen, auch nur eine Zeile Poesie zu lesen ... (er) fand Shakespeare unerträglich langweilig, und Musik trieb seine Gedanken lediglich an, sich wieder um seine Arbeit zu kümmern." Das einzige, was ihm wirklich Unterhaltung verschaffte, war das Zuhören beim lauten Vorlesen eines Buches, besonders einen Romans mit *happy end*. Und das war der gleiche Mensch, der in Cambridge in seinem Zimmer Shakespeare-Lesungen arrangiert, das größte Vergnügen beim Hören von Mozart- und Beethoven-Symphonien empfunden und bei seinen Inlandexkursionen in Südamerika unweigerlich einen Band mit Miltons Gedichten im Gepäck mitgeführt hatte. Er selbst fand diesen „merkwürdigen und beklagenswerten Verlust des höheren ästhetischen Empfindens" sehr seltsam. Aber es war nun einmal der Fall. „Mein Hauptvergnügen und meine Hauptbeschäftigung ist mein ganzes Leben lang die wissenschaftliche Arbeit gewesen."

Diese Lebensweise führte ihn naturgemäß nicht allzu oft mit FitzRoy zusammen, und tatsächlich trafen sich die beiden Männer, als die Reise vorbei war, nur noch selten. Im Jahre 1843 wurde FitzRoy zum Gouverneur und Oberbefehlshaber von Neuseeland ernannt, aber seine offensichtliche Voreingenommenheit zugunsten der Ureinwohner — fraglos war dabei sein Missionstrieb im Spiel — machten ihn bei den Siedlern unbeliebt, und die Admiralität berief ihn bald zurück. Nicht lange danach nahm er seinen Abschied von der Marine, obwohl er zuvor noch zum Vize-Admiral befördert worden war. Während aber Darwins Lebenskurve — von seinem Gesundheitszustand immer abgesehen — in stetigem Aufstieg begriffen war, vereinigten sich die Lebensumstände und der Charakter des armen FitzRoy und wirkten zusammen, um ihn zu enttäuschen und niederzudrücken. Seine erste Frau starb im Jahre 1852, seine älteste Tochter, ein schönes sechzehnjähriges Mädchen, vier Jahre später ebenfalls. Im Jahre 1857 bewarb er sich um die Stellung eines Obersten Marineoffiziers in der Marineabteilung des Handelsministeriums, die statt dessen jedoch Sulivan zufiel — dem Mann, der zwanzig Jahre zuvor sein Zweiter Offizier auf der *Beagle* gewesen war. Für einen Menschen von FitzRoys Stolz muß das eine nur schwer hinzunehmende Entscheidung gewesen sein. Er wurde zu einem großen Experten der Wettervorhersage; tatsächlich war er sogar der Initiator des gesamten Systems der Wettervorhersage, auf dem die heutige Schiffahrt beruht. Aber auch hier geriet er wieder ins Kreuzfeuer der

Kritik, wobei *The Times* so weit ging, auf die „außerordentlich mangelhafte und dunkle Ausdrucksweise, wie sie der Admiral in seinen Erklärungen benutzt", hinzuweisen. Und diesmal hatte er nicht die Unterstützung und Loyalität seiner Kameraden auf der *Beagle* hinter sich, die ihn so viele Jahre zuvor aus jener gleichen Art von Stimmungstief herausgerissen hatten.

In dem Maße, wie sich ihre Auffassungen allmählich auseinanderentwickelten — Darwin mehr und mehr in seine wissenschaftlichen Theorien vertieft, FitzRoy in wachsendem Maße von der buchstäblichen Wahrheit jedes Wortes der Bibel überzeugt —, blieben sie immer weniger Freunde, und ihre letzte Begegnung im Jahre 1857, als FitzRoy zwei Tage und zwei Nächte Gast in Down House war, verlief wenig befriedigend. FitzRoy war ein Mensch, so Darwin in einem Brief an seine Schwester, „der die denkbar vollkommenste Erfahrung darin hat, alles und jeden in einem vollkommen verdrehten Sinne zu sehen".

Jetzt aber kam auf Darwin die große Krise — und der große Ruhm — seines Lebens zu. Die ganzen Jahre, seit er die Galapagos-Inseln gesehen und seine Materialien von der *Beagle*-Reise zu klassifizieren und aufeinander abzustimmen begonnen hatte, war er wieder und wieder — seinen eigenen Worten zufolge — von der Überzeugung „bedrängt" worden, daß die verschiedenen Spezies des Lebens auf Erden von gemeinsamen Ahnenreihen abgezweigt waren; sie waren nicht entwicklungslos und unwandelbar erschaffen worden, Vererbung und Umwelt hatten ihrerseits neue Formen hervorgebracht. Zeitlich weit zurückreichend, im Jahre 1837, hatte er sein erstes Notizheft — aus dem später eine ganze Reihe von Notizheften werden sollte — über den Artenwandel angelegt, und als er ein Jahr später Malthus' Buch *An Essay on the Principle of Population* (Das Bevölkerungsgesetz) las, das zuerst 1798 veröffentlicht worden war, war er sich deutlich bewußt, einer Idee von großer Tragweite auf der Spur zu sein; und zwar so deutlich, daß er einige Jahre später seine Theorie in groben Umrissen entwarf und sie zusammen mit einem Brief seiner Frau übergab, mit der Bitte, sie im Falle seines unerwarteten Todes zu veröffentlichen.

Jetzt unternahm er jedoch selbst Schritte zu ihrer Veröffentlichung; er muß gemerkt haben, welchen Entrüstungssturm diese häretischen Ideen erwecken würden. In seiner Autobiographie erzählt er, daß er als junger Mann, bevor er nach Cambridge ging, „nicht den geringsten Zweifel an der strikten und wörtlichen Wahrheit jedes Wortes in der Bibel hatte", und er erinnert sich, daß er später, noch an Bord der *Beagle,* von mehreren Offizieren herzlich ausgelacht worden sei, weil er „die Bibel als unwiderlegliche Autorität in einigen Fragen der Moral zitiert" habe. Es kann für ihn nicht leicht gewesen sein, seine eigenen Entdeckungen zu akzeptieren; seine religiöse Erziehung muß einen heftigen Kampf gegen die Schlußfolgerungen, die er zu ziehen gezwungen war, entfesselt haben. Er wußte jedoch, daß er recht hatte. „Der Unglaube nistete sich ganz langsam bei mir ein, war aber schließlich doch vollständig. Das ging so langsam vor sich, daß ich keinerlei Bedrängnis verspürte und seither nie auch nur eine Sekunde lang daran gezweifelt habe, daß meine Schlußfolgerung richtig war."

Seine Schlußfolgerung, die er später beträchtlich erweiterte, lautete kurz folgendermaßen: „Da viel mehr Individuen einer jeden Spezies geboren werden, als überleben

245

können, und da es entsprechend einen häufig wiederkehrenden Existenzkampf gibt, folgt daraus, daß jedes Lebewesen, wenn es in irgendeiner für es selbst vorteilhaften Weise variiert ..., eine bessere Überlebenschance haben und damit auf natürliche Weise ausgewählt werden wird ... Diese Beibehaltung vorteilhafter individueller Unterschiede und Variationen und die Vernichtung aller derjenigen, die nachteilhaft sind, habe ich die Natürliche Zuchtwahl oder das Überleben der Passendsten genannt."

Seine Beschreibung der Ameisenschar, die er vor zwanzig Jahren im Regenwald Brasiliens beobachtet hatte, und seine Ableitungen aus ihrem Verhalten bildeten die Basis aller künftigen wissenschaftlichen Arbeit auf diesem Gebiet. „In diesem Falle", schrieb er, „ist die Selektion auf die Familie und nicht auf das Individuum angewendet worden, und zwar um der Erzielung eines brauchbaren Resultats willen." Dieses Resultat war das Wohl der Kolonie, in deren Rahmen sie natürlich keine wirklichen Individuen waren; jede Ameise, taub und nahezu blind, funktionierte als Einzelzelle in einem gigantischen Organismus, angetrieben von einem blinden Instinkt. Er erinnerte sich in diesem Zusammenhang auch der Insekten, die er im selben Tropenwald beobachtet hatte, und der Art und Weise, wie sie sich der Tarnung als Schutzmittel bedient hatten. „Wenn wir annehmen, daß ein Insekt ursprünglich und durch Zufall in einem gewissen Maße einem abgestorbenen Zweig oder einem verwitterten Blatt ähnelte und es in vieler Hinsicht leicht variierte, so werden alle Variationen, die die Insekten solchen Objekten ähnlicher gemacht haben, erhalten bleiben, während andere letztlich verlorengehen, oder wenn sie das Insekt dem imitierten Objekt unähnlicher werden ließen, ausgemerzt werden."

Darüber hinaus gab es den Faktor der geschlechtlichen Zuchtwahl, wobei sich die Selektion auf dem Wege von Vorteilen im Kampf um die Fortpflanzung vollzog. „Schönheit", schrieb er später, „ist manchmal besser als Sieg im Kampf." Die Akkumulation vorteilhafter Variationen über lange Zeitspannen hin mußte auf das Auftauchen neuer Spezies und das Aussterben älterer hinauslaufen.

Hier kam Häresie ins Spiel. Für den Durchschnittschristen war noch immer jedes Wort der Bibel buchstäblich wahr. In England hatten Erzbischof Ussher und Dr. John Lightfood von der Universität Cambridge mit Hilfe einer Reihe mystischer Berechnungen das tatsächliche Datum der Erschaffung der Welt festgesetzt — es geschah um 9 Uhr vormittags am Sonntag, dem 23. Oktober des Jahres 4004 v. Chr. —, und diese außerordentliche Verlautbarung wurde mit der ganzen Autorität des Evangeliums selbst in vielen Bibelexemplaren gedruckt, die damals in Umlauf waren. Es gab viel theologische Auseinandersetzungen um die genaue Deutung der Bibel, die Fakten des Schöpfungsberichts aber waren sakrosankt: die Welt war von Gott in sechs Tagen erschaffen worden, der Mensch nach Seinem Bilde gemacht, und alle Kreaturen der Erde waren in ein und demselben Augenblick ins Leben getreten und hatten die Sintflut nur überlebt, weil Noah zwei von jeder Art, ein Männchen und ein Weibchen, an Bord seiner Arche genommen hatte.

Natürlich könnte hier eingewendet werden, daß viele Menschen diese Dinge noch heute glauben; im viktorianischen England aber bildeten sie den innersten Kern des

Bewußtseins von beinahe jedermann, waren sie so endgültig und unanfechtbar wie Tag und Nacht; räumte man diese Grundlagen beiseite, zerstörte man die Gesellschaft, spottete man Gottes selbst. Kein Wunder also, daß Darwin mehr als zwanzig Jahre hatte verstreichen lassen, bevor er seine häretischen Theorien über den Ursprung der auf Erden wimmelnden Arten veröffentlichte; in England sah er sich der gesellschaftlichen Ächtung ausgesetzt, auf dem Kontinent hätte er sogar leicht inhaftiert werden können, und ein wenig früher würde ihn zweifellos der Zugriff der Inquisition erfaßt haben.

Er hätte sogar noch länger gewartet, wäre er nicht in Gefahr gewesen, von einem anderen Naturwissenschaftler, Alfred Russel Wallace, vorweggenommen zu werden, dessen Gedankengänge sich in ähnliche Richtungen bewegten wie seine eigenen. Im Juni 1858 war aus heiterem Himmel ein Brief von Wallace an Darwin angekommen, dazu ein Essay und die an Darwin gerichtete Bitte, ihn an Lyell weiterzuschicken. Dieser Essay trug den Titel *On the Tendencies of Varieties to Depart Indefinitely from the Original Type* (Über die Tendenz der abweichenden Arten, sich unbegrenzt vom Ursprungstypus zu entfernen).

Darwin benahm sich wie gewöhnlich bewundernswert. Angesichts der Aussicht, ganze Jahre von Arbeit entwertet und seine neue Theorie vorweggenommen zu sehen, zögerte er dennoch keinen Augenblick. Er schickte den Essay mit einer warmherzigen Empfehlung an Lyell. „So wird meine ganze Originalität", konnte er sich nicht enthalten hinzuzufügen, „zuschanden."

Glücklicherweise wußten sowohl Lyell als auch Joseph Hooker um das Ausmaß der Arbeit, die er bereits zu diesem Problem geleistet hatte, und beide hatten den Abriß seiner Theorien gelesen; sie überredeten ihn, nicht einfach bescheiden beiseite zu treten; er und Wallace mußten gemeinsame Sache machen. Es wurde vereinbart, der *Linnean Society* im folgenden Monat einen gemeinschaftlich verfaßten Vortrag zukommen zu lassen.

Ein Jahr später veröffentlichte Darwin sein Buch *On the Origin of Species by means of Natural Selection, or the preservation of favoured races in the struggle for life* (Über die Entstehung der Arten im Thier- und Pflanzenreich durch natürliche Züchtung, oder Erhaltung der vervollkommneten Rassen im Kampf um's Dasein). Es wurde von John Murray verlegt, und die erste Auflage von 1250 Exemplaren war noch am Erscheinungstage vergriffen. Überraschenderweise wurde anfangs nur wenig Aufhebens davon gemacht. Die meisten Wissenschaftler beschnupperten die Theorie vorsichtig, und mit Ausnahme einiger weniger, die dafür Partei ergriffen, zogen die meisten es vor, sich ihr Urteil aufzusparen; wie Hooker später sagte, war „das geweckte Interesse ungeheuer, aber das Thema war zu neuartig und für die alte Schule zu unheildrohend, als daß man unbewaffnet dafür in die Schranken hätte treten mögen".

Das Problem war jedoch zu revolutionär, um stillschweigend liegengelassen werden zu können, es versetzte die Menschen überall in Aufruhr. Was Darwin sagte oder doch jedenfalls zu vermuten gab, war, daß die Welt keineswegs in einer Woche erschaffen worden war und sicherlich auch nicht im Jahre 4004 v. Chr. Sie war unvorstellbar viel älter, sie hatte sich bis zur Unkenntlichkeit verändert und war weiterhin in Veränderung begriffen, alle lebenden Wesen veränderten sich ebenfalls, und der Mensch, weit entfernt, das Ebenbild Gottes zu sein, mochte in seiner Entwicklung als etwas sehr viel Primitiveres begonnen haben. Kurzum, die Geschichte von Adam und Eva war ein Mythos.

Das aber war unerträglich. Die Menschen erbosten sich bei der Vorstellung, sie könnten ihrer Abstammung nach eine gemeinsame Herkunft mit den Tieren haben. Irrtümlicherweise glaubten sie, er habe gesagt, daß der Mensch vom Affen abstammte; in Wirklichkeit glaubte er, daß der moderne Mensch und die Affen der Neuzeit in prähistorischer Zeit von einer gemeinschaftlichen Ahnenreihe abgezweigt waren.

Bereits im Jahre 1844 hatte Darwin an Hooker geschrieben: „Endlich ist mir ein schwacher Lichtschimmer aufgedämmert, und ich bin nahezu davon überzeugt (ganz im Gegensatz zu der Auffassung, mit der ich angefangen habe), daß die Arten *nicht* unveränderlich sind (das ist so, als gestände man einen Mord)." Und jetzt war der Mord gestanden.

Es war der Kirche nicht länger möglich, schweigend abseits zu stehen. Im Jahre 1860, als Darwins Buch bereits drei Auflagen erlebt hatte, gerieten die Geistlichen in hellen Aufruhr und zogen es vor, sich bei jener berühmten Zusammenkunft der *British Association*, die im Juni desselben Jahres in Oxford abgehalten wurde, einzufinden und zum Kampf zu stellen — einer Zusammenkunft, die die großen Exponenten von Wissenschaft und Religion zur Auseinandersetzung um die Theorie des Ursprungs der Arten zusammenführen sollte.

Über dieser ganzen Kontroverse liegt ein Hauch von Anachronismus, ja von Absurdität; sie scheint nicht dem vergangenen Jahrhundert, sondern dem Mittelalter anzugehören, und man muß eine bewußte geistige Anstrengung machen, um glauben zu können, daß sie sich tatsächlich ereignete. Natürlich gab es viele Wissenschaftler, namentlich Geologen, die selbst ein großes Stück Weges in Richtung auf die Evolutionstheorie zurückgelegt hatten: Darwins Großvater Erasmus Darwin, Buffon und Lamarck und noch andere wie Henry Adams, die einen „instinktiven Glauben an die Evolution" in sich spürten. Aber dennoch gaben sich die meisten Zeitgenossen Darwins damit zufrieden, Paleys Theorie hinzunehmen, derzufolge die Form jeder existierenden Spezies von Pflanze und Tier unmißverständlich Zeugnis vom Wirken der göttlichen Hand ablegte.

Die Geistlichkeit fand sich in großer Zahl zu der Zusammenkunft ein; sie wurde angeführt von der beeindruckenden Gestalt von Samuel Wilberforce, des Bischofs von Oxford, eines Mannes, dessen leidenschaftliche Beredtsamkeit manche Leute etwas zu glatt anmutete (er war unter dem Spitznamen ‚*Soapy Sam*' [Seifen-Sam] bekannt), dessen Einfluß jedoch in der Tat sehr groß war. Wilberforce kündigte im voraus an, er sei darauf aus, „Darwin zu zerschmettern". Er wurde unterstützt von dem Anatomen Richard Owen, einem wilden Anti-Darwinisten, der den Bischof für seine Rede wahrscheinlich mit wissenschaftlicher Munition versorgt hatte. Darwin war krank und konnte nicht kommen, sein alter Lehrer aber, Professor Henslow, war im Vorstand, und in T. H. Huxley und dem Botaniker Hooker hatte er zwei glühende Fürsprecher.

Die Dinge entwickelten sich anfangs gemächlich. Den ganzen Donnerstag (28. Juni) und Freitag schleppte sich die Diskussion zusammenhanglos unter minderen Wissenschaftlern dahin. Durch Zufall war auch FitzRoy zu der Sitzung gekommen, um einen Vortrag über *British Storms* (Stürme in England) zu halten, und das tat er denn auch am Freitag. Am Samstag aber verbreitete sich die Nachricht, daß Seifen-Sam jetzt bereit sei, und es drängten so viele Menschen ins Auditorium — Studenten der Anfangssemester ebenso wie Geistliche und Wissenschaftler mit ihren Frauen —, daß die Zusammenkunft aus dem üblichen Vorlesungsraum in der Bibliothek ins Museum der Neuen Universität verlegt werden mußte.

Die Eröffnung der Sitzung verlief ruhig, um nicht zu sagen langweilig. Eine Stunde oder länger verbreitete sich Professor Draper aus Amerika weitschweifig über die „geistige Entwicklung in Europa mit besonderer Berücksichtigung der Auffassungen von Herrn Darwin und anderen", und ihm folgten drei weitere Redner, die schwerlich inspirierter waren. Deren letzter, ein Mann mit merkwürdigem Akzent, begann Diagramme an die Wandtafel zu malen. „Dieser Punkt A hier sei der Mensch", erklärte er, „und dieser Punkt B hier sei der Offe." Das war zuviel für die gelangweilten Erstsemester. Sie waren gekommen, um sich ein gerütteltes Maß Unterhaltung zu verschaffen, und Unterhaltung bekamen sie, auch wenn sie selbst dafür sorgen mußten. „Of-fe, Of-fe", brüllten sie und verwehrten damit dem bedauernswerten Redner das Weitersprechen.

Inzwischen hatte Wilberforce mit dem ihn begleitenden Klerus um sich den Saal betreten, und er brachte mit seinen Priestergewändern und der Aura selbstsicherer bischöflicher Autorität eine Art Aufruhr hervor. Henslow rief ihn ans Rednerpult, und er machte sich mit einem flüssig hervorsprudelnden Wortschwall unverzüglich daran, Darwins „Gelegenheitstheorie" ins Lächerliche zu ziehen. Wo waren die Beweise? Darwin brachte lediglich auf Sensationen zielende Auffassungen zum Ausdruck, die sich unverblümt gegen die göttliche Offenbarung richteten. Das war bisher nicht mehr, als man erwartet hatte, aber der Bischof ging, sich zum Höhepunkt seiner Rede erhebend, dann doch zu weit. Er wandte sich Huxley zu, der auf dem Podium saß — eine auffällige Gestalt mit seinem Überzieher, dem hohen Eckenkragen und seiner schwarzen Löwenmähne —, und begehrte von ihm zu wissen, ob er, wie er behauptete, auf dem Wege über seinen Großvater oder seine Großmutter von den Affen abstamme.

Es war eigentlich nicht der rechte Augenblick für starken Sarkasmus, und Huxley war nicht der Mann, leichthin zu provozieren.* Er war überhaupt eigentlich nur durch Zufall bei der Sitzung anwesend; er hatte morgens einen Freund auf der Straße getroffen, der ihn überredet hatte mitzukommen. Als er jetzt hörte, auf wie ahnungslose Weise der Bischof den Fall darstellte, mit jener „anmaßenden Frage" als Abschluß, sagte er halblaut beiseite: „Der Herr hat ihn in meine Hand gegeben." Er stand auf

---

* Jahre später, als Samuel Butler Darwin in einer Reihe von Briefen angriff, zitierte Huxley Goethes lapidaren Ausspruch: „Ein jeder Wal hat seine Laus."

Links: Samuel Wilberforce, Bischof von Oxford. Rechts: T. H. Huxley. Karikaturen von „Ape" in Vanity Fair, aus der Zeit der Auseinandersetzung in Oxford.

Links: Charles Darwin. Rechts: Richard Owen. Karikaturen aus Vanity Fair.

und äußerte sich dahingehend, er zöge es sicherlich vor, von einem Affen abzustammen, als von einem kultivierten Menschen, der die Gaben von Kultur und Beredsamkeit in den Dienst von Vorurteil und Lüge herabwürdige. Der Bischof wisse kurzgesagt gar nicht, wovon er rede.

In den sechziger Jahren des 19. Jahrhunderts beleidigte man den Klerus nicht ungestraft. Es erhob sich ein Aufruhr. Die Erstsemester klatschten und schrien, die Geistlichen verlangten wütend eine Enschuldigung, und die Damen wedelten von ihren Sitzplätzen unter den Fenstern bestürzt mit ihren Taschentüchlein. Eine davon brach aufgrund des Schocks zusammen und mußte nach draußen getragen werden.

Und jetzt passierte etwas ungeheuer Interessantes. Inmitten des lärmenden Tumults erhob sich ein leicht ergrauter Mann. Sein schmales aristokratisches Gesicht war wutverzerrt, und er schwenkte mit hocherhobenem Arm die Bibel wie ein rachedräuender Prophet. Hier war die Wahrheit, schrie er, hier und nirgendwo anders. Schon vor langer Zeit habe er Darwin vor seinen gefährlichen Gedanken gewarnt. Hätte er nur schon damals gewußt, daß er auf seinem Schiff einen solchen ... an Bord hatte. Er wurde niedergebrüllt, und der Rest seiner Rede verlor sich im Stimmengewirr.

Es gab Leute im Publikum, die Vize-Admiral Robert FitzRoy wiedererkannten, und es muß für sie verstörend gewesen sein, ihn so leidenschaftlich seinen alten Schiffsgefährten brandmarken zu hören. Es war in der Tat sowohl verstörend als auch ein wenig schockierend, denn der Auftritt verwies die Erinnerung an den Beginn der ganzen Geschichte zurück, in jene Zeit, da die beiden ungestüme junge Männer in den Zwanzigern waren, jeder von des anderen Gesellschaft beflügelt, beide vollkommen in ihr großes Abenteuer vertieft — die fünfjährige Reise an Bord der *Beagle.*

Auf eben dieser Reise hatte Darwin zuerst begonnen, seine Vorstellungen zur Evolution zu überprüfen, und FitzRoy hatte ihm unbewußt dabei geholfen, indem er mit ihm diskutierte. Auf jeder Etappe, die sie bei ihrer Reise um die Welt zurücklegten, hatte Darwin seine Ideen ein wenig tiefer in die weiße Wand von FitzRoys unerschütterlichem Glauben getrieben — es war, als hätte man die Kirche selbst niederzuschmettern gehabt — und war durch eben diese Opposition recht eigentlich ermutigt worden, in seinen Nachforschungen nicht nachzulassen und sich auf jene andere lange, harte und spekulative Reise des Geistes zu begeben.

Jetzt, dreißig Jahre später, muß es eine bittere Erfahrung für FitzRoy gewesen sein, in diesem lärmenden und überfüllten Raum aufzustehen und Darwins Namen unter Beifallskundgebungen genannt zu hören. Das machte aus Weiß Schwarz. Wie hatte das geschehen können? Wie hatten diese satanischen Gedanken die Oberhand gewonnen? Verletzt, verwirrt und wütend verließ er den Saal, und nach weniger als fünf Jahren beging er in einem Anfall von selbstvernichtender und aufrichtiger Verzweiflung Selbstmord.

„Ich habe oft geschwankt, welches Ende er [FitzRoy] nehmen wird", hatte Darwin bereits 1836 an seine Schwester geschrieben. „Unter vielen Umständen würde es, da bin ich sicher, ein glänzendes, unter anderen, fürchte ich, ein sehr unglückliches sein." FitzRoy schnitt sich an einem Sonntagmorgen, am 30. April 1865, die Kehle durch; er war neunundfünfzig Jahre alt.

MONKEYANA.

AM I
A
MAN AND
A
BROTHER?

AM I satyr or man?
Pray tell me who can,
And settle my place in the scale.
A man in ape's shape,
An anthropoid ape,
Or monkey deprived of his tail?

The *Vestiges* taught,
That all came from naught
By "development," so called, "progressive;"
That insects and worms
Assume higher forms
By modification excessive.

Then DARWIN set forth,
In a book of much worth,
The importance of "Nature's selection;"
How the struggle for life
Is a laudable strife,
And results in "specific distinction."

Let pigeons and doves
Select their own loves,
And grant them a million of ages,
Then doubtless you'll find
They've altered their kind,
And changed into prophets and sages.

LEONARD HORNER relates,
That Biblical dates
The age of the world cannot trace;
That Bible tradition,
By Nile's deposition,
Is put to the right about face.

Then there's PENGELLY
Who next will tell ye
That he and his colleagues of late
Find celts and shaped stones
Mixed up with cave bones
Of contemporaneous date.

Then PRESTWICH, he pelts
With hammers and celts
All who do not believe his relation,
That the tools he exhumes
From gravelly tombs
Date before the Mosaic creation.

Then HUXLEY and OWEN,
With rivalry glowing,
With pen and ink rush to the scratch;
'Tis Brain *versus* Brain,
Till one of them's slain;
By Jove! it will be a good match!

Says OWEN, you can see
The brain of Chimpanzee
Is always exceedingly small,
With the hindermost "horn"
Of extremity shorn,
And no "Hippocampus" at all.

The Professor then tells 'em,
That man's "cerebellum,"
From a vertical point you can't see;
That each "convolution"
Contains a solution,
Of "Archencephalic" degree

Then apes have no nose,
And thumbs for great toes,
And a pelvis both narrow and slight;
They can't stand upright,
Unless to show fight,
With "DU CHAILLU," that chivalrous knight!

Next HUXLEY replies,
That OWEN he lies,
And garbles his Latin quotation;
That his facts are not new,
His mistakes not a few,
Detrimental to his reputation.

"To twice slay the slain,"
By dint of the Brain,
(Thus HUXLEY concludes his review)
Is but labour in vain,
Unproductive of gain,
And so I shall bid you "Adieu!"

Zoological Gardens, May, 1861.   GORILLA.

PUNCH'S ESSENCE OF PARLIAMENT.

MONDAY, *May* 6. The Lords had a discussion about the Canal of the Future, that is to say, the impossible trench which M. LESSEPS pretends to think he can cut through the Isthmus of Suez. The Government opinion upon the subject is, that if the Canal could be made, we ought not, for political reasons, to allow it, but that inasmuch as the Canal cannot be cut, the subject may, and the wise course is to let the speculators ruin themselves and diddle the Pacha. This seems straightforward and benevolent enough.

MR. SPEAKER DENISON, who had had a relapse into indisposition, re-appeared, and made his apologies for having been ill. The House cheered him so loudly that he began to think he had done a clever thing, rather than not, in catching the rheumatism. *Mr. Punch* hopes to behold the brave Speaker "astir in his saddle" (as MR. DISRAELI's song goes) in due season, and to see him, like a true Whig, following Fox and avoiding pit.

LORD JOHN RUSSELL made an important reply to an important question from MR. GREGORY. The American Difficulty is beginning to create English difficulties. The North is calling on PRESIDENT LINCOLN to blockade the ports of the South, and the South is sending out Privateers to intercept the commerce of the North. LORD JOHN announced that England can recognise no blockade except a real one, and that she is prepared to regard the South as sufficiently consolidated to entitle her to be treated as a Belligerent, not as a mere rebel, and therefore her right to issue letters of marque must be acknowledged. This is a very prosaic paragraph, but *Mr. Punch* "reserves to himself" the right to be grave, gay, lively, and severe exactly when it pleases him.

Our Daughter ALICE is to have £30,000 down, and £6,000 a year, LORD PALMERSTON remarking, very properly, that she is not our Eldest Daughter, and may not require the same allowance as the future QUEEN OF PRUSSIA, but that it is not for the honour of England that her Princesses should go out as paupers. Quite the reverse, and what is more, *Mr. Punch* insists that all the money be settled on his amiable young friend ALICE, so that she may draw her own cheques, and not have to ask her husband for money every time she wants to buy pins or postage stamps, or a little present to send over to her dear *Mr. Punch.*

Then was the Paper Resolution moved by MR. GLADSTONE. LORD ROBERT CECIL opposed it, and hoped the Lords would reject the Bill to be based on it: MR. LEVESON GOWER approved it, and paraded the

Parodie der Wedgwood-Antisklaverei-Plakette in Punch.

Charles Darwin

Henrietta (Mrs. Lichfield) und William Darwin

Emma Darwin

Sir Francis Darwin

Major Leonard Darwin

Sir George Darwin

Elizabeth Darwin

Sir Horace Darwin

Darwin, seine Frau und Mitglieder seiner Familie.

254

Darwin als alter Mann. Im Winter 1882 schrieb er, 73 Jahre alt, einem Freund: „Meine Lebensbahn neigt sich dem Ende zu."

Darwin überlebte die Auseinandersetzung in Oxford um weitere zweiundzwanzig Jahre, und sein Gesundheitszustand besserte sich etwas. Die *Entstehung der Arten* wurde in zahlreichen Ausgaben in aller Welt verbreitet, und er schrieb acht weitere Hauptwerke, darunter das außerordentlich wichtige *The Descent of Man* (Die Abstammung des Menschen). Sein Ansehen wuchs stetig; er erhielt den Ehrendoktorgrad der Universität Cambridge, und als er eine Vorlesung in der *Royal Institution* besuchte, erhob sich das gesamte Auditorium und applaudierte ihm stehend. Down House ist heute ein Museum, und es gibt Darwin-Museen und -Bibliotheken in aller Welt, darunter auch in Moskau; eine Gebirgskette in den Kordilleren trägt seinen Namen. Auf den Galapagos-Inseln ist eine biologische Forschungsstation eingerichtet worden, die von der *Charles Darwin Foundation* unterhalten wird.

Charles Darwin wird heute als der Mann anerkannt, der, wie Julian Huxley das formuliert hat, „der gesamten Struktur der modernen Biologie eine Grundlage geliefert hat"; zu seinen Lebzeiten erhielt er jedoch keine offizielle Ehrung von seiten des Staates (wenn auch drei seiner Söhne später geadelt wurden). Die Kirche war mächtig genug, das zu verhindern. Er hörte aber nie auf zu arbeiten. „Wenn ich gezwungen bin, Beobachtung und Experiment aufzugeben", sagte er, „werde ich sterben müssen." Auch am 17. April 1882 arbeitete er; er starb zwei Tage später. Er wurde in Westminster Abbey beerdigt, mit Huxley, Hooker und Wallace unter den Leichenträgern.

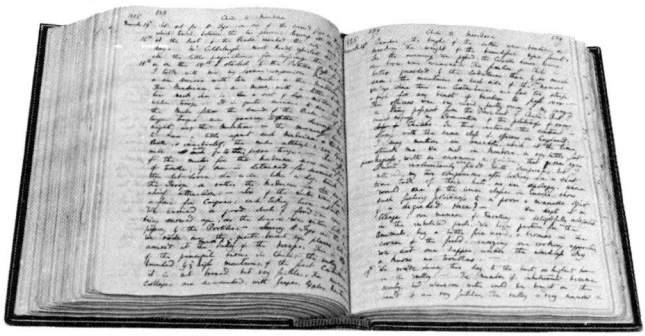

Manuskriptseite von Darwins Tagebuch der Reise der Beagle.

Chronologie der Reise der Beagle

Die halbfett gesetzten Textabschnitte bezeichnen die wichtigsten Zwischenaufenthalte der *Beagle*; die kursiv gesetzten verweisen auf Darwins bedeutsamste Inlandexkursionen.

1831 **27. Dezember:** Abreise von Devonport.

1832 {
18. Januar — 8. Februar: Kapverdische Inseln.
28. Februar — 18. März: Bahia.
4. April — 5. Juli: Rio de Janeiro.
8.—23. April: *Exkursion nach verschiedenen Estancias im Inland.*
26. Juli — 19. August: Montevideo.
6. September — 17. Oktober: Bahia Blanca.
2.—26. November: Feuerland.

1833 {
1. März — 6. April: Falkland-Inseln.
28. April — 23. Juli: Maldonado.
3.—24. August: Mündung des Rio Santa Cruz.
11.—17. August: *Exkursion von El Carmen nach Bahia Blanca.*
24. August — 6. Oktober: Vermessung der argentinischen Küste.
8.—20. September: *Exkursion von Bahia Blanca nach Buenos Aires.*
6.—19. Oktober: Maldonado.
27. September — 20. Oktober: *Exkursion nach Santa Fé längs des Rio Parana.*
21. Oktober — 6. Dezember: Montevideo.
14.—28. November: *Exkursion nach Mercedes.*

1834 {
23. Dezember — 4. Januar 1834: Puerto Deseado.
9.—19. Januar: Port St. Julian.
29. Januar — 7. März: Feuerland.
10. März — 7. April: Falkland-Inseln.
13. April — 12. Mai: Rio Santa Cruz.
18. April — 8. Mai: *Exkursion am Rio Santa Cruz stromaufwärts.*
28. Juli — 13. Juli: Insel Chiloë.
31. Juli — 10. November: Valparaiso.
14. August — 27. September: *Exkursion in die Anden.*

1835 {
21. November — 4. Februar 1835: Insel Chiloë und Chonos-Archipel.
8.—22. Februar: Valdivía.
4.—7. März: Concepcion.
11.—17. März: Valparaiso.
13. März — 10. April: *Exkursion von Santiago über die Anden nach Mendoza.*
27. März — 17. April: Umgebung von Concepcion.
17. April — 27. Juni: Chilenische Küste.
27. April — 4. Juli: *Exkursion nach Coquimbo und Copiapo.*
12.—15. Juli: Iquiqui (Peru).
19. Juli — 7. September: Callao.
16. September — 20. Oktober: Galapagos-Inseln.
15.—26. November: Tahiti.
21.—30. Dezember: Neuseeland.

1836 {
12.—30. Januar: Sydney.
2.—17. Februar: Hobart, Tasmanien.
3.—14. März: King George's Sound.
2.—12. April: Kokos(Keeling)-Inseln.
29. April — 9. Mai: Mauritius.
31. Mai — 18. Juni: Kap der Guten Hoffnung.
7.—14. Juli: St. Helena.
19.—23. Juli: Insel Ascension.
1.—6. August: Bahia.
12.—17. August: Pernambuco.
2. Oktober: Ankunft in Falmouth.

Bibliographie

Barlow, Nora (Hrsg.) *Charles Darwin and the Voyage of the 'Beagle'*, New York 1945. *Darwin and Henslow: The Growth of an Idea. Letters 1831—1860*, London 1967.

Darwin, Charles *Narrative of the Surveying Voyages of HMS 'Adventure' and 'Beagle' between 1826 and 1836*, Bd. III, London 1839. *The Structure and Distribution of Coral Reefs* (Teil I *der Geology of the Voyage of the 'Beagle'*), London 1842; dt. *Über den Bau und die Verbreitung der Corallen-Riffe* (übers., wie alle anderen hier zitierten Darwin-Schriften, von J. Victor Carus), Stuttgart 1876. *Life and Letters of Charles Darwin*, hrsgg. von Francis Darwin, London 1887; dt. *Leben und Briefe von Charles Darwin*, 3 Bde., Stuttgart ²1899. *The Descent of Man and Selection in Relation to Sex*, London 1871; dt. *Die Abstammung des Menschen und die geschlechtliche Zuchtwahl*, Stuttgart 1871. *On the Origin of Species*, London 1859; dt. *Über die Entstehung der Arten im Thier- und Pflanzenreich durch natürliche Züchtung, oder Erhaltung der vervollkommneten Rassen im Kampfe um's Dasein*, Stuttgart 1860. *More Letters of Charles Darwin*, hrsgg. von Francis Darwin und A. C. Seward, London 1903. *The Voyage of the 'Beagle'*, London 1906 (ursprünglich unter dem Titel *A Naturalist's Voyage. Journal of Researches ...* London 1860); dt. *Reise eines Naturforschers um die Welt*, Stuttgart 1875 u.ö. *The Darwin Reader*, hrsgg. von Marston Bates und P.S. Humphrey, London 1857. *The Autobiography of Charles Darwin*, 1809—82, hrsgg. von Nora Barlow, London 1958; dt. in *Leben und Briefe von Charles Darwin*, Bd. I (vgl. oben). *The Voyage of the 'Beagle'*, hrsgg. von Millicent E. Selsam, New York 1959. *Charles Darwin's Autobiography, with Notes and Letters Depicting the Growth of the 'Origin of Species'*, hrsgg. von Francis Darwin, New York 1961.

Farrington, Benjamin *What Darwin Really Said*, London 1966.

FitzRoy, Robert *Narrative of the Surveying Voyages of HMS 'Adventure' and 'Beagle' between 1826 and 1836*, Bd. I und II, London 1839.

Grattan, C. Hartley *The Southwest Pacific to 1900*, Ann Arbor 1963.

Huxley, Julian *The Living Thoughts of Darwin*, London 1958. *Charles Darwin and His World* (zusammen mit H. B. D. Kettlewell), London 1965.

Irvine, William *Apes, Angels and Victorians: A Joint Biography of Darwin and Huxley*, London 1955.

Lack, David *Darwin's Finches*, New York 1947.

'Life' and Lincoln Barnett *The Wonders of Life on Earth*, New York 1960.

Litchfield, H. E. *A Century of Family Letters 1792—1896*, London 1915.

Mellersh, H. E. L. *Charles Darwin: Pioneer of the Theory of Evolution*, London 1964. *FitzRoy of the 'Beagle'*, London 1968.

Moore, Ruth *Evolution*, Morristown, N. J., 1964.

Wallace, Alfred Russel *Darwinism*, London 1889.

West, Geoffrey *Charles Darwin, the Fragmentary Man*, London 1937.